Informatik-Fachberichte 175

Herausgegeben von W. Brauer
im Auftrag der Gesellschaft für Informatik (GI)

Jürgen Hülsemann

Funktioneller Test der Auflösung von Zugriffskonflikten in Mehrrechnersystemen

Springer-Verlag
Berlin Heidelberg New York
London Paris Tokyo

Autor

Jürgen Hülsemann
Institut für Rechnerentwurf und Fehlertoleranz,
Universität Karlsruhe

Neue Adresse:
Siemens AG, Abt. GWK-TPR 3
Östl. Rheinbrückenstraße 50, 7500 Karlsruhe 21

CR Subject Classifications (1987): B.1.3, B.4.5, D.4.5

ISBN 978-3-540-50114-5 ISBN 978-3-642-73952-1 (eBook)
DOI 10.1007/978-3-642-73952-1

2145/3140 - 543210 - Gedruckt auf säurefreiem Papier

Vorwort

In fehlertoleranten Systemen, deren Fehlertoleranzeigenschaften auf einer Kombination von Rekonfiguration und Fehlerbehebung beruhen, fällt der Systemdiagnose eine zentrale Rolle zu. Die Systemdiagnose setzt sich aus zwei Teilen, der Fehlererkennung und der Fehlerlokalisierung, zusammen. Mit den dabei ermittelten Informationen ist in der darauf folgenden Rekonfiguration eine Ausgliederung der fehlerhaften Einheit und eine Neuverteilung der vom Ausfall betroffenen Aufgaben möglich. Bei der anschließenden Fehlerbehebung werden die Daten in einen konsistenten Zustand gebracht und die durch den Ausfall betroffenen Aufgaben fortgesetzt.

Übliche Systemdiagnoseverfahren bestehen aus mehreren aufeinander aufbauenden Teiltests; dabei erfolgt zuerst der Prozessorselbsttest, dann der Festwert- sowie der Schreib-/Lesespeichertest und schließlich der Test der Ein-/Ausgabe. In Mehrrechnersystemen wird danach das Kommunikationssystem getestet und zuletzt die Systemdiagnoseinformation als Grundlage für die Rekonfiguration gebildet.

In dieser Arbeit wird ein funktionelles Testverfahren vorgestellt, mit dem bekannte Testverfahren für Kommunikationssysteme um den Teilaspekt des Tests von Zugriffsvergabeeinheiten unter spezieller Berücksichtigung von Zugriffskonflikten erweitert werden können. Bei Zugriffskonflikten stellt sich folgende prinzipielle Problematik: Fehler bei der Auflösung von Zugriffskonflikten erscheinen transient, da sie selten und nur zufällig auftreten, und zwar nur bei gleichzeitigem Zugriff mehrerer Rechner. Das Auftreten der Zugriffskonflikte kann dabei im Betrieb in der Regel nicht erkannt werden.

Nach der Einführung unterschiedlicher Zugriffskonflikttypen wird ein Verfahren vorgestellt, mit dem diese Zugriffskonflikttypen systematisch erzeugt werden können. Die Fehlererkennung wird dabei durch einen Vergleich der bei der Zugriffskonflikterzeugung transferierten Testdaten mit Sollmustern erreicht. Die Zugriffskonflikte werden durch schrittweises Verschieben der Zeitpunkte der Zugriffswunschanmeldung gezielt erzeugt.

Der Nachweis der Wirksamkeit des vorgestellten Verfahrens wurde durch die Implementierung in einer Mehrrechnerumgebung erbracht. Weitere Einsatzbereiche des Testverfahrens liegen neben der

Systemdiagnose in der Prototypentestphase und der Inbetriebnahmephase von Mehrrechnersystemen.

Das vorliegende Buch gibt meine von der Fakultät für Informatik der Universität Fridericiana zu Karlsruhe genehmigte Dissertation wieder. Sie entstand während meiner Tätigkeit als wissenschaftlicher Mitarbeiter am Institut für Rechnerentwurf und Fehlertoleranz der Universität Karlsruhe in der Forschungsgruppe von Prof. Dr.-Ing. W. Görke.

An dieser Stelle möchte ich allen danken, die mir bei der Durchführung dieser Arbeit geholfen haben.

Mein besonderer Dank gilt Herrn Professor Dr.-Ing. W. Görke für die Anregung zu dieser Arbeit, für seine stete Diskussionsbereitschaft und seine jederzeit konstruktive Kritik.

Herrn Professor Dr.-Ing. G. Färber, Lehrstuhl für Prozeßrechner der Technischen Universität München, danke ich für die Übernahme des Korreferats sowie für wertvolle Hinweise.

Nützlich waren zahlreiche Diskussionen, die ich mit meinen Kollegen führen konnte; insbesondere Herrn Dr. rer. nat. Klaus Echtle und Herrn Dr.-Ing. Zoltan Benyo sei für ihre kritische Durchsicht des Manuskripts und viele hilfreiche Gespräche gedankt.

Den Herren cand. inform. Martin Greiner, Dipl.-Ing. Martin Jaenicke, Dipl.-Ing. Reinhard Siegfarth, cand. inform. Ralf Streicher und cand. inform. Thomas Strohmaier gilt mein Dank für ihre Unterstützung der Arbeit durch Diplom- und Studienarbeiten oder langjährige Hilfsassistententätigkeit. Herrn Ralf Streicher sei auch für die saubere Anfertigung der Zeichnungen gedankt.

Meiner Frau Juliane danke ich herzlich für ihre Hilfe bei der Erstellung des Textes sowie ihr Verständnis und ihre Geduld auch in schwierigen Phasen der Arbeit.

Der Deutschen Forschungsgemeinschaft, die die Arbeiten im Rahmen des Forschungsprojektes "Mikrorechnerfehlerdiagnose" unter dem Aktenzeichen Go 347/4 gefördert hat, und dem BMFT sowie den Firmen Nixdorf und Siemens, die mit dem Verbundprojekt TESUS den Abschluß dieser Arbeit ermöglicht haben, sei für ihre Unterstützung gedankt.

Karlsruhe, Mai 1988 Jürgen Hülsemann

Inhaltsverzeichnis

Abbildungsverzeichnis

Tabellenverzeichnis

1. Einleitung

Ständig steigende Anforderungen an Rechensysteme besonders bezüglich ihrer Leistungsfähigkeit und Verfügbarkeit machen neben technologischen Fortschritten für verschiedene Anwendungsbereiche den Einsatz von Mehrrechnersystemen notwendig. Jedoch reicht eine Vervielfachung der Rechenleistung alleine in den meisten Fällen nicht zum Erreichen der gewünschten Eigenschaften aus. Zusätzlich ist fehlertolerantes Verhalten notwendig. Andernfalls könnte schon das Vorliegen eines einzelnen Fehlers zum Ausfall des gesamten Mehrrechnersystems führen und damit Schaden verursachen. Voraussetzung für dieses fehlertolerante Verhalten ist Redundanz. Ohne sie ist einerseits keine Fehlererkennung möglich und andererseits wird sie benötigt, um auch im Fehlerfall den Betrieb fortsetzen zu können, da für fehlerhafte Einheiten Ersatz benötigt wird. Unter Redundanz wird dabei nach DIN 40041 das funktionsfähige Vorhandensein von mehr als für die Funktion notwendigen Mitteln verstanden.

Für fehlertolerante Systeme lassen sich fünf Hauptanwendungsbereiche angeben /REN80/:

1. Systeme für sicherheitsrelevante Anwendungen
2. Systeme mit langer Lebensdauer
3. Systeme mit hoher Verfügbarkeit
4. Rechensysteme mit hoher Leistung
5. Systeme mit verschobener Wartung

Systeme für sicherheitsrelevante Anwendungen werden in der Luft- und Raumfahrt, in der Kerntechnik, in Fabriken, in Krankenhäusern und im Transportbereich (Aufzüge, Autos, Ampelanlagen, Bahn) eingesetzt /HOEL84/. Die genannten Systeme müssen auch im Fehlerfall Realzeitanforderungen erfüllen, um eine Gefährdung für Menschen auszuschließen. Daraus resultieren hohe Anforderungen an die Fehlertoleranzeigenschaften der eingesetzten Rechensysteme.

Systeme mit langer Lebensdauer sind hauptsächlch im Bereich der unbemannten Raumfahrt anzutreffen. Dort ist keine manuelle Reparatur ausgefallener Einheiten möglich, und die Missionszeiten betragen oft mehrere Jahre.

Systeme mit hoher Verfügbarkeit werden in Telefonvermittlungsanlagen, im Bereich der industriellen und kommerziellen Prozeßführung, für Datenbankanwendungen z. B. in Banken, im Fluggastreservierungsbereich usw. verwendet.

Rechensysteme besonders hoher Leistung haben, bedingt durch ihre Vielzahl von Komponenten, eine mittlere Dauer zwischen 2 Fehlern, die im Bereich von einzelnen Stunden liegt, z. B. Cray 1 4 Stunden /GOER84/. Hier ist es oft nicht möglich, die erwartete Systemleistung ohne Fehlertoleranz zu erreichen.

Bei den Systemen mit verschobener Wartung können meist nicht sofort nach dem Erkennen von Fehlern Reparaturen durchgeführt werden, sondern es müssen die vorgesehenen Funktionen bis zum nächsten Wartungszeitpunkt weitergeführt werden. Dies gilt speziell für Steuerungen in Flugzeugen oder Bahnen.

Zum Erreichen der Fehlertoleranzeigenschaften gibt es zwei Verfahrensweisen, deren Einsatz durch die Anforderungen der Anwendung festgelegt wird.

Die erste beruht auf Fehlerkompensierung; hier sind beispielsweise redundante Codes und Systeme mit Mehrheitsentscheidung z. B. 2-aus-3-Systeme zu nennen. Redundante Codes sind in der Lage, eine vom Verfahren vorgegebene Anzahl von Fehlern zu erkennen, und eine bestimmte, kleinere Anzahl von Fehlern zu korrigieren. Bei 2-aus-3-Systemen u. ä. wird eine Mehrheitsentscheidung über ermittelte Werte gebildet; aufgrund von dieser werden die Fehler einer Einheit erkannt und toleriert. Dieser Weg wird im folgenden jedoch nicht weiter betrachtet.

Die zweite Verfahrensweise basiert auf einer Kombination von Rekonfiguration und Fehlerbehebung. Um dort fehlertolerantes Verhalten zu erhalten, sind im allgemeinen drei Schritte notwendig:

1. Der Ausfall einer Einheit muß erkannt und lokalisiert werden (Fehlerdiagnose).
2. Die fehlerhafte Einheit muß ausgegliedert und die von dem Ausfall betroffenen Aufgaben müssen neu verteilt werden (Rekonfiguration).
3. Die durch den Ausfall unterbrochenen Aufgaben müssen mit konsistenten Daten wieder fortgesetzt werden (Fehlerbehebung und Wiederanlauf).

An zentraler Stelle steht die erste Phase, die Fehlerdiagnose, da abhängig davon erst die weiteren Verfahrensschritte wirksam werden können. Sie besteht aus der Fehlererkennung und der Fehlerlokalisierung. Das Schwergewicht liegt auf der Erkennung der Fehler, da nur erkannte Fehler im weiteren auch lokalisiert werden können. Ziel der Fehlerlokalisierung beim Betrieb eines fehlertoleranten Systems ist, erkannte Fehler der kleinsten ersetzbaren Einheit zuzuordnen. Dazu ist z. B. keine genaue Zuordnung der Fehler auf Gatterebene notwendig, sondern es genügt, die Fehler funktionellen Modulen zuzuordnen, die dann im weiteren Betrieb bis zur Reparatur nicht mehr verwendet werden.

1.1. Motivation

Wie oben erläutert, ist ein zentraler Punkt in fehlertoleranten Rechensystemen die Fehlererkennung. Deshalb werden zu diesem Zweck verschiedene Verfahren parallel eingesetzt. Diese können aufgrund des Ausführungszeitpunktes in zwei Klassen eingeteilt werden. Die Verfahren der einen Klasse werden kontinuierlich im Betrieb ausgeführt; dazu zählen u. a. Kodierungsüberwachungen (wie z. B. Paritätsbits oder Hammingcodierung für Daten auf Bussen bzw. für Speicher), Zeitüberwachung von Buszyklen und vergleichende Tests bei mehrfacher paralleler Ausführung der Programme in verschiedenen Rechnern. Durch solche kontinuierlichen Fehlererkennungsverfahren, die alle auf Redundanz in Form von zusätzlicher Hardware beruhen, wird sichergestellt, daß Fehler der überwachten Operationen bei der Ausführung sofort bzw. bei den vergleichenden Tests zum Vergleichszeitpunkt entdeckt werden.

Die andere Klasse, die hier näher betrachtet werden soll, besteht aus Diagnosetests. Diese werden im Betrieb zu bestimmten Zeitpunkten, z. B. periodisch oder in Leerlaufzeiten, aufgerufen und testen dann das Verhalten von einzelnen Komponenten, indem eine Ausgabe aus definierten Eingabedaten erzeugt und mit der bekannten Sollausgabe verglichen wird. In diesem Zusammenhang sind auch die Selbsttests zu nennen, die in einer Mikrorechnerumgebung in der Regel aus Diagnoseprogrammen, also aus Software, bestehen.

Bei dem Aufbau eines Selbsttestprogramms für Mikrorechnersysteme empfiehlt sich ein Vorgehen nach der "Start-Small"-Strategie /MAE85/, da nur getestete und als fehlerfrei erkannte Einheiten eine korrekte Aussage über weitere zu testende Einheiten machen können. Ein so organisierter Systemtest besteht aus mehreren aufeinander aufbauenden Stufen, wobei das fehlerfreie Beenden einer Teststufe die Voraussetzung für die nächste Teststufe bildet. Ausgehend vom Prozessortest wird in der nächsten Stufe die Prozessorkarte mit ihren Einheiten wie Festwertspeicher, Speicherverwaltungseinheit usw. getestet. Anschließend wird nach fehlerfreiem Ausgang dieses Tests der lokale Rechner mit den noch ungetesteten Teilen der Speicherverwaltungseinheit, dem Speicher und, soweit möglich, der Ein-/Ausgabe getestet. Mit dieser Teststufe ist die Systemdiagnose für Einprozessorsysteme abgeschlossen. Für Mehrrechnersysteme muß das Verfahren erweitert werden. Bei ihnen ist zusätzlich ein Kommunikationssystem vorhanden, welches die Kommunikation zwischen den Rechnern ermöglicht. Deshalb wird eine weitere Teststufe eingeführt, in der das Kommunikationssystem getestet wird. Zuletzt wird der Fehlerzustand des Gesamtsystems aus den einzelnen Testergebnissen ermittelt. Dieser Fehlerzustand bildet im fehlerfreien Zustand die Grundlage für die Kommunikation zwischen Prozessen, für Prozeßverlagerungen usw., da er die fehlerfreien Rechner und ihre funktionsfähigen Verbindungen angibt. Im Fehlerfall stellt er die Informationen für die Rekonfiguration, die Fehlerbehebung und den Wiederanlauf und somit auch zur Fortsetzung des Betriebs, wenn auch mit reduzierter Leistung, zur Verfügung.

Diese Arbeit befaßt sich mit dem Test von Kommunikationssystemen und dort speziell mit dem Test der Auflösung von Zugriffskonflikten, die entstehen, wenn mehrere Rechner gleichzeitig Informationen über das Kommunikationssystem austauschen. Um diese Zugriffskonflikte gezielt zu Testzwecken herbeizuführen, ist eine Koordination der Rechner notwendig. Dazu kann das Verhalten der Prozessoren auf der Befehlsebene beeinflußt werden. Die Zugriffskonflikte treten jedoch auf der Hardwareebene auf, und zwar bei der gleichzeitigen Anmeldung mehrerer Zugriffswünsche auf das Kommunikationssystem. Zur gezielten Herbeiführung der Zugriffskonflikte sind deshalb zeitliche Verschiebungen der Zugriffe der Rechner zueinander notwendig, die kleiner sind als die Dauer einzelner Zugriffe. Da dies ohne weitere Maßnahmen nicht möglich ist, wurde die Auflösung von Zugriffskonflikten bislang nicht explizit sondern nur implizit getestet, d. h., wenn zufällig Zugriffskonflikte bei der Ausführung der Testprogramme auftraten, wurde ihre korrekte Auflösung mit Hilfe der übertragenen Daten überprüft, sonst nicht. In dieser Arbeit wird ein Verfahren vorgestellt, welches es gestattet, die Auflösung der Zugriffskonflikte programmgesteuert zu testen. Dabei ist es notwendig, daß von der Programmebene, die nur eine grobe Zeitauflösung auf Programmschleifenebene - oder maximal auf Befehlsebene - erlaubt, sehr kleine von der Hardware vorgegebene Zeitfenster (einzelne Steuerwerkstakte) erreicht werden. Dieses Vorgehen ermöglicht es, Fehler bei der Zugriffskonfliktauflösung, deren Ursache Ausfälle von Bauelementen, Veränderung ihres Zeitverhaltens oder auch ein fehlerhafter Entwurf sind, explizit der Zugriffsvergabe zuzuordnen. Sie erscheinen im Betrieb als transiente Fehler, da sie selten und zufällig auftreten, und zwar nur bei gleichzeitigem Zugriff mehrerer Rechner. Weil dies auf der Ebene der Programmausführung nicht erkennbar ist, konnten sie bisher nicht lokalisiert werden.

1.2. Übersicht

In dieser Arbeit wird ein funktionelles Testverfahren zum Test der Auflösung von Zugriffskonflikten in enggekoppelten Mehrrechnersystemen vorgeschlagen. Das Verfahren sieht im wesentlichen vor, daß die verschiedenen Zugriffskonflikte gezielt erzeugt werden und anschießend überprüft wird, ob bei den Informationstransfers die modellierten Fehler aufgetreten sind.

Im zweiten Kapitel werden nach grundlegenden Überlegungen zu Zugriffskonflikten einige Beispiele für ihr Auftreten angegeben. Danach wird eine Eingrenzung der zu untersuchenden Zugriffskonflikte aufgrund von Hardwareeigenschaften vorgenommen.

Da das Testverfahren bei der Systemdiagnose von Mehrrechnersystemen eingesetzt werden soll, wird in Kapitel 3 ein Überblick über dort verwendete Testverfahren gegeben und gezeigt, welcher Bereich der zu lösenden Aufgabe abgedeckt wird und welcher nicht. Weiterhin werden Lösungsalternativen zu dem vorgeschlagenen Testverfahren untersucht und anhand der gewählten Randbedingungen bewertet.

Aufbauend auf die Modellierung für die zu betrachtenden Kommunikationssysteme werden im vierten Kapitel mehrere Zugriffskonflikttypen unterschieden. Diese bilden die Basis für die Einteilung verschiedener Fehlerklassen. Zur Überprüfung der Kommunikationssysteme auf die modellierten Fehler wird eine gezielte Erzeugung der verschiedenen Zugriffskonflikttypen vorgeschlagen. Als Grundlage dazu wird anschließend das Prinzip des Zugriffssynchronisationsverfahrens vorgestellt.

Im fünften Kapitel wird gezeigt, wie man das Prinzip der Zugriffssynchronisation von 2 auf N Rechner erweitern kann und welche technischen Randbedingungen gegebenenfalls die Anzahl der gemeinsamen zugriffssynchronisierbaren Rechner begrenzen. Im zweiten Teil des Kapitels wird untersucht, in welchen Kombinationen die verschiedenen Zugriffskonflikte zu überprüfen sind. Der letzte Teil analysiert schließlich die Grenzen der Zeitauflösung des Verfahrens durch Vergleich der Zeitfenster, die zum Erzeugen der Zugriffskonflikte durch die Anmeldung der Zugriffswünsche erreicht werden müssen, mit denen, die aufgrund der vorliegenden Randbedingungen erreicht werden können. Dabei wird sich zeigen, daß die gewünschten Zeitfenster nicht in allen Fällen erreichbar sind.

Das folgende Kapitel stellt deshalb eine Erweiterung des Verfahrens vor, mit der unter Ausnutzung der Drift der Prozessortakte in den meisten Fällen trotzdem eine systematische Erzeugung der gewünschten Zugriffskonflikte möglich ist. Dazu wird zuerst ein Meßverfahren für die Drift vorgestellt und anschließend gezeigt, wie man unter Ausnutzung dieser Drift die gewünschten Zugriffskonflikte mit sehr hoher Wahrscheinlichkeit erzeugen kann.

Im siebten Kapitel wird die Implementierung des Verfahrens in einem Mehrrechnersystem beschrieben und anschließend anhand von mit dem Verfahren gefundenen Fehler eine Verfahrensvalidation vorgenommen. Schließlich wird das Verfahren zur Bewertung mit oft verwendeten Zufallstestverfahren verglichen.

Das achte Kapitel faßt die wesentlichen Eigenschaften des vorgestellten Verfahrens noch einmal zusammen und nennt zwei weitere Anwendungsbereiche. Die Arbeit schließt mit einem Ausblick auf einige offengebliebene Probleme, die sich im Zusammenhang mit der Arbeit stellen und Gegenstand einer weiterführenden Untersuchung sein könnten.

2. Zugriffskonflikte in Rechensystemen

Beim Übergang von Ein- zu Mehrprozessorsystemen muß die Rechnerhardware im wesentlichen neue Anforderungen bezüglich der Kommunikation erfüllen, da der Austausch von Daten in Mehrprozessorsystemen zur Erbringung der Systemfunktion notwendig ist. Für diese Kommunikation sind gemeinsame Betriebsmittel, z. B. in Form von Kommunikationsregistern, Kommunikationsspeichern oder Bussen, notwendig, mit deren Hilfe der Datentransfer zwischen den einzelnen Rechnern abgewickelt wird. Wenn nun mehrere Rechner gleichzeitig über ein solches gemeinsames Betriebsmittel kommunizieren wollen, treten Zugriffskonflikte auf, die von der Hardware aufgelöst werden müssen /GIL81/.

Aus der Forderung nach Fehlertoleranzeigenschaften der Mehrrechnersysteme und den dazu notwendigen, in der Einleitung beschriebenen Verfahrensschritten resultiert, daß die Funktionen, die für die Kommunikation bereitgestellt werden, auch in der Systemdiagnose berücksichtigt werden müssen. Als wesentliche Kommunikationsfunktion ist der Datenaustausch zwischen den Rechnern zu nennen. Jedoch muß auch die Hilfsfunktion "Auflösen der Zugriffskonflikte", die für die korrekte Abwicklung des Datenaustausches erforderlich ist, berücksichtigt werden. Erschwerend kommt hinzu, daß diese Auflösung der Zugriffskonflikte nicht getrennt vom Datentransfer getestet werden kann, da die Zugriffsvergabe Teil eines Zugriffs auf das Kommunikationssystem ist. Besonderes Gewicht erhält der Test der Auflösung der Zugriffskonflikte dadurch, daß hier vorhandene permanente Fehler im Betrieb transient erscheinen, da sie sporadisch auftreten, und zwar nur, wenn gleichzeitig Zugriffswünsche von mehreren Rechnern vorliegen, bzw. parallel zu dem Zugriff eines Rechners angemeldet werden. Aus der Anwendung des Testverfahrens im Rahmen der verteilten Systemdiagnose ergibt sich als Randbedingung, daß der Test in der Betriebsumgebung stattfindet. Außerdem soll keine spezielle Zusatzhardware für den Test vorgesehen werden, um eine nachträgliche Integration des Verfahrens in bestehende Mehrrechnersysteme zu ermöglichen. Das hat zur Folge, daß der Test des Kommunikationssystems und damit auch der Auflösung der Zugriffskonflikte auf funktioneller Ebene vorgenommen wird. Dabei sollen keine Kenntnisse über den internen Aufbau der Zugriffsvergabeeinheit notwendig sein. Für die korrekte Auflösung der Zugriffskonflikte bedeutet das, daß systematisch von mehreren Rechnern Zugriffe auf das gemeinsame Betriebsmittel erzeugt werden, bei denen diese Zugriffskonflikte auftreten, und daß nach der Ausführung dieser Zugriffe ein Vergleich der übertragenen Testdaten mit Sollmustern ausgeführt wird. Wenn bei diesem Vorgehen Fehler entdeckt werden, lassen sich diese bei einer bestimmten später erläuterten Vorgehensweise der fehlerhaften Auflösung der Zugriffskonflikte zuordnen.

2.1. Beispiele für das Auftreten von Zugriffskonflikten

Im folgenden wird ein Überblick gegeben, wo in Rechensystemen Zugriffskonflikte auftreten. Diese beruhen generell darauf, daß zwei oder mehr voneinander unabhängige Einheiten gleichzeitig auf ein gemeinsames Betriebsmittel zugreifen können. Beispiele für Stellen, an denen Zugriffskonflikte in Rechensystemen auftreten, sind:

- serielle Schnittstellen
- lokale Busse mit DMA-Einheiten
- Mehrtorspeicher
- globale gemeinsame Busse
- Verwaltung von gemeinsamen Hard- und Softwarebetriebsmitteln
- Datenbestände in Datenbanken mit Mehrbenutzerbetrieb

Diese Beispiele werden im folgenden näher beschrieben, um exemplarisch einen Eindruck von den möglichen Zugriffskonflikten in Rechensystemen zu vermitteln.

Als erstes sind die **seriellen Schnittstellen** zu nennen. Bei diesen kann einerseits der Prozessor z. B. ein Eingaberegister auslesen oder ein Ausgaberegister beschreiben, und andererseits kann auf dasselbe Register von außerhalb des Rechners, beispielsweise durch einen Benutzer, zugegriffen werden. Dabei ist es gleichgültig, ob diese Register vom Rechner zyklisch abgefragt oder unterbrechungsgesteuert betrieben werden. Die Auflösung dieser Zugriffskonflikte erfolgt in beiden Fällen durch die Hardware in der seriellen Schnittstelle. Die Register der seriellen Schnittstelle stehen hier stellvertretend für Register, auf die von den Einheiten bei dem Datenaustausch von zwei Seiten zugegriffen wird, d. h. wenn eine Zweitorstruktur vorliegt.

Bei Rechnern mit **DMA-Einheiten am lokalen Bus** können letztere, vom Prozessor programmiert, beispielsweise selbständig Informationstransfers zwischen Speicher und Hintergrundspeicher vornehmen. Dazu benötigen sie, wie auch der Prozessor für seine Speicherzugriffe, den Systembus. Die daraus resultierenden Zugriffskonflikte werden meist von einer Steuereinheit, der Busvergabe, bzw. von dem Prozessor selbst aufgelöst.

Diese ersten beiden Beispiele beziehen sich auf Rechensysteme im allgemeinen, die folgenden gehen auf die speziellen Gegebenheiten bei Mehrprozessorsystemen ein. Aufgrund der jeweiligen Struktur und Art der Kopplung werden zwei Fälle unterschieden.

Bei dem einen Fall sind die Rechner durch einen **Mehrtorspeicher** miteinander verbunden. Der Datenaustausch wird durch Einträge der Informationen in bzw. Auslesen der Informationen aus diesem Speicher realisisiert. Die dabei auftretenden Zugriffskonflikte werden durch eine Zugriffsvergabelogik in dem Mehrtorspeicher aufgelöst.

Im anderen Fall sind die Rechner alle an ein oder mehrere **gemeinsame Busse** angeschlossen. Die Kommunikation erfolgt durch Austausch der Daten über diese Busse. Dazu werden die Daten in gemeinsame Speicher, die an diese Busse angeschlossen sind, oder auch in spezielle Kommunikationsregister, die beispielsweise in der Busankopplung der Rechner realisiert sein können, eingetragen und von dem Kommunikationspartner dort ausgelesen. Die Zugriffskonflikte treten hier an den Bussen und gegebenenfalls in der Busankopplung auf und müssen von der jeweiligen Zugriffsvergabe aufgelöst werden.

Zugriffskonflikte treten jedoch nicht nur im Hardwarebereich sondern auch in der Software auf. Dort wird dieses Problem mit Synchronisationsoperationen wie Semaphoren oder Monitoren gelöst. Diese steuern z. B. in Betriebssystemen den Zugriff mehrerer Prozesse auf **gemeinsame Hard- und Softwarebetriebsmittel**, die gleichzeitig jeweils nur von einem Prozeß verwendet werden dürfen, wie beispielsweise ein Drucker o. ä. /WET84/. Teilweise sind diese Mechanismen schon in der Programmiersprache verankert, z. B. die Monitore in Concurrent Pascal /HER79/, teilweise müssen sie selbst implementiert werden, wie in Modula-2 /DAL84/. Ein weiteres Beispiel für ein gemeinsames Betriebsmittel im Softwarebereich sind **Datenbestände in Datenbanken**, auf die im **Mehrbenutzerbetrieb** zugegriffen werden kann. Dort muß durch Softwaremaßnahmen die Konsistenz der Daten gesichert werden, wenn gleichzeitig Veränderungen durch mehrere Benutzer vorgenommen werden können.

Eine mögliche Lösung des Synchronisationsproblems auf Softwareebene soll als Beispiel beschrieben werden. Sie ist bei der MC68000-Prozessorfamilie der Firma Motorola in Form von Hardware realisiert. Dort stellen die Prozessoren den Test-and-Set-Befehl zur Verfügung; dieser liest eine Speicherzelle aus, setzt entsprechend dem gelesenen Wert die Merker, und beschreibt anschließend das höchstwertigste Bit in dieser Speicherzelle unabhängig von ihrem vorherigen Wert mit einer Eins. Die ganze Operation wird in einem unteilbaren Buszyklus ausgeführt und ermöglicht so selbst in einer Mehrprozessorumgebung die eindeutige Belegung von Semaphorvariablen /MOT82/, /MOT82-1/. Wenn der Befehl in zwei aufeinanderfolgenden Buszyklen bearbeitet würde, könnte dazwischen ein Buszyklus eines zweiten Rechners stattfinden, in dem auch er die Semaphorvariable als unbelegt erkennt, bevor der erste Rechner die Semaphore als belegt kennzeichnen kann. Die Folge wäre, daß auch der zweite Rechner die Semaphore noch belegt, und daß anschließend beide Rechner auf das zu schützende gemeinsame Betriebsmittel zugreifen.

2.2. Eingrenzung der zu untersuchenden Zugriffskonflikte

In der vorliegenden Arbeit wird eine Erweiterung bestehender Systemdiagnoseverfahren für Mehrrechnersysteme um den Test des Kommunikationssystems vorgenommen. Dabei wird der Schwerpunkt auf den Test der Auflösung von Zugriffskonflikten gelegt sowie die Einbettung dieses Testverfahrens in die Systemdiagnose untersucht.

Nachdem im letzten Abschnitt ein Überblick über Zugriffskonflikte in Rechensystemen allgemein gegeben wurde, soll nun eine Abgrenzung bezüglich der im weiteren zu betrachtenden Zugriffskonflikte anhand der Hardwarestrukturen und ihrer Eigenschaften vorgenommen werden. Als erste Einschränkung werden im folgenden nur noch Zugriffskonflikte in der Hardware betrachtet. Im nächsten Schritt erfolgt die Eingrenzung der Eigenschaften der beteiligten Hardwareeinheiten.

Eine erste Einschränkung bezüglich der im weiteren zu untersuchenden Zugriffskonflikte ergibt sich daraus, daß als zugreifende Einheiten nur noch solche betrachtet werden, deren Zugriffsverhalten programmgesteuert beeinflußt werden kann, d. h., bei denen der zeitliche Abstand zwischen zwei Zugriffen definiert eingestellt werden kann. Damit werden im wesentlichen Zugriffskonflikte untersucht, die entstehen, wenn mehrere Prozessoren auf ihr Kommunikationssystem, bzw. allgemeiner auf gemeinsame Hardwareeinheiten, zum Austausch von Informationen zugreifen. Eine weitere Eingrenzung ergibt sich durch die unterschiedliche Zugriffsbearbeitung und das damit verbundene Zeitverhalten bei verschiedenen Kommunikationssystemarten. Bekannte Kriterien zur Klassifizierung von Multiprozessorsystemen unterteilen nach der Art der Verbindung /BOD83/, /GIL81/ in:

- homogene und inhomogene Systeme
- symmetrische und asymmetrische Systeme
- funktionsorientierte und Allzweck-Systeme
- hierarchische und gleichberechtigte Systeme
- eng- und lose gekoppelte Systeme
- speicher- und busgekoppelte Systeme

Diese Kriterien berücksichtigen jedoch nicht in notwendiger Weise das Zugriffsverhalten in den Kommunikationssystemen. Deshalb wird eine Abgrenzung mit Hilfe von Eigenschaften vorgenommen, die dieses Zugriffsverhalten beschreiben.

Ein wesentliches Merkmal ist die Art der Zugriffsausführung aus der Sicht des Kommunikationssystems. Es sind zwei prinzipielle Möglichkeiten zu unterscheiden: parallele und sequentielle Ausführung gleichzeitiger Zugriffswünsche mehrerer Rechner. Im ersten Fall werden die Zugriffe, soweit keine Engpässe bei dem Objekt auftreten, auf das zugegriffen wird, nicht oder nur unwesentlich verzögert, im zweiten treten von der Zahl der angemeldeten Zugriffswünsche abhängige Verzögerungen auf, bis die jeweiligen Daten übertragen sind. Dabei wird das gemeinsame Betriebsmittel Kommunikationssystem jeweils dem zugreifenden Rechner für seinen Zugriff exklusiv zugeordnet.

Neben diesen beiden Formen gibt es eine Mischform, die aus der Sicht der Rechner als quasi parallel erscheint. Bei dieser werden die Zugriffe auf das Kommunikationssystem in zwei voneinander unabhängige Phasen, eine Adreß- und eine Datenphase, unterteilt. Dadurch wird der Bus nicht durch Wartezeiten auf langsamere Speicherbausteine belastet. Bei Zugriffen der Rechner auf unterschiedliche Speichermodule ist somit eine quasi parallele Bearbeitung der Zugriffe möglich. Bei Vorliegen eines sehr leistungsfähigen Busses treten im Zugriffskonfliktfall aufgrund der kurzen Transfers nur sehr kurze Verzögerungszeiten auf, die abhängig von der Anzahl und der Priorität der anstehenden Transfers sind.

Das Zeitverhalten für die (quasi) parallele und die sequentielle Zugriffsbearbeitung zeigt Bild 2-1. Mit dem Pfeil ist jeweils der Zeitpunkt der Anmeldung des Zugriffswunsches von Rechner R_i bei dem gemeinsamen Betriebsmittel dargestellt, schräg schraffiert die Ausführung des Zugriffs aus der Sicht des gemeinsamen Betriebsmittels und quer schraffiert die Wartezeit dazwischen.

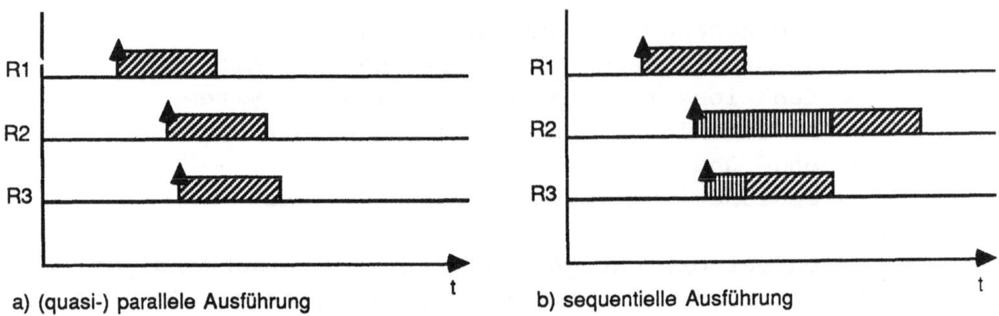

Bild 2-1: Zugriffsverhalten von Kommunikationssystemen

Ein weiteres Kriterium ist die Art der Zugriffsausführung aus der Sicht des Prozessors bzw. des Programms. Zum einen sind Systeme denkbar, bei denen der Prozessor die Daten ausgibt und der weitere Informationstransfer von einer anderen Einheit anschließend ausgeführt wird, so daß bei einer möglichen Verzögerung wegen eines belegten Kommunikationssystems der Prozessor nicht blockiert wird, und zum anderen solche Systeme, bei denen der Prozessor den Informationstransfer selbst steuert und somit im gegebenen Fall auch warten muß, bis das Kommunikationssystem ihm zur Verfügung steht. Diese beiden Arten der Zugriffsausführung entsprechen den elementaren Kommunikationsmechanismen asynchrones Senden (no-wait send) und synchrones Senden (send wait), wie sie u. a. in /KRA81/ beschrieben sind.

Bei dem in dieser Arbeit vorgeschlagenen Verfahren werden die Verzögerungen der Zugriffe, die sich aufgrund der sequentiellen Ausführung der Zugriffe in dem Kommunikationssystem ergeben, ausgenutzt. Diese müssen, wie in Kapitel 4.7 bei der Einführung des Zugriffssynchronisationsverfahrens gezeigt wird, eine bestimmte Mindestdauer haben, damit sie zur Erzeugung der Zugriffskonflikte eingesetzt werden können. Es werden folglich nur noch Systeme mit sequentieller Ausführung der Zugriffe betrachtet, bei denen das Kommunikationssystem dem zugreifenden Rechner ununterbrochen exklusiv für seinen gesamten Zugriff zugeordnet wird. Der Zugriff auf das Kommunikationssystem stellt damit eine unteilbare Aktion dar. Systeme mit paralleler oder quasi paralleler Zugriffsbearbeitung werden nicht weiter untersucht. Diese Einschränkung bezieht sich jedoch nur auf einige spezielle Rechensysteme. Die meisten Mehrrechnersysteme erlauben nur eine sequentielle Bearbeitung gleichzeitig vorliegender Zugriffswünsche, wie z. B. die oben genannten Mehrrechnersysteme mit Mehrtorspeicher oder gemeinsamem Bus.

Bei der Realisierung des Tests der Auflösung der Zugriffskonflikte als funktionelles Testverfahren läßt sich als einziger Parameter die Dauer zwischen zwei aufeinander folgenden Zugriffen eines Rechners verändern. Um dies gezielt tun zu können, ist aus Programmsicht der genaue Zeitpunkt der Ausführung des Zugriffs notwendig. Daraus folgt, daß nur Systeme als Testobjekt in Frage kommen, bei denen der Prozessor selbst den gesamten Informationstransfer steuert; mit diesen Informationen kann der Zeitraum zwischen zwei Zugriffen eines Rechners definiert eingestellt werden. Zusätzlich zu dieser Eigenschaft des Systems müssen noch weitere Informationen zur Erstellung der Testprogramme für die Auflösung der Zugriffskonflikte zur Verfügung stehen. Diese betreffen alle Parameter, die das Zugriffsverhalten des Prozessors beeinflussen. Dazu zählen Befehlsausführungszeiten, Zugriffszeiten auf Programmspeicher und Zugriffszeiten auf das Kommunikationssystem, bei letzterem speziell die Zeit eines unverzögerten Zugriffs, d. h. eines solchen, bei dem keine Zugriffskonflikte auftreten. Die Zugriffszeit ändert sich bei Auftreten von Zugriffskonflikten belastungsabhängig.

Da das Zugriffsprotokoll Einfluß auf die Zugriffszeiten hat, wird im folgenden kurz darauf eingegangen, und zwar so weit, wie es für diese Arbeit erforderlich ist. Eine ausführliche Abhandlung über Zugriffsprotokolle befindet sich in /THU72/.

Es gibt zwei prinzipielle Realisierungsformen, synchrone und asynchrone Protokolle. Bei synchronen Protokollen wird die Informationsübertragung durch einen zentralen Takt gesteuert. Dieser synchronisiert die Kommunikationspartner miteinander und legt damit ihre Datenübergabezeitpunkte fest. Synchrone Zugriffsprotokolle haben zur Folge, daß alle Informationstransfers eine feste einheitliche Länge haben. Die Dauer dieser Zeitscheiben muß sich also nach dem langsamsten Modul richten. Dieser Nachteil wird bei asynchronen Protokollen vermieden; bei ihnen wird die Dauer eines Zugriffs durch die beteiligten Einheiten festgelegt und kann somit von Zugriff zu Zugriff variieren. Dazu ist es notwendig, daß sich die adressierte Funktionseinheit nach dem Ablauf ihrer Zugriffszeit mit einem Quittungssignal meldet, und der Prozessor daraufhin den Informationstransfer beendet. Bezüglich der zeitlichen Lage des Quittungssignals zu den restlichen Steuersignalen sind zwei Verfahren zu nennen, die bei Mikroprozessoren verwendet werden: das halb verschränkte und das verschränkte Quittungsverfahren. Ihr prinzipieller Signalverlauf ist in Bild 2-2 dargestellt. Bei dem halbverschränkten Quittungsverfahren sieht man, daß durch die steigende Flanke des "Daten bereit"-Signals ein Datenübernahme-Impuls erzeugt wird, dessen steigende Flanke wiederum zu einer Rücknahme des "Daten bereit"-Signals und der Daten führt. Anders bei dem verschränkten Quittungsverfahren, dort wird durch die steigende Flanke des "Daten bereit"-Signals das "Daten übernehmen"-Signal aktiv. Daraufhin werden das "Daten bereit"-Signal und die Daten zurückgesetzt, was schließlich zu einer Rücknahme des "Daten übernehmen"-Signals führt. Weitere hier nicht relevante Protokolle zur Informationsübertragung sind in der oben zitierten Literatur beschrieben.

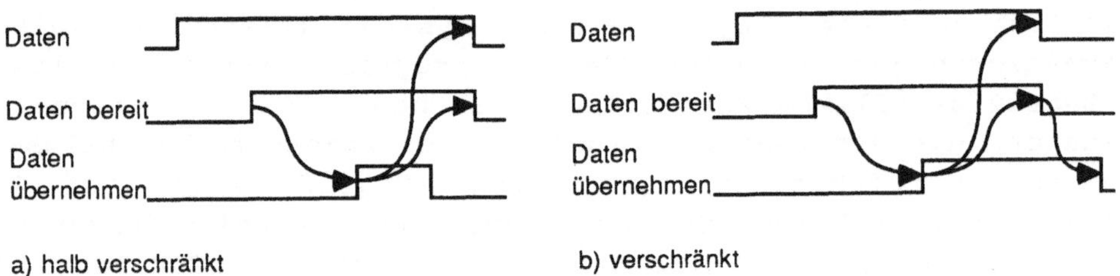

Bild 2-2: Zeitverhalten der Quittungsverfahren (nach /THU72/)

Bei den meisten modernen Mikroprozessoren werden Speicher- und Registerzugriffe mit Hilfe von asynchronen Zugriffsprotokollen abgewickelt. So verwenden die Prozessoren der MC68000-Familie ein asynchrones Zugriffsprotokoll nach dem verschränkten Quittungsverfahren. Die Prozessoren der Z8000-Familie und der 8086-Familie kennen ein synchrones und ein asynchrones Übertragungsprotokoll. Die Auswahl, welches Protokoll bei einem Zugriff verwendet wird, ergibt sich bei beiden Familien daraus, daß bis zu einem bestimmten Zeitpunkt von der adressierten Funktionseinheit ein spezielles Signal erzeugt werden muß, wenn bei dem Zugriff zusätzliche Wartetakte notwendig sind. In diesem Fall liegt dann ein asynchrones Übertragungsprotokoll nach dem halb verschränkten Quittungsverfahren vor, andernfalls das synchrone Übertragungsprotokoll.

Die Vor- und Nachteile der beiden Protokollarten werden nicht näher beschrieben, da das Zugriffsprotokoll der Rechensysteme meist durch die verwendeten Prozessoren vorgegeben wird. Wichtig ist im Rahmen dieser Arbeit, daß bei synchronen Zugriffsprotokollen alle Zugriffe die gleiche Dauer haben, während bei asynchronen unterschiedliche Zugriffszeiten möglich sind. Kommunikationssysteme, in denen gleichzeitige Zugriffe mehrerer Rechner sequentialisiert werden, werden meist mit asynchronen Zugriffsprotokollen realisiert, da dort die Zugriffszeiten belegungsabhängig sind und ihre Dauer bis zu einem mehrfachen eines unverzögerten Zugriffs betragen kann, wenn entsprechend viele Rechner gleichzeitig zugreifen wollen und der betrachtete Rechner eine niedrige Zugriffspriorität hat.

Erschwerend muß beachtet werden, daß in den meisten Mehrrechnersystemen kein zentraler Systemtakt vorliegt, sondern daß jeder Rechner über einen eigenen unabhängigen Takt verfügt. Das Kommunikationssystem ist ein gemeinsames Betriebsmittel für alle daran angeschlossenen Rechner. Es ist somit in den meisten Fällen nicht einem Rechner zugeordnet, sondern es hat eine unabhängige Steuerung mit einem eigenen Takt. Aus der Unabhängigkeit der verschiedenen Takte kann resultieren, daß bei ungünstiger Lage der Takte zueinander die Zugriffe eines Rechners auf das Kommunikationssystem im zugriffskonfliktfreien Fall bezüglich ihrer Dauer um 1 Prozessortaktperiode differieren können.

Was für Zugriffe auf das Kommunikationssystem gesagt wurde, gilt mit zeitlichen Abweichungen in der Größenordnung einzelner Prozessortaktperioden auch für Zugriffe auf dynamische Speicher, da bei ihnen zyklisch die Informationen aufgefrischt werden müssen. Wenn dazu parallel der Zugriff eines Rechners stattfindet, muß dieser verzögert, d. h. um die entsprechende Zahl von Wartetakten verlängert werden.

Diese unterschiedlichen Zugriffsdauern sowohl bei den Zugriffen auf den lokalen Speicher der Rechner als auch bei den Zugriffen auf das gemeinsame Kommunikationssystem müssen bei funktionellen Testverfahren zur Zugriffskonfliktauflösung berücksichtigt werden, da sie das Zeitverhalten auf der Zugriffsebene beeinflussen. Die sich daraus ergebenden Konsequenzen und Einschränkungen bezüglich der Testbarkeit der Kommunikationssysteme bzw. bezüglich der Anzahl der berücksichtigbaren Rechner werden in dem Kapitel 5 bei der Beschreibung des Testverfahrens behandelt.

2.3. Zusammenfassung

Den Schwerpunkt der Arbeit bildet der funktionelle Test der Auflösung von Zugriffskonflikten, die bei der Kommunikation in Mehrrechnersystemen auftreten. Wesentliche Eigenschaften der zugreifenden Einheiten sind dabei,

- daß sie ihr Zugriffsverhalten programmgesteuert beeinflussen können, und
- daß sie die Steuerung des Zugriffsablaufs selbst vornehmen.

Das Kommunikationssystem muß die Forderung nach der Sequentialisierung zeitlich paralleler Zugriffe von verschiedenen zugreifenden Einheiten erfüllen, wobei das Kommunikationssystem dieser Einheit für den gesamten Zugriff exklusiv und ununterbrochen zugeordnet wird.

In Mehrrechnersystemen, die diese Kriterien erfüllen, ist es möglich, durch Koordination mehrerer Einheiten und geeignete Festlegung des zeitlichen Abstandes zwischen zwei Zugriffen einer Einheit gezielt Zugriffskonflikte zu Testzwecken zu erzeugen und ihre Auflösung zu beobachten. Das dazu zu lösende Problem liegt darin, daß die von der Hardware durch die Zugriffe auf das Kommunikationssystem festgelegten Zeitfenster durch die Software bzw. durch Auswahl geeigneter Befehle erreicht werden müssen, damit die gewünschten Zugriffskonflikte auftreten. Erschwerend kommt hinzu, daß die Zugriffszeiten aufgrund von unabhängigen Takten um einzelne Prozessortakte schwanken können. Eine weitere Präzisierung des Themas wird in Kapitel 4 durch die Definition eines Modells für Kommunikationssysteme vorgenommen, welches dann die Grundlage für das weitere Vorgehen bildet.

3. Stand der Forschung

In diesem Kapitel wird eine Einordnung der Arbeit bezüglich der in der Literatur bekannten Verfahren und Vorgehensweisen vorgenommen. Die bisherigen Lösungen lassen sich in zwei Gruppen mit je zwei Untergruppen einordnen.

Die erste Gruppe enthält Verfahren, die zur Ermittlung des Fehlerzustands von Rechensystemen geeignet sind. Sie bilden die Grundlage des Systemtests, der um das in dieser Arbeit vorgeschlagene Verfahren zum Test der Auflösung der Zugriffskonflikte erweitert wird. Hier sind erstens funktionelle Testverfahren zu nennen, die die verschiedenen Einheiten eines Rechensystems anhand der zur Verfügung gestellten Funktionen überprüfen, und zweitens Verfahren zur Systemdiagnose; diese bestimmen den Fehlerzustand des Systems aus Testergebnissen, die in den einzelnen Rechnern beispielsweise mit den obengenannten funktionellen Testverfahren ermittelt werden.

Die zweite Gruppe setzt sich aus Verfahren zusammen, die Lösungsansätze und Vorgehensweisen mit anderen Voraussetzungen haben. Hier sind Strukturtests und Protokolltester zu nennen. Strukturtests unterscheiden sich von Verfahren, die auf einem funktionellen Modell beruhen, dadurch, daß hier der Ansatz auf der Strukturinformation der zu testenden Einheit beruht. Dazu ist es notwendig, die genaue interne Realisierung auf Gatterebene zu kennen. Protokolltester sind Geräte, die an die zu überprüfenden Einheiten angeschlossen werden und dann überprüfen, ob die Spezifikationen des Protokolls eingehalten werden. Dabei wird der Partner der zu testenden Einheit durch den Protokolltester ersetzt und führt dessen Protokollteil aus.

Bevor in den nächsten Unterkapiteln die einzelnen Gruppen näher erläutert werden, müssen noch einige Begriffe definiert werden. Aufgrund der Testart, die sich aus der Betrachtungsweise des Testobjekts ergibt, sind Funktionstests und Strukturtests zu unterscheiden, und aufgrund der Beziehung zwischen Testobjekt und Testinstanz Fremdtests und Selbsttests. Da diese Begriffe in den folgenden Unterkapiteln verwendet werden, werden sie hier definiert. Die einzelnen Definitionen sind /ECH83/ entnommen.

Funktionstests überprüfen die vom Testobjekt erbrachten Funktionen. Dazu ist keine Kenntnis der internen Realisierung notwendig. Damit verbunden ist ein Fehlermodell auf höherer Ebene, z. B. "Teilfunktion ausgefallen". Deshalb ermöglicht der funktionelle Test meist nur eine grobe Fehlerlokalisierung.

Strukturtests basieren auf Kenntnissen über die Struktur der zu testenden Einheit. Für diese Struktur wird ein strukturbezogenes Fehlermodell aufgestellt, welches die Grundlage für den Test bildet. Strukturtests der Hardware bauen meist auf der Gatterebene auf. Das dazugehörende Fehlermodell sieht in der Regel ständig 0- (st0) und ständig 1-Fehler (st1) an Gatterein- und -ausgängen vor.

Bei **Selbsttests** sind Testobjekt und Testinstanz identisch. Deshalb erfordern Selbsttestverfahren einen fehlerfreien Testkern, der zur Bewertung der Testergebnisse zur Verfügung steht, und von dem aus das ganze Testobjekt nach und nach getestet wird.

Bei **Fremdtests** sind Testobjekt und Testinstanz verschieden, d. h., es ist eine weitere Einheit am Test beteiligt, die die Testergebnisse des Testobjektes überprüft.

3.1. Systemtestverfahren

3.1.1. Funktionelle Testverfahren für Rechnereinheiten

In diesem Unterabschnitt wird ein Überblick über funktionelle Testverfahren gegeben, die in der Literatur beschrieben sind und sich zur Ermittlung des Fehlerzustands von Rechnereinheiten einsetzen lassen. Hier sind die Testverfahren für Prozessoren, Speichertestverfahren und Verfahren zum Test von Schutzsystemen zu nennen. Die Verfahren werden kurz dargestellt, da sie einerseits zeigen, welche Einheiten in Rechensystemen bisher mit funktionellen Verfahren getestet werden, und weil sie andererseits in dem Systemtest verwendet werden, in den das vorgeschlagene Verfahren integriert werden soll.

Funktionelle Testverfahren für Mikrorechner basieren auf der Annahme, daß ein Mikrorechner vollständig durch seinen Befehlssatz beschrieben wird, und daß sich interne Hardwarefehler durch eine falsche Befehlsausführung oder eine Änderung des Befehlsablaufs äußern. Sie können als Fremdtest oder als Selbsttest eingesetzt werden. Die Fremdtests erfordern eine spezielle Testumgebung, die es ermöglicht, an den Ausgängen sichtbare Abweichungen vom Sollverhalten unmittelbar zu erkennen. Bei den Selbsttests tritt das Problem auf, daß ein möglicherweise defekter Prozessor diesen Vergleich mit den Solldaten selbst ausführen soll.

Zunächst wird das Fremdtestverfahren von Thatte und Abraham behandelt, da sein Fehlermodell die Ausgangsbasis für das Fehlermodell der Kommunikationssysteme bildet. Anschließend werden verschiedene Selbsttestansätze erläutert.

Thatte und Abraham modellieren den Mikroprozessor durch einen gerichteten Graphen, den Systemgraphen (S-Graph) /THA80/. Dabei legen sie die Informationen über den Befehlssatz und die ausgeführten Funktionen zugrunde, wie sie dem Datenblatt eines Prozessors entnommen werden können. Der S-Graph enthält Knoten und Kanten; die Knoten stellen die Register dar, und die Kanten die Datenflüsse bei der Bearbeitung der Befehle. Es werden fünf Funktionen unterschieden: Registerauswahl, Befehlsauswahl und -ausführung, Datenspeicherung, Datentransfer und Datenmanipulation. Für die Registerauswahl werden dabei folgende Fehler angenommen:

- es wird kein Register ausgewählt,
- es wird ein falsches Register ausgewählt, und
- es wird zusätzlich zu dem richtigen ein weiteres Register ausgewählt.

Analog dazu werden die Fehler bei der Befehlsauswahl und -ausführung modelliert. Als Fehler bei der Datenspeicherung und dem Datentransfer werden st0-, st1-Fehler auf beliebigen Datenleitungen sowie Kurzschlüsse zwischen beliebigen Datenleitungen angenommen. Für die Datenmanipulation wird kein spezifisches Fehlermodell angegeben, da die funktionellen Einheiten zu unterschiedlich sind.

Selbsttestverfahren werden nach der Start-Small-Strategie aufgebaut. Dabei beginnt der erste Test mit einer minimalen Hardwaremenge, die dann die Grundlage für die weiteren Tests bildet. Mit jedem weiteren Test wird ein kleiner Hardwareteil zu der in den vorangegangenen Tests überprüften Hardware hinzugefügt, bis schließlich der gesamte Prozessor getestet ist. Wenn ein Fehler entdeckt wird, kann er der in diesem Test hinzugekommenen Hardware zugeordnet werden. Bei der Start-Small-Strategie stellt sich das Problem des Testkerns, also nach den Befehlen, mit denen die Ausführung der weiteren Befehle überprüft wird. Da zu diesem Zeitpunkt der Mikroprozessor noch gänzlich ungetestet ist, ist zu klären, wie dieser Testkern überprüft werden kann. Die einzige Möglichkeit besteht darin, daß sich diese Befehle gegenseitig mit mehreren Testmustern testen und sich somit für den Test der restlichen Befehle qualifizieren. Dabei wird dieser Test so angelegt, daß die Wahrscheinlichkeit für nicht entdeckte Fehler sehr gering ist. Einige Verfahren sehen an dieser Stelle Zusatzhardware vor, die den Prozessor während der Ausführung des Selbsttestprogramms überwacht /GIO79-1/, /HUN82/. Der Vorteil dieses Vorgehens liegt darin, daß die Zusatzschaltung den Mikroprozessor bei der Erkennung seiner Fehler unterstützt, allerdings verbunden mit dem Nachteil, daß dieser Zusatzaufwand sich nur mit Schwierigkeiten nachträglich in bestehende Systeme integrieren läßt.

Das Verfahren von Giordano und Nilsson sieht beispielsweise eine Zusatzschaltung vor, die im wesentlichen die Zeitdauer des Selbsttests überwacht /GIO79-1/. Diese Zusatzschaltung wird am Anfang des Selbsttestprogramms aktiviert und nach fehlerfreiem Beenden wieder passiviert. Erfolgt das Ausschalten nicht innerhalb der vorgesehenen Maximalzeit, so wurde der Selbsttest nicht korrekt durchlaufen und es liegt ein Fehler vor; in diesem Fall hält die Zusatzschaltung den Prozessor an. Bei diesem Vorgehen wird das Nicht-Erhalten der Testaussage als Fehlerindiz gewertet.

Weitere Arbeiten, die sich mit Selbsttestverfahren befassen, stammen von Ebel /EBE78/, Büren und Schütz /BUE80/, Lin et al. /LIN80/, Robach und Saucier /ROB80/, Brahme und Abraham /BRA84/ und Gärtner /GAER85/.

Speichertests beruhen im wesentlichen auf einer geeigneten Kombination von Schreib- und Lesezugriffen, wobei die im Fehlermodell zugrundegelegten Fehler überprüft werden. Eine Übersicht über Speichertestverfahren ist in /ABA83/ und /DAL86/ enthalten.

Im steigenden Maße werden in Rechnersystemen Speicherverwaltungseinheiten eingesetzt, die beispielsweise Programmbereiche von Datenbereichen oder verschiedene Benutzer voneinander trennen. Speziell auch im Mehrrechnersystemen sind unterschiedliche Zugriffsrechte für die einzelnen Rechner auf gemeinsame Betriebsmittel u. a. aus Fehlerbegrenzungsgründen notwendig. Für solche Schutzsysteme ist in /MAR82/ ein allgemeines Modell und ein funktionelles Fehlermodell angegeben.

Von Maehle wurde in /MAE85/ ein Systemtest für einzelne Rechner beschrieben. Dieser basiert auf der Start-Small-Strategie und besteht aus 5 aufeinanderaufbauenden Stufen:

- dem Testkern,
- dem Prozessortest,
- dem Festwertspeicher-Test,
- dem Speichertest und schließlich
- dem Ein-/Ausgabetest.

Dieser Systemtest bildet auch die Grundlage für den Test von Mehrrechnersystemen, wie er in dieser Arbeit vorgeschlagen wird.

Dazu wird als zusätzliche Teststufe der Test des Kommunikationssystems eingeführt. Für den Betrieb als fehlertolerantes System muß anschließend der Fehlerzustand des Gesamtsystems in allen Rechnern bekannt sein. Dieser wird in einer weiteren Stufe mit einem Systemdiagnoseverfahren ermittelt.

Die in diesem Unterkapitel beschriebenen Verfahren lassen sich teilweise auch bei dem Test des Kommunikationssystems einsetzen. Mit ihnen kann dabei überprüft werden, ob sich die verschiedenen Speicher- oder Registerzellen des Kommuniationssystems korrekt auslesen und beschreiben lassen. Es ist jedoch nicht möglich, gezielt die Auflösung von Zugriffskonflikten zu überprüfen, da in den verschiedenen Modellen das Zugriffszeitverhalten der zugreifenden Einheiten und speziell das von mehreren dieser Einheiten auf ein gemeinsames Betriebsmittel nicht berücksichtigt ist.

Alternativ zu Testverfahren, bei denen der Prozessor den Test aller weiteren im Rechnersystem vorhandenen Einheiten, und damit auch des Kommunikationssystems, durchführt, ist auch ein Selbsttest des Kommunikationssystems und speziell der Zugriffsvergabeeinheit möglich. Der Test kann als struktureller Test, d. h. aufbauend auf die Strukturkenntnisse, oder als funktioneller Test realisiert werden. Die Lösung als struktureller Test wird im Kapitel 3.2.1 über den Strukturtest behandelt. Bei einer funktionellen Selbsttestlösung muß die Umgebung der Schaltung simuliert werden. Dies ist durch eine sehr aufwendige Zusatzschaltung oder durch eine weniger aufwendige Zusatzschaltung und Software möglich, wobei die zweite Alternative einen schnellen Prozessor benötigt, um die "Zugriffswünsche" zur Erzeugung der Zugriffskonflikte mit dem notwendigen zeitlichen Abstand erzeugen zu können. Fraglich ist bei beiden funktionellen Lösungen, ob tatsächlich die relevanten Zeitbedingungen erzeugt werden, da in der Realität das Anmelden der Zugriffswünsche der aktiven Einheiten wegen der Unabhängigkeit ihrer Takte zu beliebigen Zeitpunkten und nicht synchron zu einem festen Takt erfolgt.

Generell ist zu dem Selbsttestansatz für den Test des Kommunikationssystems zu sagen, daß eine Berücksichtigung des Verfahrens schon im Entwurf erforderlich ist, da in jedem Fall eine aufwendige Zusatzhardware zur Steuerung des Selbsttests erforderlich ist. Ein wesentliches Ziel des vorgestellten Verfahrens ist dagegen eine nachträgliche Integration des Verfahrens in bestehende Systeme.

3.1.2. Systemdiagnoseverfahren

Den letzten Schritt zur Ermittlung des Fehlerzustands von Mehrrechnersystemen bildet die Systemdiagnose. Sie stellt die Informationen für die Ausgliederung der fehlerhaften Einheiten und die Neuverteilung der vom Ausfall betroffenen Aufgaben zur Verfügung, die die Voraussetzung für die anschließende Fehlerbehebung und den Wiederanlauf bilden, um in fehlertoleranten Systemen den Betrieb auch nach dem Auftreten von Fehlern fortzusetzen.

Die Aufgabe der Systemdiagnose ist, aus möglicherweise fehlerhaften Aussagen der Einzeltests - wenn die Testinstanz fehlerhaft ist, eine zutreffende Aussage über das Gesamtsystem zu bilden, welche Rechner fehlerhaft sind und welche nicht.

Die meisten Untersuchungen zur Systemdiagnose sind mehr theoretischer Natur; sie untersuchen die Diagnostizierbarkeit von verschiedenen Rechnerstrukturen bei unterschiedlichen Randbedingungen, z. B. bezüglich der Anzahl der in einem Diagnoseschritt zu entdeckenden Fehler usw. Über die Verbindungen zwischen den Rechnern werden unterschiedliche Annahmen gemacht, manchmal werden diese als perfekt angenommen, manchmal können sie auch ausfallen. Preparata, Metze und Chien haben in /PRE67/ ein graphentheoretisches Diagnosemodell entwickelt, welches die Grundlage für weitere, meist theoretische Arbeiten bildet. Eine Übersicht über diese Arbeiten ist in /FRI80/ enthalten.

Die zentrale Systemdiagnose für verteilte Systeme beruht darauf, daß zu festgelegten Zeitpunkten das gesamte System in einen Testzustand geht. In diesem Zustand testen sich alle Einheiten und übergeben anschließend ihre Testergebnisse an eine koordinierende Einheit, die daraus den Fehlerzustand des Gesamtsystems ermittelt, und diesen dann an alle intakten Einheiten verteilt. Einen Überblick über die mit diesem Vorgehen verbundenen Probleme gibt /DAL86/.

Bei der dezentralen Systemdiagnose für verteilte Systeme ermittelt jede Einheit des Systems ein eigenes Diagnoseabbild. Dies geschieht durch geeigneten Austausch von Testaufforderungen und Testergebnissen oder sogenannten "I am alive"-Botschaften. Als Beispiel sei das TANDEM T16-System betrachtet /BAR78/. Dort wird eine gegenseitige Überwachung der Rechnermodule durch periodischen Austausch von "I am alive"-Botschaften erreicht. Wenn diese über 2 Zyklen ausbleiben oder nicht korrekt sind, wird der dazugehörige Rechner als ausgefallen betrachtet. Dabei wird nicht zwischen Fehlern des Rechners oder des Kommunikationssystems unterschieden.

Im Basic-Fault-Tolerant-System BFS /BER82/ ist jeder Rechner in einem Ring und mit seinem nächsten und übernächsten Nachbarn verbunden. Jeder Rechner fordert nun seine Nachbarn zum Selbsttest auf und erhält bei fehlerfreiem Beenden des Selbsttests eine Quittung zurück. Wenn ein Fehler bei einem der Nachbarn entdeckt wird, wird der übernächste Nachbar zum Selbsttest aufgefordert und dieser ruft nach dem eigenen fehlerfreien Selbsttest nochmals den vorher als fehlerhaft erkannten Rechner zum Selbsttest auf. Abhängig von diesem Testergebnis kann so zwischen Fehlern der Rechner und Fehlern in der Verbindung unterschieden werden.

In /KUH81/ und in /MAE82/ sind Algorithmen zur verteilten Systemdiagnose angegeben. Da das Verfahren von Maehle an späterer Stelle in dieser Arbeit (Kapitel 4.8) verwendet wird, soll es hier näher beschrieben werden. Der dort angegebene Diagnosealgorithmus ermittelt den Fehlerzustand des Gesamtsystems, wenn die Anzahl der Fehler nicht eine bestimmte obere Schranke überschreitet. Diese Schranke hängt von der Anzahl der Rechner und der minimalen Anzahl der Verbindungen zwischen den Rechnern ab.

Der Diagnosealgorithmus hat folgende Annahmen:

1. Fehlerfreie Rechner können über intakte Verbindungen Nachrichten mit anderen fehlerfreien Rechnern austauschen. Nur fehlerfreie Rechner können Nachrichten senden.
2. Jeder fehlerfreie Rechner kann eine zutreffende Aussage über alle Rechner machen, mit denen er direkt verbunden ist (Nachbarschaftsdiagnose).
3. Der Fehlerzustand des Systems ändert sich nicht während der Ausführung des Diagnosealgorithmus.

Im ersten Schritt des Diagnosealgorithmus stellen alle Rechner den Zustand ihrer Nachbarrechner fest (Nachbarschaftsdiagnose). Danach wird dieser Vektor an alle intakten Nachbarn gesendet. Im zweiten Schritt werden diese Vektoren von allen intakten Nachbarn empfangen und anschließend alle empfangenen Nachrichten an alle intakten Nachbarn außer dem Sender geschickt. Im dritten Schritt werden wiederum die nun empfangenen Nachrichten an alle intakten Nachbarn weitergegeben und untersucht, ob noch weitere intakte Rechner im System vorhanden sind, deren Diagnosevektor noch fehlt; falls ja, wird der dritte Schritt wiederholt, falls nein, ist der Austausch der Diagnosevektoren beendet und jeder Rechner interpretiert die ihm vorliegenden Diagnosevektoren. Auf diesem Weg lassen sich sowohl die intakten Rechner als auch die intakten

Verbindungen erkennen, wobei die Aussage über die Verbindungen nur auf dem Austausch der Diagnosevektoren basiert. Eine genaue Beschreibung des Verfahrens sowie eine Implementierung dieses Diagnosealgorithmus ist in /MOR83/ zu finden.

Die in diesem Abschnitt beschriebenen Verfahren ermitteln aus der Fehlerzustandsinformation einzelner Rechner den Fehlerzustand des Gesamtsystems. Dabei sind sie teilweise auch in der Lage, zwischen Fehlern der Rechner und Fehlern der Kommunikationsverbindung zu unterscheiden. Jedoch beschränkt sich der Test des Kommunikationssystems einzig darauf, ob über die entsprechende Kommunikationsverbindung der Austausch der Diagnoseinformation möglich ist. D. h., die Kommunikationsfunktionen werden nicht anhand eines Fehlermodells überprüft und es werden Zugriffskonflikte nur zufällig berücksichtigt.

3.2. Alternative Lösungsverfahren

3.2.1. Strukturtest

Der Einsatzbereich von Strukturtests war ursprünglich auf Testautomaten begrenzt, d. h. die zu testende Einheit wurde nicht in ihrer Systemumgebung, sondern in einer speziellen Testumgebung überprüft. Das Ziel ist die Fehlererkennung und die exakte Fehlerlokalisierung. Exakte Fehlerlokalisierung heißt beim Test von Leiterplatten, daß der Fehler einem ersetzbaren Schaltkreis zugeordnet werden soll, bei der Entwicklung von kundenspezifischen Schaltkreisen wird dagegen eine Lokalisierung bis zu dem fehlerhaften Gatter angestrebt.

Bei den Tests werden Testmuster an den Eingängen der zu testenden Einheit angelegt und die Testergebnisse an den Ausgängen beobachtet. An dem Auftreten von Abweichungen von dem Sollverhalten werden die Fehler erkannt. Aus dem angelegten Testmuster kann dann auf mögliche Fehler geschlossen werden. Es tritt nun das Problem der Auswahl geeigneter Testmuster auf, da beispielsweise an ein Schaltnetz mit n Eingängen 2^n verschiedene Eingangskombinationen angelegt werden können. Aus Aufwandsgründen versucht man mit weniger Testmustern auszukommen. Zur Testmusterbestimmung wurden verschiedene Verfahren entwickelt wie die Boolschen Differenzen, der D-Algorithmus oder die Pfadsensibilisierung /GOER86/.

Problematischer als Schaltnetze sind Schaltwerke; hier sind bei n Eingängen und m Zuständen 2^{n+m} Fälle zu unterscheiden. Erschwerend muß bei sequentiellen Schaltungen berücksichtigt werden, daß meist mehrere Schritte notwendig sind, um einen bestimmten internen Zustand einzustellen.

Zur Erhöhung der Testbarkeit der Schaltungen werden in der Literatur verschiedene Möglichkeiten beschrieben. Ziel ist es dabei, die Steuerbarkeit und Beobachtbarkeit von bisher schlecht testbaren Schaltungsteilen zu verbessern. Unter Steuerbarkeit wird dabei die Möglichkeit verstanden, beliebige Testvektoren an interne Schaltungsteile anzulegen, und unter Beobachtbarkeit, die dazugehörenden Testergebnisse zu beobachbaren Ausgängen weiterzuleiten. Dazu gibt es zwei generelle Wege. Der eine sieht eine nachträgliche Verbesserung der Testbarkeit durch Einfügen von Zusatzhardware vor. Der zweite Ansatz besteht in einem testfreundlichen Entwurf; dabei werden meist alle speichernden Elemente der Schaltung zusätzlich zu einem Schieberegister zusammengefügt. Diese Struktur erlaubt es, am Testanfang sequentiell ein Testmuster in die Schaltung zu bringen, damit einen definierten internen Zustand einzustellen, und zu einem späteren Zeitpunkt auch wieder das Testergebnis auszulesen. Gebräuchliche Bezeichungen sind Scan Path oder LSSD /DAL86/.

Eine Erweiterung dieses Verfahrens führt zu selbsttestenden Schaltungen. Bei ihnen wird das Schieberegister zusätzlich auch zur Testmustererzeugung und zur Testauswertung verwendet. Als Grundprinzip werden die Schieberegister zusätzlich linear rückgekoppelt und können dann zur Erzeugung von Pseudozufallstestmustern verwendet werden. Die Auswertung erfolgt mittels der Signaturanalyse, die auch mit den linear rückgekoppelten Schieberegistern möglich ist. Das bekannteste Beispiel ist der sogenannte built-in logic block observer (BILBO) /KOE79/.

Ein wesentlicher Nachteil von strukturellen Testverfahren ist, daß sie nur bei genauer Kenntnis der Hardwarestruktur zusammen mit einem strukturbezogenen Fehlermodell eingesetzt werden können. Wenn jedoch diese Kenntnisse vorliegen, kann der Test der Zugriffsvergabeeinheit mit strukturellen Testverfahren realisiert werden. Auch das Argument, daß die Zeit zur Erzeugung der Testmuster mit wachsender Komplexität der zu testenden Einheit stark ansteigt, wobei gleichzeitig die Testlänge wächst und die Fehlerüberdeckung abnimmt /ABR81/, gilt für die Zugriffsvergabe nicht, da ihre Komplexität relativ gering ist. Wenn jedoch zur Verbesserung der Testbarkeit zusätzliche Hardware notwendig ist, kann diese nachträglich nur mit großen Schwierigkeiten eingefügt werden. Die Vorteile struktureller Testverfahren liegen in einer quantitativ bestimmbaren Fehlerüberdeckung und einer guten Lokalisierbarkeit der entdeckten Fehler. Ein weiterer Nachteil gegenüber funktionellen Testverfahren liegt darin, daß strukturelle

Testverfahren keine Entwurfsfehler entdecken können. Der Entwurf der Zugriffsvergabe, die auch die Zugriffskonflikte auflösen muß, erweist sich als besonders schwierig (und daher fehleranfällig). Sie arbeitet in den meisten Fällen unabhängig von den Rechnern (eigener Takt) und muß deshalb bei beliebigen Taktverschiebungen des eigenen Taktes zu den Takten der Rechner korrekt funktionieren. Diese Entwurfsfehler sind besonders bedeutungsvoll, da Fehler, die auf einer mangelhaften Zugriffskonfliktauflösung beruhen, auch wenn sie permanent vorliegen, transient erscheinen, da sie sich nur bei gleichzeitigem Zugriff mehrerer Rechner auswirken. Die Rechnerzugriffe müßten also zu Testzwecken mit beliebigen Zeitverhältnissen "simuliert" werden; dies führt bei strukturellen Testverfahren zu erhöhten Aufwand. Bei funktionellen Testverfahren lassen sich die Rechner zu diesem Zweck einsetzen.

3.2.2. Protokolltester

Protokolltester werden dazu eingesetzt, Protokolle zur Kommunikation in offenen Systemen auf die Einhaltung des Protokolls zu überprüfen. Dazu wird die Übereinstimmung des Protokolls mit entsprechenden Standardprotokollen und die Einhaltung der Benutzeranforderungen, d. h. der unterstützten Optionen, der Leistungsfähigkeit und der Robustheit bezüglich von Fehlern /RAY82/ kontrolliert. Im einzelnen werden folgende Punkte bezüglich des zu testenden Protokolls untersucht /NIG82/:

- Korrekte Behandlung aller bei einer Protokollinstanz eintreffenden Nachrichten von anderen Rechnern sowie der Anfragen der nächsthöheren Schicht des eigenen Rechners.
- Erkennen von fehlerhaften Nachrichten und Aufrufen und Zurückweisen mit entsprechender Fehlermeldung
- Korrekte Behandlung von Zeitüberschreitungen
- Korrekte Behandlung von Verbindungen, die im Multiplex-Betrieb arbeiten

In Protokolltests werden die zur Verfügung gestellten Funktionen ausgeführt; sie gehören also zur Klasse der funktionellen Testverfahren. Bei dem Test kommuniziert der zu untersuchende Rechner mit einem Referenzrechner. Hier sind 2 Konzepte zu unterscheiden. Bei dem einen Konzept wird das Protokoll auf dem Referenzrechner mit einem Protokoll- und Fehler-De-und-Encoder nachgebildet /RAY82/; dieser erzeugt die entsprechenden Protokollzustände und -nachrichten und erkennt die Meldungen des zu testenden Rechners. Außerdem kann er gezielt Fehlerzustände im Protokoll erzeugen und die Reaktionen des zu testenden Protokolls beobachten. Bei dem zweitem Konzept ist eine Referenzimplementierung des Protokolls vorhanden. In diesem Fall muß zusätzlich ein Ausnahmegenerator vorgesehen werden, der das Protokoll abbricht oder verändert, um die entsprechenden Reaktionen des zu untersuchenden Protokolls zu erzeugen. In beiden Fällen wird der Testablauf von einem Teststeuerprogramm (test driver) auf dem Referenzrechner gesteuert. Um definierte Reaktionen des zu untersuchenden Protokolls zu erhalten, ist auf dem zu testenden Rechner ein Testreaktionsprogramm (test responder) vorhanden. Der gesamte Testablauf wird durch ein spezielles Testprotokoll, welches zwischen diesen beiden Testprogrammen abläuft, gesteuert.

Das OSI-Referenzmodell sieht vor, daß Rechensysteme in Schichten mit jeweils unterschiedlichen Aufgaben eingeteilt werden. Ein wichtiges Grundprinzip dieses Schichtenmodells ist, daß eine Schicht N für die darüberliegende Schicht N+1 eine definierte Menge von Dienstleistungen zur Verfügung stellt. Die Dienste der Schicht N selbst sind durch das Protokoll, mit dem die Kooperation mit der entsprechenden Schicht N des kooperierenden Rechners abgewickelt wird, festgelegt. Die Schicht N verwendet zur Realisierung des Protokolls die Dienste der darunterliegenden Schicht N-1 /ISO98/.

Anders als im OSI-Referenzmodell wird für die Protokolltests die Festlegung der Schichten durch ihre Testbarkeit bestimmt. Das kann zur Folge haben, daß zwei Schichten des OSI-Referenzmodells für den Protokolltest zu einer Schicht zusammengefaßt werden, da sie nicht getrennt testbar sind, oder daß eine OSI-Schicht in mehrere Schichten aufgeteilt werden kann /RAY82/. Aufgrund von der Schichtenstruktur ist es möglich, die einzelnen Schichten und auch die dazugehörigen Protokolle getrennt zu testen.

In den beiden oben unterschiedenen Konzepten, der Referenzimplementierung und auch der Nachbildung des Protokolls, ist es notwendig, daß in dem testenden Rechner ein Zugriff des Teststeuerprogramms auf die Schicht möglich ist, die unterhalb derjenigen liegt, die in dem anderen Rechner getestet wird, da nur hier die Fehler zu Testzwecken eingebaut werden können, auf die dann von dem zu testenden Protokoll reagiert werden muß.

Als Hilfe zur Überwachung und Analyse der Protokolle können noch zusätzliche Hardwareeinheiten eingesetzt werden, die in die physikalische Verbindung zwischen den beiden Rechnern eingebaut werden /ANS82-1/. Diese Einheiten bieten Unterstützung bei der Beobachtung des Datenverkehrs, bei der Beobachtung und Erzeugung von Fehlern sowie beim Erzeugen und Ausfiltern von speziellen zu

Testzwecken generierten Informationen, z. B. für belastungsabhängige Tests.

Da dem hier beschriebenen Konzept für den Protokolltest ein allgemeines Schichtenmodell zugrundeliegt, welches für jede Schicht die zur nächsthöheren Schicht erbrachten Dienste bzw. die von der darunterliegenden Schicht verwendeten Dienste berücksichtigt, ist eine gute Übertragbarkeit des Konzeptes auf die einzelnen Schichten des OSI-Referenz-Modells, soweit sie getrennt testbar sind, gegeben.

Auf der Hardwareebene ist keine Beeinflussung des Protokolls durch Software möglich. Da die Zugriffskonflikte, deren Auflösung in dem Testprogramm überprüft werden sollen, auf der Hardwareebene auftreten, ist für einen Test speziell der Fehlerbehandlungsfunktionen nach diesem Verfahren unbedingt eine Zusatzhardware erforderlich. Mit dieser lassen sich dann, ähnlich wie oben beschrieben, die Fehler zu Testzwecken erzeugen. Dabei muß hier quasi eine unter der Hardware liegende Protokollschicht simuliert werden, da für die höheren Schichten die Fehler jeweils mit Hilfe der darunterliegenden Schicht erzeugt werden. Mit diesem Verfahren ist also ein gezieltes Herbeiführen und anschließendes Beobachten der korrekten Auflösung der Zugriffskonflikte möglich, jedoch erfordert das Verfahren eine aufwendige, auf das jeweilige System zugeschnittene Spezialhardware, die zu Testzwecken in das System eingebaut werden muß. Daraus resultiert weiterhin, daß das Verfahren nicht im Betrieb ausgeführt werden kann, sondern daß ein spezieller Testbetrieb erforderlich ist.

Monitore bieten im Gegensatz zu den Protokolltestern nur die Möglichkeit, auf der Schicht, auf der sie eingesetzt werden, das Verhalten des Protokolls zu beobachten und zu protokollieren, so daß es später analysiert werden kann. Sie können eingesetzt werden, um fehlerhaftes Verhalten bei seinem Auftreten zu erkennen, bieten aber keinerlei Unterstützung, diese Situationen zu Testzwecken gezielt zu erzeugen. Um Beobachtungen auf der physikalischen Verbindungsebene zu ermöglichen, muß eine sehr genaue Kenntnis der dortigen Protokolle vorliegen und eine entsprechende Spezialhardware entwickelt werden, die in der Lage ist, die gewünschten Signalverläufe zu analysieren. Mit Monitoren kann also allenfalls das Zugriffsverhalten analysiert, aber keinesfalls beeinflußt werden. Somit ist mit ihnen kein gezielter Test der Auflösung der Zugriffskonflikte möglich.

3.3. Zusammenfassung und Bewertung

Funktionelle Testverfahren werden hauptsächlich für den Test von Prozessoren und Speichern eingesetzt. Deshalb lassen sich die dort verwendeten Verfahren nur für Teilbereiche des Tests von Kommunikationssystemen einsetzen. Nicht berücksichtigt sind dort Effekte, die auf gleichzeitigen Zugriffswünschen mehrerer Rechner, also auf Zugriffskonflikten und ihrer Auflösung, beruhen.

Die Verfahren zur Systemdiagnose bauen darauf auf, daß in den einzelnen Rechnern die korrekten Testergebnisse vorliegen, und daß diese über das Kommunikationssystem ausgetauscht werden. Dieser Transfer der Testergebnisse ist keinesfalls mit einem Test des Kommunikationssystems gleichzusetzen, da dabei nicht systematisch die verschiedenen Testfälle erzeugt werden, sondern höchstens die korrekte Ausführung der sich zufällig ergebenden Situation beobachtet werden kann.

Strukturtests basieren auf einer genauen Kenntnis der Hardwarestruktur. Sie ermöglichen zusammen mit einem strukturbezogenen Fehlermodell eine gute Fehlerlokalisierung und eine quantitativ bestimmbare Fehlerüberdeckung. Oft steht die Information über die genaue Realisierung für den Test nicht zur Verfügung und verhindert so die Verwendung von strukturellen Testverfahren, oder es sind zusätzliche Hardwareerweiterungen zur Erhöhung der Testbarkeit notwendig, die nur mit großen Schwierigkeiten nachträglich einfügbar sind. Ein weiterer Nachteil aus der Sicht des Einsatzbereiches liegt darin, daß Strukturtests meist in einer speziellen Testumgebung und nicht in der Betriebsumgebung ausgeführt werden, es sei denn, es handelt sich um selbsttestende Schaltungen, die aber einen speziellen Entwurf erfordern.

Der Lösungsansatz mit Protokolltestern erfordert in jedem Fall eine Spezialhardware, die für die zu testende Schaltung entwickelt werden muß, gestattet dann jedoch auch den Test der Zugriffskonflikte. Monitore erlauben nur eine Beobachtung der Signale, aber keine Beeinflussung.

Mit Strukturtests und mit Protokolltests ist ein vollständiger Test des Kommunikationssystems möglich. Nachteilig ist, daß diese beiden Verfahren spezielle Anforderungen stellen, die einerseits einen Test in der Betriebsumgebung und andererseits eine nachträgliche Integration in bestehende Systeme schwierig oder unmöglich machen.

Mit funktionellen Tests und im Rahmen der Systemdiagnose wird mit bisherigen Ansätzen kein Test des Kommunikationssystems ausgeführt. Insbesondere die Auflösung der Zugriffskonflikte bleibt unbeachtet. Das hat seine Ursache darin, daß gerade der Test der Auflösung der Zugriffskonflikte mit herkömmlichen Methoden nicht möglich ist. Bei diesen werden die verschiedenen Funktionen in der Regel ohne Berücksichtigung von zeitlichen Anforderungen ausgeführt und anschließend wird die korrekte Ausführung der Funktionen überprüft.

Der Ansatz mit dem funktionellen Selbsttest des Kommunikationssystems zeichnet sich durch zwei wesentliche Nachteile aus: Er muß schon im Entwurf berücksichtigt werden und es geht der Vorteil der funktionellen Testverfahren verloren, daß keine Zusatzhardware erforderlich ist.

Beim Test der Auflösung der Zugriffskonflikte müssen gegenüber dem "einfachen" Ausführen der Funktion Zeitbedingungen eingehalten werden, die durch die Hardware vorgegeben werden. Diese werden durch die Zugriffsdauer der Rechner auf das Kommunikationssystem festgelegt, da die Zugriffskonflikte nur auftreten, wenn während dem Zugriff eines Rechners mindestens ein weiterer Rechner seinen Zugriffswunsch anmeldet. Das Problem ist nun, daß das Zeitfenster, welches durch den Zugriff festgelegt ist, der wiederum Teil eines Befehls ist, durch Ausführung von Programmen auf mehreren Rechnern erreicht werden muß. Erschwerend ist hierbei, daß Nachrichtentransfermechanismen wie Unterbrechungen o. ä., die möglicherweise in dem Rechensystem zur Verfügung stehen, um Größenordnungen zu langsam sind, um zur Koordination der Rechner herangezogen werden zu können, da sich die Dauer eines Zugriffs auf das Kommunikationssystem in der Größenordnung einiger Prozessortakte bewegt. Zusammenfassend kann man also sagen, daß durch die "relativ langsame" Software enge Zeitfenster in der "relativ schnellen" Hardware erreicht werden müssen, um die gewünschten Zugriffskonflikte zu erzeugen. Die Arbeit beschreibt ein Verfahren, wie dies unter bestimmten Randbedingungen möglich ist.

4. Grundlagen des Testverfahrens

In diesem Kapitel werden zuerst in der weiteren Arbeit verwendete Begriffe definiert und mit diesen dann ein Modell für die betrachteten Kommunikationssysteme aufgestellt. Anhand dieses Modells lassen sich verschiedene Zugriffskonflikttypen klassifizieren, die anschließend bei der Aufstellung des Fehlermodells zur Bildung von Fehlerklassen herangezogen werden. Um die modellierten Fehler in den zu testenden Kommunikationssystemen zu überprüfen, wird eine Teststrategie vorgeschlagen, die es ermöglicht, Fehler, deren Ursache in der fehlerhaften Auflösung von Zugriffskonflikten liegt, der Zugriffsvergabeeinheit zuzuordnen. Danach wird das Prinzip eines Verfahrens zur gezielten Erzeugung der Zugriffskonflikte erläutert. Zum Abschluß des Kapitels wird die Einbindung des vorgeschlagenen Testverfahrens in den Systemtest von Mehrrechnersystemen behandelt.

4.1. Begriffsdefinitionen

Zwei Arten von Einheiten werden unterschieden, nämlich solche, von denen Aktivitäten ausgehen, und solche, die auf diese Aktivitäten reagieren. Die ersten werden aktive und die zweiten passive Einheiten genannt. Wenn in einem System mehrere aktive Einheiten auf eine gemeinsame passive Einheit zugreifen können, ist eine zusätzliche Zugriffsvergabe notwendig, die die Zugriffe der aktiven Einheiten sequenzialisiert. Das führt zu folgenden Definitionen:

> Eine **aktive Einheit** kann selbständig die Steuerung von Informationstransfers, jedoch ohne Zugriffsvergabe, ausführen.
>
> Ein **gemeinsames Betriebsmittel** ist eine Hardwareeinheit, auf die von mehreren aktiven Einheiten zum Austausch von Informationen zugegriffen werden kann.

Bei aktiven Einheiten handelt es sich hauptsächlich um Prozessoren, jedoch sind auch andere Einheiten mit DMA-Zugriff, z. B. Festplattensteuereinheiten, denkbar. Beispiele für gemeinsame Betriebsmittel sind Mehrtorspeicher oder globale Busse, über die auf Kommunikationsregister oder -speicher zugegriffen werden kann. Prinzipiell wird davon ausgegangen, daß mit den Zugriffen auf bzw. über das gemeinsame Betriebsmittel auf speichernde Elemente (Register- und Speicherzellen) zugegriffen wird.

Der **Zugriff** einer aktiven Einheit **auf ein gemeinsames Betriebsmittel** setzt sich aus der Sicht des gemeinsamen Betriebsmittels aus zwei Phasen zusammen:

- einer **Zugriffsvergabephase**, die von der Anforderung des Zugriffs bis zu der Zuteilung reicht, und
- einer **Zugriffsphase**, die im Anschluß an die Zugriffsvergabephase den eigentlichen Informationstransfer, bestehend aus Adreß- und Datenphase, beinhaltet.

Aus der Sicht der aktiven Einheit besteht ein Zugriff nur aus der Adreß- und der Datenphase. Die Zugriffsvergabe findet in einer **Zugriffsanforderungsphase** statt, die wiederum Teil der Adreßphase ist und sich für die aktiven Einheiten transparent nur in einer Verlängerung dieser Adreßphase zeigt.

Ein **Zugriffskonflikt** beim Zugriff auf ein gemeinsames Betriebsmittel tritt auf, wenn während dem laufenden Zugriff einer aktiven Einheit, d. h. in der Zugriffsvergabe- oder der Zugriffsphase, eine weitere aktive Einheit den Zugriff auf das gemeinsame Betriebsmittel beantragt.

4.2. Modell des Kommunikationssystems

Kommunikationssysteme ermöglichen den Austausch von Informationen zwischen Rechnern. Das wird in den hier betrachteten Fällen durch lesende und schreibende Zugriffe auf gemeinsame Betriebsmittel erreicht. Die Zugriffe bestehen aus der Zugriffsvergabe- und der Zugriffsphase. Die Abläufe dieser Phasen werden durch unabhängige Einheiten gesteuert, nämlich die Zugriffsvergabeeinheit und die Zugriffsablaufsteuerung.

Die Zugriffsvergabeeinheit hat die Aufgabe, aus mehreren einen Zugriff anfordernden aktiven Einheiten die Einheit mit der höchsten Priorität auszuwählen und dieser Einheit dann den Zugriff zuzuteilen. Die angeforderten Zugriffe der anderen aktiven Einheiten werden bis zum Ende des laufenden Zugriffs verzögert.

Als Konsequenz dieses Vorgehens schwankt die Zugriffsanforderungsphase in ihrer Dauer stark, und zwar zwischen einzelnen Prozessortakten, wenn nur ein Zugriff beantragt wird und die Zugriffsvergabe direkt erfolgt, bis zu der Dauer von mehreren Zugriffsvergabe- und Zugriffsphasen bei dem Vorliegen von mehreren Zugriffswünschen mit höherer Priorität.

Anders dagegen die Zugriffsphase: Ihre Dauer ist konstant bzw. kann bei Vorliegen unabhängiger Takte in der Zugriffsablaufsteuerung und den aktiven Einheiten maximal um einzelne Prozessortakte schwanken, wie noch später gezeigt wird. Ihre Steuerung erfolgt durch die Zugriffsablaufsteuerung; sie führt einerseits mit der aktiven Einheit das Protokoll der Zugriffsphase aus und erzeugt andererseits die Ansteuersignale für die Speicher- oder Registerbausteine.

Das Modell für Mehrrechnersysteme enthält drei Elementtypen: aktive Einheiten, gemeinsame Betriebsmittel und Zugriffsvergabeeinheiten (siehe Bild 4-1). Die aktiven Einheiten werden dabei durch Kreise, die gemeinsamen Betriebsmittel durch Rechtecke und die Zugriffsvergabeeinheiten durch den Schalter dargestellt. Die Verbindungslinien geben die Informationstransferwege (Adreß- und Datenweg) zwischen den einzelnen Einheiten wieder, die Steuerwege werden nicht einzeln sondern implizit in den Funktionen berücksichtigt.

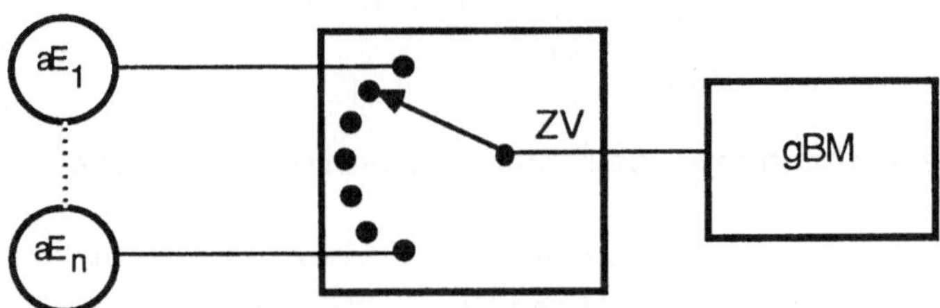

Bild 4-1: Modell für Mehrrechnersysteme

Die Zugriffsvergabeeinheit stellt folgende Funktionen zur Verfügung:

- Zugriffsauswahl und -vergabe
- Verzögerung der Zugriffszuteilung weiterer angemeldeter Zugriffswünsche während der Ausführung eines Zugriffs.

Diese Funktionen sind im Ablauf nicht gleichzeitig, sondern zu unterschiedlichen Zeitpunkten aktiv. Deshalb wird zur genaueren Beschreibung der Zugriffsvergabeeinheit ein Automat eingeführt, der in Bild 4-2 dargestellt ist.

Der Automatengraph hat drei Zustände. In Zustand 1, dem Grundzustand, wird kein Zugriff auf das gemeinsame Betriebsmittel ausgeführt. Wenn ein oder mehrere Zugriffswünsche angemeldet werden, geht die Zugriffsvergabe in den Zustand 2 über. In diesem Zustand erfolgt die Zugriffsauswahl und -vergabe. Nach der Zugriffszuteilung befindet sich das Steuerwerk im Zustand 3, in dem der Zugriff ausgeführt wird. Am Ende des Zugriffs geht das Steuerwerk, wenn kein weiterer Zugriffswunsch vorliegt, wieder in den Grundzustand, sonst in den Zustand 2, in dem dann die nächste Zugriffsauswahl und -vergabe erfolgt.

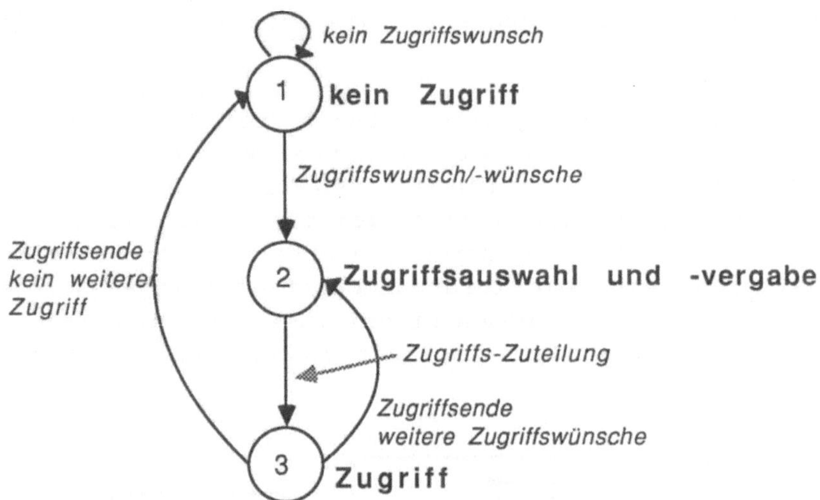

Bild 4-2: Automatengraph der Zugriffsvergabeeinheit

Der Automatengraph gibt die wesentlichen Zustände der Zugriffsvergabeeinheit wieder; dabei wird nicht der Anspruch des exakten Nachbildens realer Implementierungen erhoben, sondern die für den Test wesentlichen Zustände berücksichtigt. In der Realität können einem hier modellierten Zustand durchaus mehrere Einzelzustände entsprechen. Daraus resultiert auch, daß die hier modellierten Zustände im Betrieb für eine unterschiedliche Anzahl von Takten eingenommen werden können.

In dem Modell wird angenommen, daß die Zugriffsvergabe bei Vorliegen eines Zugriffswunsches direkt vor der Zugriffszuteilung ausgeführt wird und zwar erst nach der Beendigung eines gegebenenfalls in Bearbeitung befindlichen Zugriffs. Damit werden im Modell und der weiteren Arbeit die Betrachtungen auf Zugriffsvergabeeinheiten beschränkt, die dieses sequentielle Verhalten zeigen. Es handelt sich dabei jedoch um eine weitverbreitete Klasse. Zugriffsvergabeeinheiten, die parallel zu einem laufenden Zugriff schon die Zugriffsvergabe des folgenden Zugriffs vornehmen, werden nicht näher untersucht. Die prinzipiellen Überlegungen der Arbeit lassen sich aber auch auf solche Systeme übertragen, wenn bekannt ist, zu welchem Zeitpunkt während der Zugriffsphase die Vergabe des nächsten Zugriffs stattfindet.

In Bild 4-3 ist die Abfolge der verschiedenen Phasen für ein Beispiel mit Zugriffen der aktiven Einheiten 1 und 2 dargestellt. Dort meldet zuerst die aktive Einheit 2 ihren Zugriffswunsch an (Pfeil) und nach der Zugriffszuteilung am Ende der Zugriffsvergabephase (punktierter Bereich) folgt die Zugriffsphase (schräg schraffiert). In diesem Fall sind die Zugriffsanforderungsphase der aktiven Einheit 2 und die Zugriffsvergabephase aus der Sicht des gemeinsamen Betriebsmittels identisch. In der Zugriffsphase meldet die aktive Einheit 1 ihren Zugriffswunsch an. Da gerade der Zugriff der aktiven Einheit 2 ausgeführt wird, kann die Zugriffsvergabe erst nach dem Ende dieses Zugriffs erfolgen. Solange muß die aktive Einheit 1 in der Wartephase (quer schraffiert) warten. Anschließend folgt die Zugriffsvergabephase, an deren Ende die aktive Einheit 1 die Zugriffszuteilung erhält und ihren Informationstransfer in der Zugriffsphase ausführen kann.

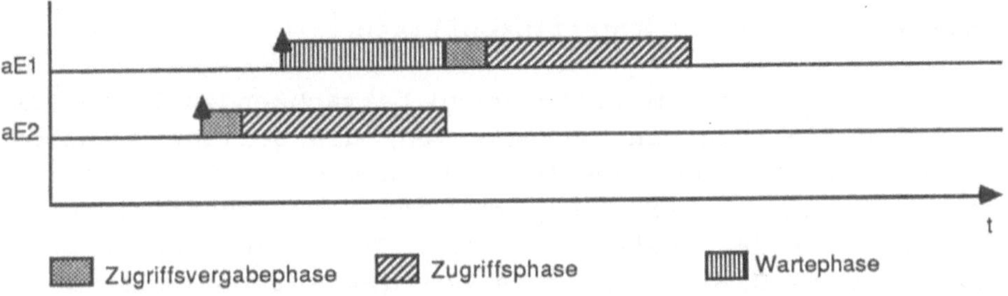

Bild 4-3: Abfolge der Phasen bei Zugriffen der aktiven Einheiten

Die Zugriffsvergabeeinheit weist das gemeinsame Betriebsmittel den aktiven Einheiten für ihre Zugriffe zu und legt dabei die Reihenfolge der Zugriffe fest. Dazu ist in der Zugriffsvergabeeinheit eine Zugriffsvergabestrategie implementiert; die wichtigsten sind feste Priorität, zyklisch rotierende Priorität und faire Zugriffsvergabe. Im ersten Fall ist allen Einheiten eine feste Priorität zugeordnet. Bei zyklischer Priorität sind alle Einheiten logisch in einem Kreis angeordnet und nach einem Zugriff erhält jeweils die auf die zugreifende Einheit folgende aktive Einheit die höchste Priorität. Bei fairer Zugriffsvergabe hat diejenige aktive Einheit die höchste Priorität, die am längsten nicht mehr zugegriffen hat oder mit ihrem Zugriff am längsten wartet.

Die Zugriffsablaufsteuerung wird nicht getrennt, sondern zusammen mit den Speicherbausteinen des gemeinsamen Betriebsmittels, die den Informationsaustausch zwischen den aktiven Einheiten ermöglichen, modelliert, d. h. ihre Funktion ist implizit in der Auswahlfunktion der Speicherzellen und in der Speicherfunktion zur Abspeicherung der Information sowie in der Datentransferfunktion zwischen der aktiven Einheit und dem gemeinsamen Betriebsmittel enthalten. Dieses Modell ist angelehnt an das für die prozessorinternen Register in /THA80/.

Wenn in dem Kommunikationssystem ein Schutzsystem beispielsweise in Form einer Überwachung von Zugriffsrechten oder Speicherbereichen vorhanden ist, kann dieses unabhängig von der Zugriffvergabeeinheit und weitgehend unabhängig von der Zugriffsablaufsteuerung (Auswahl- und Speicher- sowie Transferfunktion des gemeinsamen Betriebsmittels) getestet werden, da diese Funktionen nicht oder nur unwesentlich durch das Schutzsystem beeinflußt werden. Ein Modell und ein Fehlermodell für den Test von Schutzsystemen ist in /MAR82/ angegeben.

4.3. Klassifikation der Zugriffskonflikte

Zur Klassifikation der im weiteren zu betrachtenden Zugriffskonflikte werden die Aufgaben herangezogen, die bei ihrer Auflösung bearbeitet werden müssen. Da diese Aufgaben von dem Zustand der Zugriffsvergabeeinheit abhängen, muß bei der Klassifizierung der Zugriffskonflikte der Zustand der Zugriffsvergabeeinheit berücksichtigt werden. Die Fehler, die bei der Auflösung dieser Zugriffskonflikttypen auftreten können, werden im darauf folgenden Unterkapitel beschrieben. Es lassen sich drei Zugriffskonflikttypen unterscheiden:

1. **Bei dem Zugriffskonflikttyp 1 liegen in der Zugriffsvergabephase Zugriffswünsche von mehreren aktiven Einheiten vor.** Die Zugriffsvergabeeinheit muß die aktive Einheit mit der höchsten Priorität auswählen und ihr den Zugriff zuteilen. Die restlichen aktiven Einheiten müssen warten. Die Zugriffsvergabephase kann aus zwei unterschiedlichen Ausgangssituationen erreicht werden; im einen Fall findet vorher kein Zugriff statt, im anderen werden die Zugriffswünsche während der davorliegenden Zugriffsphase einer weiteren aktiven Einheit angemeldet. Aus der Sicht des Modells ist der Test der Auswahlfunktion unabhängig von dem Vorzustand, so daß für ihren Test der einfacher herbeizuführende Vorzustand ausgewählt werden kann. Dies ist im allgemeinen der zweite Fall, da die Zugriffsphase in ihrer Ausführungszeit wesentlich länger ist als die Zugriffsvergabephase, in der anderenfalls die Zugriffswünsche angemeldet werden müßten.

2. **Der Zugriffskonflikttyp 2 liegt vor, wenn in der Zugriffsvergabephase mindestens eine weitere aktive Einheit ihren Zugriffswunsch anmeldet.** Auch hier ist die aktive Einheit mit der höchsten Priorität auszuwählen und ihr der Zugriff zuzuteilen. Dabei sind gegenüber dem Zugriffskonflikttyp 1 zusätzlich Laufzeitprobleme bei der Anmeldung des Zugriffswunsches zu berücksichtigen. Wie schon bei dem Zugriffskonflikttyp 1 liegt keine Abhängigkeit von dem Vorzustand vor.

3. **Bei dem Zugriffskonflikttyp 3 meldet eine weitere aktive Einheit ihren Zugriffswunsch an, während sich der Zugriff einer aktiven Einheit in der Zugriffsphase befindet.** Die Zugriffsvergabe darf in diesem Fall den Zugriffswunsch der hinzukommenden aktiven Einheit erst in der darauf folgenden Zugriffsvergabephase berücksichtigen.

In Bild 4-4 sind die drei Zugriffskonflikttypen symbolisch dargestellt. Dabei stellen Kreise aktive Einheiten und Rechtecke gemeinsame Betriebsmittel dar, wobei in den Rechtecken der jeweilige Zustand des Zugriffsvergabesteuerwerks entsprechend der Modellierung in Kapitel 4.2 eingetragen ist. Die aktive Einheit im gemeinsamen Betriebsmittel symbolisiert die Bearbeitung ihres Zugriffs, die Pfeile die Zugriffswünsche, wobei das Hinzukommen eines Zugriffswunsches in dem eingetragenen Zustand gestrichelt wiedergegeben ist.

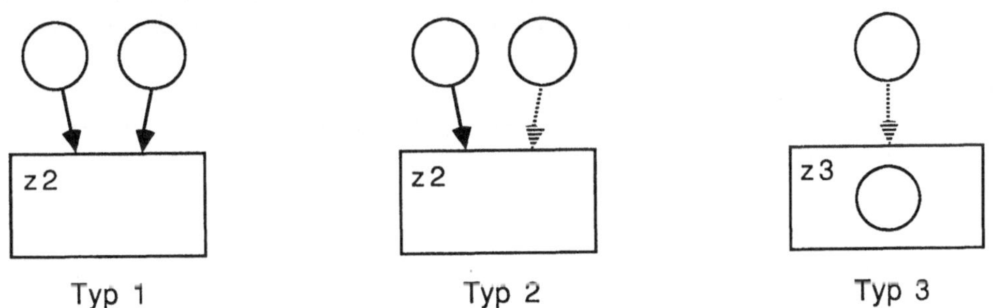

Bild 4-4: Symbolische Darstellung der drei Zugriffskonflikttypen

4.4. Fehlermodell des Kommunikationssystems

Aus dem Modell des Kommunikationssystems resultieren vier Funktionen: die Speicherzellenauswahl, die Datenspeicherung, der Datentransfer und die Zugriffsvergabe. Die ersten beiden Funktionen betreffen die Speicherfunktion des gemeinsamen Betriebsmittels. Deren Testmöglichkeiten sind in vielen Arbeiten schon ausreichend untersucht worden. Da sich die vorliegende Arbeit nicht mit Speichertestverfahren beschäftigt, wird für die Speicherzellenauswahl und die Datenspeicherung kein Fehlermodell angegeben, sondern auf die Literatur verwiesen. Übersichten über Speichertestverfahren finden sich in /DAL86/ und /ABA83/. Für den Datentransfer wird das Fehlermodell aus /THA80/ herangezogen und erweitert. Neu eingeführt werden Fehler der Zugriffsvergabeeinheit.

1. Der Datentransfer

- Eine beliebige Anzahl von Datenleitungen ist st0 oder st1.
- Es liegt ein Kurzschluß zwischen zwei beliebigen Datenleitungen vor.
- Erweitert wird das Fehlermodell aus /THA80/ um den Fehler, daß sich ein zufälliger Wert auf den Datenleitungen einstellt, um auch Effekte beschreiben zu können, die bei gleichzeitigem Zugriff mehrerer aktiver Einheiten auf das gemeinsame Betriebsmittel auftreten.

2. Die Zugriffsvergabe

Bei den bisher betrachteten Einheiten, für die ein Fehlermodell aufgestellt wurde, war nur eine Einheit vorhanden, von der die Aktivität ausging. Bei der Zugriffsvergabe sind mehrere aktive Einheiten vorhanden, die im allgemeinen Fall unabhängig voneinander ihre Zugriffe auf das gemeinsame Betriebsmittel ausführen. Aus diesen Gründen ist es notwendig, im Modell und im Fehlermodell auch das Zeitverhalten zu berücksichtigen. Deshalb wurde bei der Modellierung der Zugriffsvergabe das Automatenmodell eingeführt; dieses erlaubt es, das Zeitverhalten auch im Fehlermodell zu berücksichtigen.

Bei dem Fehlermodell lassen sich drei Fehlerklassen unterscheiden. In der ersten werden Fehler betrachtet, die bei dem Zugriff einer Einheit auftreten. Die zweite Fehlerklasse resultiert aus der fehlerhaften Auflösung von Zugriffskonflikten und die dritte aus einem fehlerhaften Prioritätsauswahlmechanismus, der bei jeder Zugriffszuteilung diejenige den Zugriff wünschende aktive Einheit auswählt, die die höchste Priorität hat.

Die Fehler der ersten Klasse, die bei Zugriff einer aktiven Einheit auf das gemeinsame Betriebsmittel auftreten, sind an das Fehlermodell, welches /THA80/ für die Registerauswahl vorschlägt, angelehnt.

a) Das Anmelden eines Zugriffswunsches wird nicht erkannt bzw. es erfolgt keine Zugriffszuteilung. Das Zeitverhalten ist graphisch in Bild 4-5 dargestellt. Der Zeitpunkt der Anmeldung des Zugriffswunsches durch die aktiven Einheiten wird durch den Pfeil und die Wartephase bzw. bei diesem Fehlertyp ggf. auch die Zugriffsvergabephase durch den quer schraffierten Bereich symbolisiert. (In den folgenden Bildern ist nur die Wartephase quer schraffiert dargestellt.) Die aktive Einheit 2 erhält in der Abbildung keine Zugriffszuteilung.

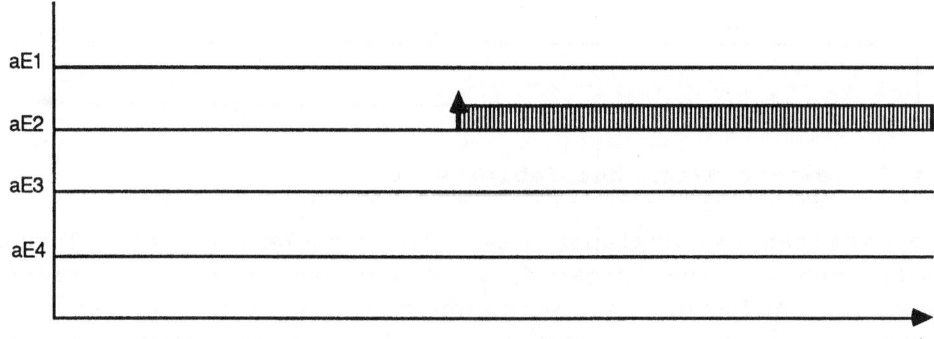

Bild 4-5: Zeitverhalten bei Fehlertyp a

b) Der Zugriffswunsch der aktiven Einheit aE_i wird erkannt und der Zugriff der Einheit aE_j $(i \neq j)$ zugeteilt, die jedoch keinen Zugriffswunsch angemeldet hat. In Bild 4-6 sieht man, daß der Zugriffswunsch der aktiven Einheit 2 erkannt wird und daß am Ende der Zugriffsvergabephase (punktierter Bereich) die aktive Einheit 3 die Zugriffszuteilung erhält, obwohl sie keinen Zugriffswunsch angemeldet hat. Der schräg schraffierte Bereich stellt die Zugriffsphase dar. Die aktive Einheit 2 erhält keine Zugriffszuteilung.

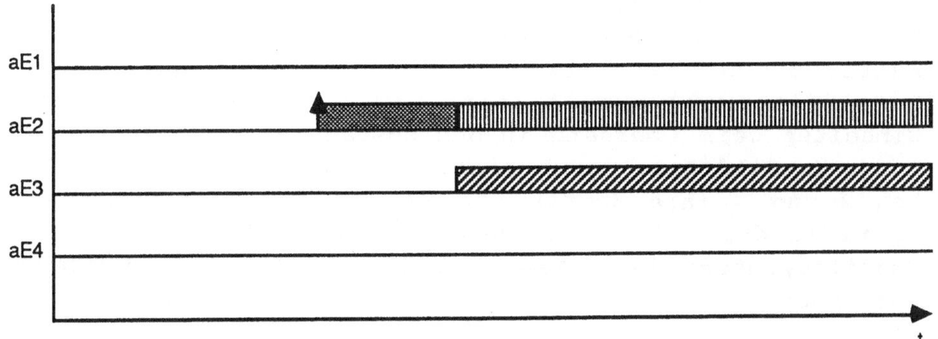

Bild 4-6: Zeitverhalten bei Fehlertyp b

c) Der Zugriffswunsch einer aktiven Einheit aE_i wird erkannt und der Zugriff den Einheiten aE_i und aE_j $(i \neq j)$ gleichzeitig zugeteilt. Die entsprechende Situation zeigt Bild 4-7.

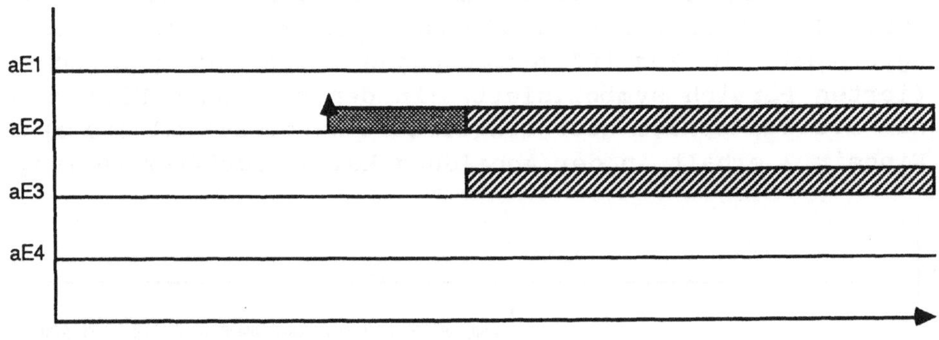

Bild 4-7: Zeitverhalten bei Fehlertyp c

Bei der zweiten Fehlerklasse liegt die Ursache in der fehlerhaften Auflösung von Zugriffskonflikten und den daraus resultierenden Fehlern. Aufgrund der Aufgaben der Zugriffsvergabeeinheit sind Fehler bei der Zugriffsauswahl und -vergabe sowie Fehler bei der Verzögerung angemeldeter Zugriffswünsche, wenn schon ein Zugriff ausgeführt wird, zu unterscheiden. Bei der Zugriffsauswahl ist zusätzlich noch zu berücksichtigen, ob alle Zugriffswünsche schon in der Zugriffsvergabephase vorliegen, oder ob in dieser Phase noch weitere Zugriffswünsche angemeldet werden, da dann noch Probleme bei den Signallaufzeiten auftreten können. Der Zustand der Zugriffsvergabe, der vorliegt, während weitere Zugriffswünsche angemeldet werden, spielt also eine wesentliche Rolle. Aus diesen Überlegungen resultieren die drei Fehlerarten d bis f.

d) Die erste dieser drei Fehlerarten tritt beim Zugriffskonflikttyp 1 auf. Bei diesem liegen die Zugriffswünsche von zwei aktiven Einheiten beim Übergang in den Zustand 2 der Zugriffsvergabeeinheit vor; aufgrund von Fehlern bei der Zugriffsauswahl erhält keine bzw. erhalten beide aktiven Einheiten beim Übergang in den Zustand 3 die Zugriffszuteilung. In Bild 4-8a und b sieht man, daß die aktiven Einheiten 2 und 3 ihre Zugriffswünsche in der Zugriffsphase des Zugriffs der aktiven Einheit 1 anmelden und somit beide Zugriffswünsche beim Übergang in die Zugriffsvergabephase vorliegen.

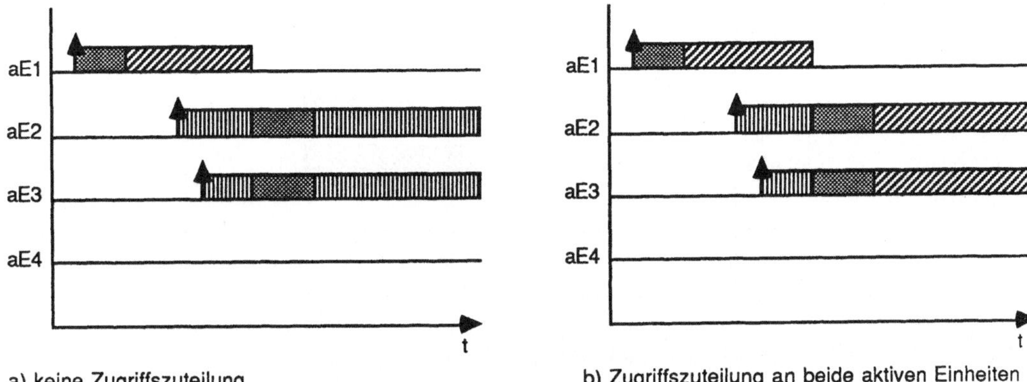

Bild 4-8: Zeitverhalten bei Fehlertyp d

e) In der Zugriffsauswahl- und -vergabephase, also dem Zustand 2 des Zugriffsvergabesteuerwerks, meldet eine weitere aktive Einheit ihren Zugriffswunsch an (Zugriffskonflikttyp 2); aufgrund von Laufzeitfehlern bei der Zugriffsauswahl und -vergabe erhält keine bzw. erhalten beide Einheiten gleichzeitig die Zugriffszuteilung (vgl. Bild 4-9a und b).

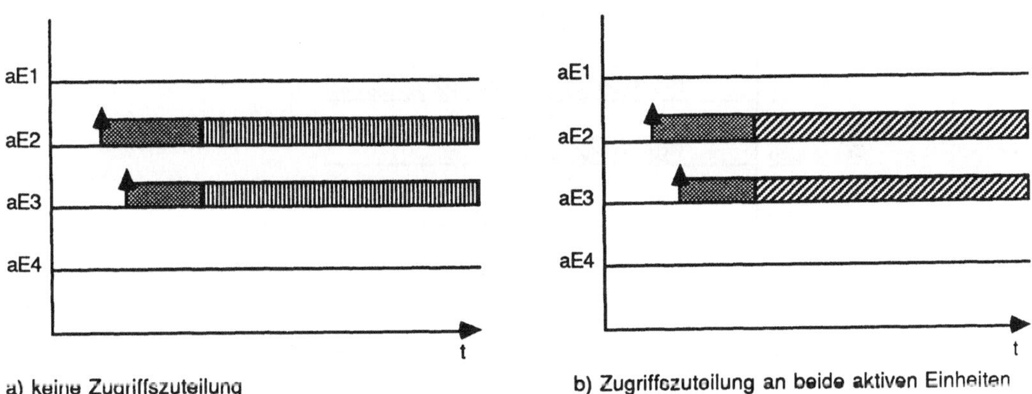

Bild 4-9: Zeitverhalten bei Fehlertyp e

f) Bei dem Zugriffskonflikttyp 3 befindet sich der Zugriff der aktiven Einheit i in der Zugriffsphase, wenn die aktive Einheit j ihren Zugriffswunsch anmeldet (Zustand 3 der Zugriffsvergabesteuerung). Aufgrund des Fehlers erhält die aktive Einheit j vor Beendigung des Zugriffs der Einheit i zusätzlich die Zugriffszuteilung.

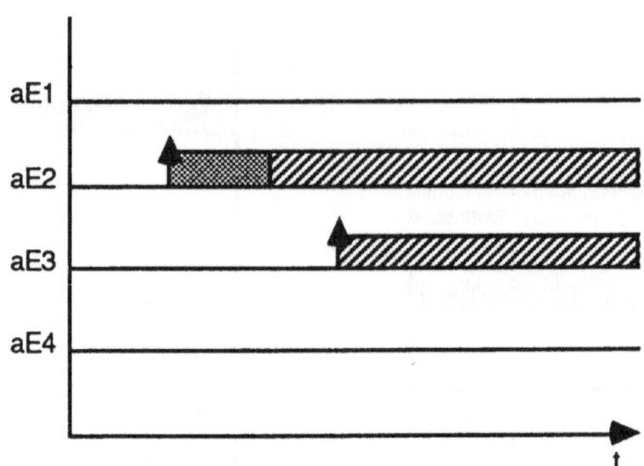

Bild 4-10: Zeitverhalten bei Fehlertyp f

Die dritte Fehlerklasse betrifft die Prioritätsauswahl.

g) Statt der Einheit mit der höchsten Priorität erhält eine beliebige andere Einheit die Zugriffszuteilung, die auch ihren Zugriffswunsch angemeldet hat. In Bild 4-11 ist angenommen, daß die aktive Einheit 1 die höchste Priorität hat, die aktive Einheit 2 die zweithöchste usw. Im Bild erhält die aktive Einheit 2 die Zugriffszuteilung vor der aktiven Einheit 1.

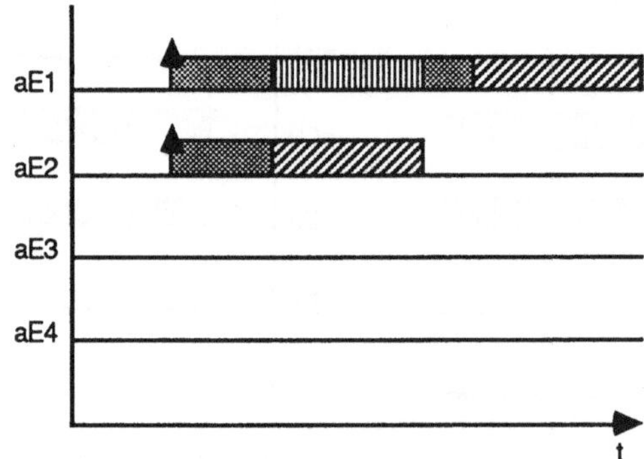

Bild 4-11: Zeitverhalten bei Fehlertyp g

Die Fehlertypen d bis g beziehen sich jeweils nur auf gleichzeitige Aktivitäten von zwei aktiven Einheiten. Prinzipiell können die entsprechenden Fehler auch bei Aktivitäten von mehr als zwei aktiven Einheiten auftreten. Die Wahrscheinlichkeit, daß sich diese Fehler jedoch nur bei Zugriffskombinationen mit mehr als zwei aktiven Einheiten zeigen, ist sehr gering. Deshalb werden diese vernachlässigt. Alle anderen Fehler, die auch bei paarweisen Zugriffskombinationen auftreten, werden von dem Modell erfaßt. Der einzige Unterschied besteht darin, daß die Anzahl der entdeckbaren Fehler geringer ist, da die Fehler, die auch bei

Zugriffskonflikten zwischen mehr als zwei aktiven Einheiten auftreten, nicht getrennt berücksichtigt werden. Dies ist aber für die Testaussage über die Zugriffsvergabeeinheit nicht entscheidend, da hier die generelle Testaussage "Zugriffsvergabeeinheit fehlerfrei" oder "Zugriffsvergabeeinheit fehlerhaft" im Vordergrund steht, und die ist für einen und für zehn Fehler identisch. Der Vorteil dieser Vernachlässigung liegt darin, daß der Testaufwand reduziert wird, da nun nur alle paarweisen Kombinationen und nicht auch noch alle Dreierkombinationen usw. überprüft werden müssen.

Eine ähnliche Überlegung gilt auch für die beiden Fehlertypen b und c. Dort wäre es möglich, daß statt der aktiven Einheit j, die aufgrund des Fehlers die Zugriffszuteilung erhält, noch weitere aktive Einheiten die Zugriffszuteilung erhalten. In diesem Fall sind die Fehler eine Teilmenge der modellierten und werden in jedem Fall bei deren Überprüfung erfaßt.

4.5. Teststrategie

Die für gemeinsame Betriebsmittel modellierten Fehler erlauben eine Aufteilung des Tests in zwei Phasen: In der ersten Phase werden die Teiltests ausgeführt, an denen jeweils nur eine aktive Einheit beteiligt ist, und bei denen deshalb keine Zugriffskonflikte auftreten. Die einzelnen Teiltests sehen dabei ein gezieltes Beschreiben und Auslesen vorher festgelegter Speicherzellen mit bestimmten Testdaten vor, um auf diese Weise die modellierten Fehler zu erkennen und zu lokalisieren. In der zweiten Phase wird die Auflösung der Zugriffskonflikte durch ihre systematische Erzeugung und anschließende Überprüfung der geschriebenen bzw. gelesenen Informationen getestet.

Charakteristisch für gemeinsame Betriebsmittel ist, daß nicht alle aktiven Einheiten getrennt alle Fehler untersuchen müssen, sondern daß zwischen gemeinsamen Fehlern, und solchen, die nur einzelne aktive Einheiten betreffen, unterschieden werden kann. Gemeinsame Fehler sind solche, die bei allen aktiven Einheiten gleichermaßen auftreten, da die betroffenen Funktionen von allen aktiven Einheiten unter Verwendung der gleichen funktionellen Module ausgeführt werden. Zu dieser Fehlergruppe gehören die meisten Fehler des gemeinsamen Betriebsmittels, beispielsweise Fehler bei der Speicherfunktion (Datenspeicherung oder Speicherzellenauswahl) oder bei internen Informationstransfers. Fehler, die nur bei Benutzung des gemeinsamen Betriebsmittels durch eine aktive Einheit auftreten, beruhen dagegen darauf, daß spezielle funktionelle Module ausschließlich von dieser aktiven Einheit genutzt werden. Diese Fehler können deshalb jeweils nur von der betreffenden aktiven Einheit entdeckt werden. Hier sind im Zusammenhang mit gemeinsamen Betriebsmitteln Teile der Zugriffsvergabe sowie Informationstransfers vom und zum gemeinsamen Betriebsmittel zu nennen, wobei sowohl der Transfer der Adressen als auch derjenige der Daten berücksichtigt werden muß, da dabei von den einzelnen aktiven Einheiten private Teilmodule verwendet werden.

Unter Ausnutzung dieser Eigenschaften kann eine Teststrategie entwickelt werden, die eine Aufteilung der Teiltests auf die angeschlossenen aktiven Einheiten vorsieht. Um einen koordinierten Ablauf des Gesamttests zu erreichen, wird ein Protokoll zwischen den aktiven Einheiten festgelegt. Dieses gestattet eine schnelle verteilte Ermittlung des Testergebnisses, d. h., die einzelnen aktiven Einheiten bestimmen das Testergebnis aus ihrer lokalen Sicht aufgrund von dem Protokollablauf. Da dieses Protokoll Teile der zu testenden Funktionen des gemeinsamen Betriebsmittels verwendet, muß in dem Protokoll eine Zeitüberwachung vorgesehen werden, deren Ansprechen Fehler im gemeinsamen Betriebsmittel anzeigt. Weiterhin wird durch das Protokoll sichergestellt, daß in der ersten Testphase, in der die Funktionen des gemeinsamen Betriebsmittels ohne Zugriffskonflikte getestet werden, immer nur eine aktive Einheit gleichzeitig ihre Zugriffe auf das gemeinsame Betriebsmittel ausführt. Damit kann eine aktive Einheit die von ihr eingetragenen Testdaten zur Überprüfung wieder auslesen, ohne daß sie von einer anderen aktiven Einheit inzwischen verändert werden können.

Wenn die einzelnen aktiven Einheiten über unterschiedliche Zugriffsrechte auf das gemeinsamen Betriebsmittel verfügen, muß dies im Testprotokoll entsprechend berücksichtigt werden; d. h. zum Beispiel, die Testschritte einer aktiven Einheit, die ein Register nur auslesen darf, müssen mit den Schritten einer anderen aktiven Einheit, die das Register möglicherweise nur beschreiben darf, koordiniert werden, um damit die Voraussetzung zur Erkennung der modellierten Fehler zu schaffen.

In dieser ersten Testphase ist eine Synchronisation auf der Protokollebene notwendig. Weitere zeitliche Anforderungen ergeben sich höchstens daraus, daß das Testergebnis möglichst schnell zur Verfügung stehen soll. Während die einzelnen aktiven Einheiten nacheinander die entsprechenden Funktionen des gemeinsamen Betriebsmittels testen, können die restlichen aktiven Einheiten somit Anwenderprogramme ausführen. (vorausgesetzt ein mehrprozeßfähiges Betriebssystem liegt vor).

Im Gegensatz dazu steht die zweite Phase, in der die verschiedenen zu testenden Zugriffskonfliktsituationen gezielt erzeugt werden. Dazu sind hohe zeitliche Anforderungen an die Zusammenarbeit zu stellen, da hierzu gleichzeitige Aktionen mehrerer aktiver Einheiten auf der Ebene der Zugriffe auf das gemeinsame Betriebsmittel notwendig sind.

Ein weiterer Vorteil dieser Zwei-Phasen-Lösung ist, daß sie eine genauere Fehlerlokalisierung ermöglicht, da Fehler aufgrund von inkorrekter Zugriffskonfliktauflösung der Zugriffsvergabeeinheit zugeordnet werden können, auch wenn sie sich in ihren Auswirkungen nicht von Fehlern bei der Speicherzellenauswahl, der Datenspeicherung oder dem Datentransfer unterscheiden. Bisherige Verfahren können keine Unterschiede feststellen, da bei ihnen keine Aufteilung der Tests vorliegt.

4.6. Systematisches Herbeiführen von Zugriffskonflikten

Im Normalbetrieb treten Zugriffskonflikte nur zufällig auf und zwar dann, wenn mehrere aktive Einheiten gleichzeitig auf das gemeinsame Betriebsmittel zugreifen. Die Zugriffe auf das gemeinsame Betriebsmittel werden sequentiell abgearbeitet. Das führt zu Verlängerungen der Zugriffsdauern für einzelne aktive Einheiten, die von den betreffenden aktiven Einheiten nicht erkannt werden können, da ihnen nur Informationen auf der Ebene der Programmausführung zur Verfügung stehen. Auf dieser Ebene ist beispielsweise die Information nach dem Auslesen einer Speicherzelle des gemeinsamen Betriebsmittels verfügbar, bzw. kann nach einem Schreibzugriff zur Überprüfung wieder ausgelesen werden. Die einzelnen aktiven Einheiten können also das Auftreten von Zugriffskonflikten auf der Programmebene nicht feststellen.

Das im folgenden beschriebene Synchronisationsverfahren ermöglicht es trotzdem, Zugriffskonflikte zu Testzwecken gezielt zu erzeugen. Dazu werden die aktiven Einheiten auf Zugriffsebene synchronisiert und dabei in eine definierte Zugriffsreihenfolge gebracht. Anschließend ist es möglich, durch definiertes Ändern des zeitlichen Abstandes zum nächsten Zugriff der einzelnen aktiven Einheiten die Zugriffskonflikte gezielt zu erzeugen. Bei diesem Vorgehen müssen folgende Zeiten der aktiven Einheiten bekannt sein:

- die Befehlsausführungszeiten,
- die Zugriffszeiten auf ihren lokalen Speicher und

- die Zugriffszeiten auf das gemeinsame Betriebsmittel, dessen Zugriffskonfliktauflösung getestet werden soll sowie die Dauer der entsprechenden Zugriffsvergabe- und Zugriffsphasen.

Mit diesen Informationen läßt sich die Zeit zwischen zwei Zugriffen eines Rechners auf das gemeinsame Betriebsmittel bestimmen und durch Verwendung geeigneter Befehle gezielt beeinflußen. Die kleinste Zeiteinheit, in der sich auf diesem Weg die Zeit zwischen 2 Zugriffen ändern läßt, beträgt - abhängig vom Prozessortyp - ganzzahlige Vielfache des Prozessortaktes. Für den MC68000-Prozessor sind das beispielsweise bei Ausnutzen des NOP-Befehls 4 Prozessortakte, wenn kein Wartetakt beim Befehlslesen notwendig ist, bzw. 2 Prozessortakte, wenn unterschiedliche Befehlsausführungszeiten ausgenutzt werden. Ein Prozessortakt kann erreicht werden, wenn bei Speicherzugriffen eine ungerade Anzahl von Wartetakten notwendig ist. Die hier geforderten Zeitinformationen können im Normalfall Datenblättern oder technischen Informationen der Rechensysteme entnommen werden. Wenn sie nicht zur Verfügung stehen, können sie auch durch Messungen ermittelt werden.

4.7. Prinzip der Zugriffssynchronisation

Die aktiven Einheiten haben keinen direkten Einfluß auf den Zeitpunkt des Zugriffs auf das gemeinsame Betriebsmittel und können auch nicht feststellen, ob Zugriffskonflikte auftreten. Deshalb muß zum gezielten Herbeiführen der Zugriffskonflikte weitere Information in Form von Zugriffszeiten, Befehlsausführungszeiten usw. berücksichtigt werden. Damit läßt sich bei geeigneter Wahl der Zeiten ein Verfahren angeben, mit dem sichergestellt werden kann, daß nach einer fest vorgegebenen Zeit definiert eine bestimmte Klasse von Zugriffskonflikten auftritt. Diese bildet dann die Ausgangsbasis zum Erzeugen der restlichen Zugriffskonfliktklassen, die für den Test der Zugriffsvergabeeinheit benötigt werden.

Das vorgeschlagene Verfahren verwendet das Prinzip der Zugriffssynchronisation. Es sei an einem Beispiel für 2 aktive Einheiten erläutert: Wenn eine aktive Einheit eine Programmschleife mehrmals ausführt, in der sie auch auf das gemeinsame Betriebsmittel zugreift, ist die Zeitdauer zwischen zwei aufeinanderfolgenden Zugriffen auf dieses gemeinsame Betriebsmittel durch die Programmschleife festgelegt. Die Zeit eines Schleifendurchlaufs sei T_{Gi}. Kommt nun eine weitere aktive Einheit dazu, die gleichzeitig auch eine Schleife mit identischem Zeitverhalten ausführt, so finden die Zugriffe der beiden aktiven Einheiten auf das gemeinsame Betriebsmittel nacheinander mit einem festen Abstand statt, der sich auch bei den folgenden Schleifendurchläufen nicht ändert. Um Verschiebungen der Zugriffe zueinander zu erreichen, müssen die Schleifen der aktiven Einheiten eine unterschiedliche Länge haben; dann wandert der Zugriff der längeren Schleife auf den der kürzeren zu. Wenn die Differenz der beiden Schleifenlängen $T_{Diff} = T_{G2} - T_{G1}$ größer als die Zugriffszeit auf das gemeinsame Betriebsmittel T_{ZGB} ist, überholt die kürzere Schleife quasi die längere und wandert anschließend wieder auf sie zu, ohne daß sich ein eindeutiges Zugriffsverhalten einstellt. T_{Diff} ist dabei der Zeitunterschied, um den die schnellere Schleife bei jedem Schleifendurchlauf quasi auf die langsamere Schleife zuläuft. Bild 4-12 verdeutlicht diesen Vorgang. Für die aktiven Einheiten wird zwischen der Befehlsbearbeitung und dem Zugriff auf das gemeinsame Betriebsmittel mit Zugriffsvergabephase (punktiert) und Zugriffsphase (schräg schraffiert) unterschieden. Quer schraffiert ist die Verzögerung derjenigen Zugriffe dargestellt, die wegen einem Zugriffskonflikt mit einem laufenden Zugriff warten müssen (Zugriff 3 der aktiven Einheit 2 in Bild 4-12).

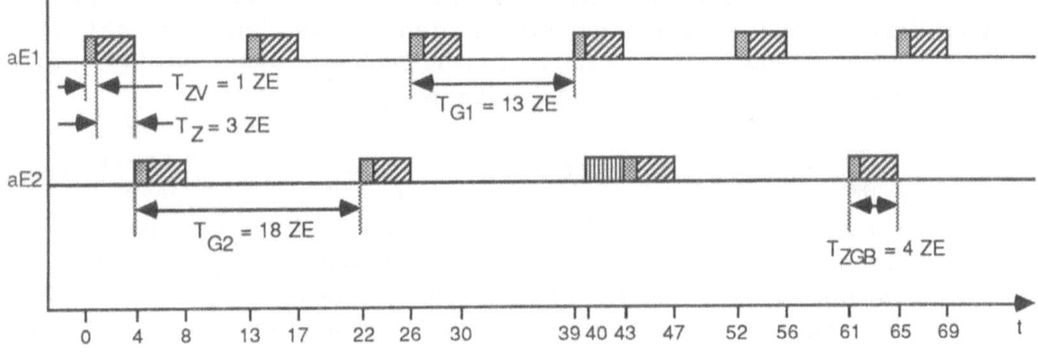

Bild 4-12: Zugriffsverhalten aktiver Einheiten bei $T_{Diff} > T_{ZGB}$

Wenn die Differenz der beiden Schleifenlängen T_{Diff} kleiner ist als die Zugriffsphase des Zugriffs auf das gemeinsame Betriebsmittel T_Z, wird nach einigen Schleifendurchläufen ein Zustand erreicht, in dem die längere Schleife bei jedem Durchlauf dafür sorgt, daß die kürzere Schleife auf die Dauer der längeren verlängert wird, da die Zugriffe auf das gemeinsame Betriebsmittel nur sequentiell abgearbeitet werden können (vgl. Bild 4-13). Dieser Zustand wird im folgenden als Zugriffssynchronisation bezeichnet.

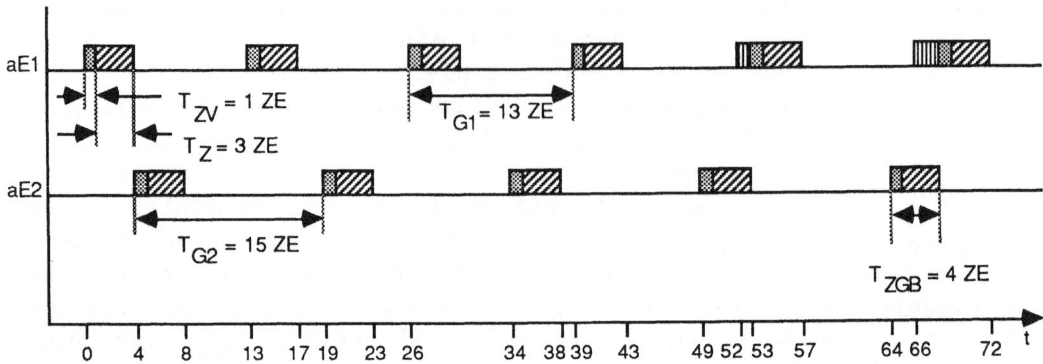

Bild 4-13: Zugriffsverhalten aktiver Einheiten bei $T_{Diff} < T_Z$

Ist die Differenz der Schleifenlängen nur kleiner als die Zugriffszeit T_{ZGB}, aber größer als die Zugriffszeit T_Z, so wird nach einigen Schleifendurchläufen die Zugriffsvergabephase erreicht und die Zugriffsreihenfolge hängt dann von der Priorität der aktiven Einheiten ab. Um auch unabhängig von dieser Priorität zu sein, muß die Differenz der Schleifenlängen also kleiner als die Zugriffsphase sein. Voraussetzung für das Zugriffssynchronisationsverfahren ist also, daß die kleinste mit dem Befehlssatz einstellbare Zeitdifferenz zwischen den Schleifen der aktiven Einheiten T_{Diff} kleiner als die Zugriffsphase des Zugriffs auf das gemeinsame Betriebsmittel T_Z sein muß, d. h.

$$T_{Diff} < T_Z. \tag{4-1}$$

Die Übertragung dieses Prinzips auf N aktive Einheiten ist nicht ohne weiteres möglich, da sich die einzelnen aktiven Einheiten gegenseitig beeinflussen. So ist es beispielsweise möglich, daß die Synchronisation zwischen 2 aktiven Einheiten durch den Zugriff einer dritten aktiven Einheit wieder vollständig verloren geht. Dabei verzögert die dritte aktive Einheit den Zugriff der ersten und zweiten aktiven Einheit soweit, daß beide schon ihren Zugriff beantragt haben und dann ihre Reihenfolge durch die Priorität festgelegt wird. Um in diesem Punkt eine Unabhängigkeit von der Zuteilungsstrategie zu erreichen, muß das Verfahren dahingehend geändert werden, daß diese Fälle in der Synchronisationsphase nicht auftreten. Im Kapitel 5.1 wird deshalb ein modifiziertes Zugriffssynchronisationsverfahren für N aktive Einheiten vorgestellt, welches für die weitere Arbeit die Grundlage zum gezielten Erzeugen der verschiedenen Zugriffskonflikttypen zu Testzwecken bildet.

4.8. Einbettung des Testverfahrens in den Systemtest

Bei dem Systemtest, wie er in Kapitel 3.1.1 für Mehrrechnersysteme vorgeschlagen wird, erfolgt der Test des Kommunikationssystems nach der Überprüfung der lokalen Rechner, also nach dem Test von Testkern, Prozessor, Festwertspeicher, Speicher und Ein-/Ausgabe. Zuletzt wird der Fehlerzustand des Gesamtsystems aus den einzelnen Testergebnissen ermittelt.

Allgemein gilt, daß nur eine fehlerfreie Testinstanz eine korrekte Testaussage über ein Testobjekt ermitteln kann. Bei dem vorgeschlagenen Testverfahren für das Kommunikationssystem fungieren die daran angeschlossenen aktiven Einheiten als Testinstanz. Es dürfen sich somit nur die fehlerfreien aktiven Einheiten an dem Test beteiligen. Um zu vermeiden, daß fehlerhafte Einheiten den Test des Kommunikationssystems stören können, wird angenommen, daß diese bei den vorausgegangenen Teststufen entdeckt werden und im Fehlerfall keine weiteren Meldungen ausgeben (fail silent; dies zeigt sich nach außen hin als fail stop). Erschwerend kommt hinzu, daß für den Test der Auflösung der Zugriffskonflikte die Aktivitäten mehrerer Rechner miteinander koordiniert werden müssen. Deshalb muß ihnen bei Testbeginn bekannt sein, welche Kommunikationspartner korrekt funktionieren und sich also am Test beteiligen können.

In den ersten Stufen des Systemtests werden ausgehend vom Prozessortest nach und nach die lokalen Rechner, d. h. ohne Kommunikationssystem, getestet; dieses Testergebnis über den eigenen Zustand steht in den einzelnen Rechnern zur Verfügung. Es muß also auf einem geeigneten Weg an die anderen Rechner übermittelt werden. Dazu bietet sich die Nachbarschaftsdiagnose /MAE82/ und /MOR83/ an. Das Prinzip der Nachbarschaftsdiagnose ist, daß sich jeder Rechner lokal ein Bild von seinen Nachbarrechnern macht, d. h. von den Rechnern, mit denen er direkt kommunizieren kann. Dazu werden die Selbsttestergebnisse z. B. in einem Briefkasten abgelegt, aus dem sie von den Nachbarrechnern ausgelesen werden können. Anhand dieser Selbsttestergebnisse können die einzelnen Rechner den Zustand ihrer Nachbarn feststellen. Auch hier wird davon ausgegangen, daß die Rechner bei wesentlichen Fehlern keine weiteren Meldungen ausgeben. Dazu zählen Fehler des Prozessors und ähnliche, die eine korrekte Funktion des Rechners verhindern, nicht dagegen beispielsweise Fehler von Teilen des Speichers, wenn noch genügend fehlerfreier Speicher zur Erbringung der gewünschten Funktionen vorhanden ist. Dieses Verhalten versucht man dadurch zu erreichen, daß das Selbsttestprogramm des Prozessors, welches die erste Teststufe der Systemdiagnose bildet, im Fehlerfall zur Ausführung des HALT-Befehls oder einer Endlosschleife führt. Bei Fehlern im Testkern kann das nicht immer garantiert werden, jedoch ist sehr unwahrscheinlich, daß ein derart fehlerhafter Rechner noch sinnvolle Kommunikation betreiben kann. Als weitere Unterstützung bietet sich Zusatzhardware beispielsweise in Form von einer externen Zeitüberwachung an, wie sie in Kapitel 3.1.1 beschrieben wurde.

Wenn Fehler im Kommunikationssystem auftreten, die in der Nachbarschaftsdiagnosephase verhindern, daß die korrekten Selbsttestergebnisse eines Rechner von allen Rechnern erkannt werden können, führt das dazu, daß der entsprechende Rechner und der dazugehörende Teil des Kommunikationssystems von diesen Rechnern als ausgefallen betrachtet und deshalb nicht im Test des Kommunikationsystems berücksichtigt wird. Daraus resultierende Inkonsistenzen zwischen den den lokalen Sichten der einzelnen Rechner werden in der auf den Test des Kommunikationssystems folgenden verteilten Systemdiagnose korrigiert. Fehler des Kommunikationssystems, die sich nicht bei der Nachbarschaftsdiagnose auswirken, werden, soweit sie im Fehlermodell berücksichtigt sind, bei dem anschließenden Test des Kommunikationssystems entdeckt. Wesentlich ist aus der Sicht des Systemtests, daß die Fehler des Kommunikationssystems erkannt werden, gleichgültig in welcher Teststufe, damit die fehlerhaften Einheiten von der weiteren Verwendung ausgeschlossen werden können. Es reicht also aus, wenn in der Phase der Nachbarschaftsdiagnose nicht zwischen Fehlern bei den Rechnern oder im Kommunikationssystem unterschieden wird. Eine genaue Aussage ist erst im Rahmen der verteilten Systemdiagnose /MOR83-1/ möglich, bei der die Nachbarschaftsdiagnoseinformation der einzelnen Rechner auf redundanten Wegen mit geeigneten Algorithmen an alle Rechner verteilt wird. Anhand dieser Informationen kann dann zwischen fehlerhaften Rechnern und fehlerhaften Kommunikationsverbindungen unterschieden werden.

Die hier beschriebene Phase der Nachbarschaftsdiagnose stellt für das Kommunikationssystem eine Art Transfertest dar, da die prinzipiellen Datentransfereigenschaften des Kommunikationssystems ausgenutzt und damit überprüft werden. Was hier nicht erfolgt, ist ein ausführlicher Test des Kommunikationssystems. Da in dieser Phase nur sehr wenig Informationen zwischen den Rechnern ausgetauscht werden, ist auch das Auftreten von Zugriffskonflikten sehr unwahrscheinlich, wenn auch nicht gänzlich auszuschließen. Auch das ist nicht problematisch, da im Fall der fehlerhaften Auflösung der Zugriffskonflikte das Selbsttestergebnis verfälscht und damit der Fehler erkannt wird. Die Wahrscheinlichkeit, daß ein nicht vorliegendes oder ein einen Fehler signalisierendes Selbsttestergebnis in ein korrektes Selbsttestergebnis verfälscht wird, kann durch Verwendung von Redundanz im Ergebnis und eine eventuelle Wiederholung des Transfers als sehr klein angesehen werden.

Für den Systemtest ergibt sich also der folgende Ablauf: Nach dem lokalen Rechnertest stellen die Rechner mit der Nachbarschaftsdiagnose fest, mit welchen fehlerfreien Rechnern sie direkt kommunizieren können. Anschließend testen sie mit diesen gemeinsam das Kommunikationssystem, zuerst ohne und dann mit Zugriffskonflikten. Den Abschluß bildet die verteilte Systemdiagnose, bei der in den einzelnen Rechnern getrennt der Fehlerzustand des Systems aus den durch den Test des Kommunikationssystems aktualisierten Nachbarschaftsdiagnoseinformationen ermittelt wird.

4.9. Zusammenfassung

In diesem Kapitel wurde ein Modell für Kommunikationssysteme aufgestellt, welches zwischen aktiven Einheiten, gemeinsamen Betriebsmitteln und Zugriffsvergabeeinheiten unterscheidet. Die Zugriffsvergabeeinheit steuert die Zugriffsabfolge der Zugriffe der aktiven Einheiten auf das gemeinsame Betriebsmittel; dabei wird angenommen, daß die Zugriffsvergabe- und die Zugriffsphasen von der Zugriffsvergabeeinheit sequentiell bearbeitet werden. Aufbauend auf diese Modellierung werden drei Zugriffskonflikttypen eingeführt:

- Vorliegen mehrerer Zugriffswünsche in der Zugriffsvergabephase
- Hinzukommen eines Zugriffswunsches in der Zugriffsvergabephase
- Hinzukommen eines Zugriffswunsches in der Zugriffsphase

Das Fehlermodell unterscheidet zwischen Fehlern bei Zugriffen ohne Zugriffskonflikte und solchen, die bei den verschiedenen Zugriffskonflikten auftreten. Durch eine Aufteilung des Tests in zwei Phasen, eine mit und eine ohne Zugriffskonflikte, ist es möglich, die Fehler der Zugriffsvergabe als solche zu erkennen und damit auch zuzuordnen, obwohl sie sich in ihren Auswirkungen nicht von den Fehlern ohne Zugriffskonflikte unterscheiden.

Um das Auftreten von Zugriffskonflikten in der ersten Testphase zu vermeiden und einen koordinierten Ablauf des Tests sicherzustellen, führen die aktiven Einheiten ein Protokoll aus, in dem die Aufforderung zum Test und damit quasi das Recht zum Zugriff auf das gemeinsame Betriebsmittel nach erfolgtem Teiltest jeweils an die nächste aktive Einheit übergeben wird.

In der zweiten Phase sollen die Zugriffskonflikte gezielt erzeugt werden. Dazu wurden als Grundlage das Prinzip der Zugriffsynchronisation für zwei aktive Einheiten eingeführt. Mit der Zugriffssynchronisation lassen sich die Zugriffe von aktiven Einheiten auf ein gemeinsames Betriebsmittel aufeinanderzuschieben bis die Zugriffe schließlich in einer definierten Reihenfolge direkt nacheinander ausgeführt werden. Dies wird dadurch erreicht, daß die beiden aktiven Einheiten Programmschleifen mit unterschiedlicher Dauer ausführen. Zum Erreichen des gewünschten Zeitverhaltens ist es notwendig, daß die Differenz der Bearbeitungszeit der Programmscheifen kleiner als die Dauer der Zugriffsphase auf das gemeinsame Betriebsmittel ist.

Aufbauend auf die Zugriffssynchronisation können durch entsprechende Verschiebungen der Zeitpunkte der Zugriffsanmeldungen die verschiedenen Zugriffskonflikttypen erzeugt werden. Als Information stehen dazu die Befehlsausführungszeiten, die Zugriffszeiten auf dem lokalen Speicher sowie die Zugriffszeiten auf das gemeinsame Betriebsmittel zur Verfügung. Im folgenden Kapitel wird gezeigt, wie man das hier vorgestellte Prinzip der Zugriffssynchronisation auf N aktive Einheiten erweitern kann, und welche Randbedingungen dabei beachtet werden müssen.

5. Testverfahren für Zugriffskonflikte

In diesem Kapitel wird das Vorgehen beschrieben, mit dem es möglich ist, die vorgesehenen Zugriffskonflikttypen gezielt zu Testzwecken zu erzeugen und damit das Vorliegen der modellierten Fehler der Zugriffsvergabe zu überprüfen. Das Verfahren ist zweistufig: In der ersten Stufe werden die Zugriffe der aktiven Einheiten auf Zugriffsebene synchronisiert, d. h., die Zugriffe werden direkt nacheinander und in einer festgelegten Reihenfolge ausgeführt. Mit dieser Ausgangsbasis ist es in der zweiten Stufe möglich, durch definiertes Ändern des zeitlichen Abstands zwischen zwei Zugriffen der beteiligten aktiven Einheiten die gewünschten Zugriffskonflikttypen herbeizuführen.

Im ersten Teil dieses Kapitels wird dazu das Zugriffssynchronisationsverfahren eingeführt. Nach einer Erläuterung des Verfahrensprinzips werden die Formeln hergeleitet, mit denen die verschiedenen Zeiten für die Abfolge der Zugriffe der aktiven Einheiten berechnet werden können. Anschließend wird der Einfluß von Zugriffsverlängerungen auf das Verfahren gezeigt und die daraus resultierende Maximalanzahl von gemeinsam synchronisierbaren aktiven Einheiten ermittelt.

Die Testverfahren für die Fehler des Fehlermodells werden im zweiten Teil beschrieben. Zuerst werden die Tests zum Erkennen der Fehler ohne Zugriffskonflikte behandelt und anschließend die Tests der drei Zugriffskonflikttypen und der Prioritätsvergabe, die auf dem Zugriffssynchronisationsverfahren aufbauen. Nach der Ermittlung der zu untersuchenden Testfälle wird gezeigt, wie unter Ausnutzung von Informationen über die Zugriffsvergabestrategie oder über das Zugriffszuteilungsverfahren eine nicht unerhebliche Reduktion der Anzahl der Testfälle möglich ist.

Zum Abschluß des Kapitels wird die Grenze des Testverfahrens aufgezeigt, indem die erreichbare zeitliche Auflösung und die Anforderungen der drei Zugriffskonflikttypen gegenübergestellt werden.

5.1. Das Zugriffssynchronisationsverfahren

Das Zugriffssynchronisationsverfahren hat das Ziel, Zugriffe von aktiven Einheiten, die ungeordnet zu beliebigen Zeitpunkten erfolgen, in eine festgelegte Reihenfolge und direkte Aufeinanderfolge zu bringen, um so die Voraussetzung für die anschließende gezielte Erzeugung der Zugriffskonflikte zu Testzwecken zu schaffen. An das Zugriffssynchronisationsverfahren werden deshalb folgende Anforderungen gestellt:

- Unabhängigkeit von der Prioritätsvergabe
- keine speziellen Anforderungen an die Hardware
- gute inkrementelle Erweiterbarkeit bezüglich der Anzahl der beteiligten aktiven Einheiten

Unabhängigkeit von der Prioritätsvergabe heißt, daß das Verfahren keine Informationen über die Vergabestrategie der Zugriffsvergabeeinheit benötigen und somit unabhängig von ihr arbeiten soll. Um das zu erreichen, dürfen bei dem Zugriffssynchronisationsverfahren keine Situationen auftreten, bei denen aus mehreren vorliegenden Zugriffswünschen eine aktive Einheit für den nächsten Zugriff auszuwählen ist. Auch soll keine zusätzliche Hardware vorausgesetzt werden, beispielsweise zu Testzwecken zusätzliche oder eingeschränkte Zugriffsmöglichkeiten auf Teile des gemeinsamen Betriebsmittels oder spezielle Hardwareeinheiten, die die Synchronisation der aktiven Einheiten unterstützen. Die dritte Forderung betrifft die Erweiterbarkeit; das Verfahren soll unabhängig von der Anzahl der beteiligten aktiven Einheiten sein, d. h. bei Wegfall oder Hinzukommen einer aktiven Einheit soll kein neues Synchronisationsverfahren erforderlich sein.

Bevor das Zugriffsynchronisationsverfahren im Detail erläutert wird, soll zunächst aufgezeigt werden, welche Zeiten bei der Ausführung von Programmen mit Zugriffen auf gemeinsame Betriebsmittel auftreten, welche davon konstant und welche variabel sind, und welche durch die Programmierung definiert beeinflußt werden können, um dadurch die Möglichkeiten für das Verfahren darzulegen. Für die verschiedenen Zeiten werden folgende Begriffe eingeführt:

- Zur Erzeugung der Zugriffskonflikte führen die einzelnen aktiven Einheiten Programmschleifen mit unterschiedlicher Dauer aus, in denen sie auf das gemeinsame Betriebsmittel zugreifen. Die Schleifenausführungszeit der aktiven Einheit i ist die Zeit vom Ende eines Zugriffs auf das gemeinsame Betriebsmittel bis zum Ende des nächsten. Die unverzögerte Schleifenausführungszeit T_{Gi}, im folgenden nur noch **Schleifenausführungszeit** T_{Gi} genannt, liegt vor, wenn der Zugriff auf das gemeinsame Betriebsmittel nicht verzögert wird, andernfalls die **verzögerte Schleifenausführungszeit** T_{GiV}.
- Die **Befehlsausführungszeit** T_{Bi} ist die Zeit zwischen zwei Zugriffen der aktiven Einheit i.
- Die **Zugriffszeit auf das gemeinsame Betriebsmittel** T_{ZGBi} ist die Zeit des Zugriffs aus der Sicht des gemeinsamen Be-

triebsmittels. Sie setzt sich aus der Zugriffsvergabephase T_{ZVi} und der Zugriffsphase T_{Zi} zusammen.

- Die **Zugriffsvergabephase T_{ZVi}** beinhaltet aus der Sicht des gemeinsamen Betriebsmittels die Zeit für die Auswahl der nächsten aktiven Einheit, die auf das gemeinsame Betriebsmittel zugreift, und reicht bis zur Zugriffszuteilung.
- Daran schließt sich die **Zugriffsphase T_{Zi}** an, in der der Informationstransfer ausgeführt wird.
- Die **Wartezeit T_W** ist die Zeit zwischen dem Anmelden des Zugriffswunsches und dem Beginn der Zugriffsvergabephase.
- Die **Gesamtzugriffszeit auf das gemeinsame Betriebsmittel T_{Zgesi}** setzt sich aus der Zugriffszeit T_{ZGBi} und der Wartezeit T_W zusammen (Zugriffszeit aus der Sicht der aktiven Einheit).

Zur Veranschaulichung sind die Zeiten in Bild 5-1 dargestellt.

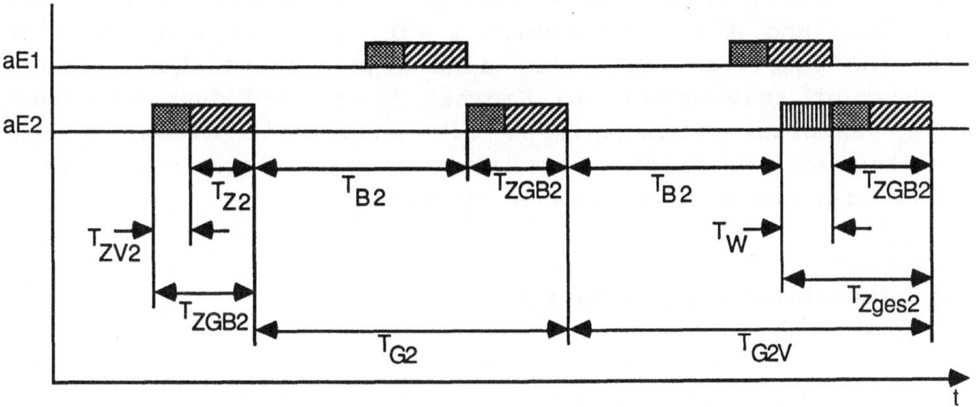

Bild 5-1: Verschiedene Zeiten bei der Zugriffssynchronisation

Die Zugriffszeit T_{ZGBi} ist für jede einzelne aktive Einheit konstant, kann jedoch bei mehreren aktiven Einheiten unterschiedlich sein, während die Wartezeit T_W lastabhängig ist, also von der Zahl der aktiven Einheiten, die gleichzeitig auf das gemeinsame Betriebsmittel zugreifen wollen, sowie gegebenenfalls von ihrer Priorität abhängt. Daraus resultiert, daß auch die Gesamtzugriffszeit T_{Zgesi} lastabhängig ist. Die Befehlsausführungszeit T_{Bi} ist für eine bestimmte Befehlsschleife konstant, kann jedoch auf der Programmebene durch Verwendung anderer Befehle verändert werden. Die Schleifenausführungszeit T_{Gi} setzt sich aus der Befehlsausführungszeit T_{Bi} und der Zugriffszeit auf das gemeinsame Betriebsmittel T_{ZGBi} zusammen und ist also konstant. Die verzögerte Schleifenausführungszeit T_{GiV} enthält zusätzlich noch die Wartezeit T_W und ist somit ebenfalls lastabhängig. Die folgenden

Formeln fassen noch einmal den Zusammenhang zwischen den Zeiten zusammen:

$$T_{ZGBi} = T_{ZVi} + T_{Zi}$$

$$T_{Gi} = T_{Bi} + T_{ZGBi}$$

$$T_{GiV} = T_{Gi} + T_W = T_{Bi} + T_{ZGBi} + T_W$$

mit T_{Bi}, T_{ZVi}, T_{Zi} = const. Der Index i gibt die entsprechende aktive Einheit an.

Die Zeiten werden hier und in der weiteren Arbeit, soweit nicht anders vermerkt, als Vielfache der Periodendauer des Taktes der aktiven Einheiten angegeben. Dabei wird davon ausgegangen, daß die Takte der aktiven Einheiten gleiche Nennfrequenzen haben.

In den folgenden beiden Unterkapiteln werden die Befehlsausführungszeiten und die Zugriffszeiten auf das gemeinsame Betriebsmittel für Zugriffe, bei denen keine Zugriffskonflikte auftreten, als konstant angenommen. In Kapitel 5.1.3 wird dann untersucht, welche Faktoren gegebenenfalls die Gültigkeit dieser Annahmen beeinflussen und welche Auswirkungen sich daraus auf das Zugriffssynchronisationsverfahren ergeben.

5.1.1. Beschreibung des Verfahrens

Zur Zugriffssynchronisation der aktiven Einheiten wird eine Speicherzelle des gemeinsamen Betriebsmittels verwendet, auf die alle aktiven Einheiten lesend und mindestens eine aktive Einheit schreibend zugreifen darf. Eine solche Speicherzelle wird in dem gemeinsamen Betriebsmittel praktisch immer vorhanden sein.

Das Zugriffssynchronisationsverfahren hat vier Phasen: In der ersten Phase greifen alle aktiven Einheiten ungeordnet nacheinander auf das gemeinsame Betriebsmittel zu. Nach einem Startsignal zu Beginn der zweiten Phase ändern alle aktiven Einheiten ihre Befehlsausführungszeiten und zwar so, daß am Anfang der dritten Phase nur noch die aktive Einheit 1 und 2 zugreifen. Dabei wird die aktive Einheit 2 mit der aktiven Einheit 1 zugriffssynchronisiert. Dies ist spätestens nach einer bestimmten Anzahl von Schleifendurchläufen der Fall. Danach greift die aktive Einheit 3 das nächste Mal zu und wird bei den folgenden Schleifendurchläufen mit den schon synchronisierten aktiven Einheiten zugriffssynchronisiert. Wiederum nach einer maximalen Anzahl von Schleifendurchläufen ist auch die aktive Einheit 3 mit den aktiven Einheiten 1 und 2 zugriffssynchronisiert, so daß die aktive Einheit 4 ihren nächsten Zugriff machen kann usw. Das Zugriffssynchronisationsverfahren ist mit der vierten Phase abgeschlossen; in dieser greifen die aktiven Einheiten in einer definierten Reihenfolge direkt nacheinander auf das gemeinsame Betriebsmittel zu. Zur Übersicht ist der gesamte Ablauf für ein Beispiel mit vier aktiven Einheiten in Bild 5-2 dargestellt. Die einzelnen Phasen werden im folgenden näher betrachtet.

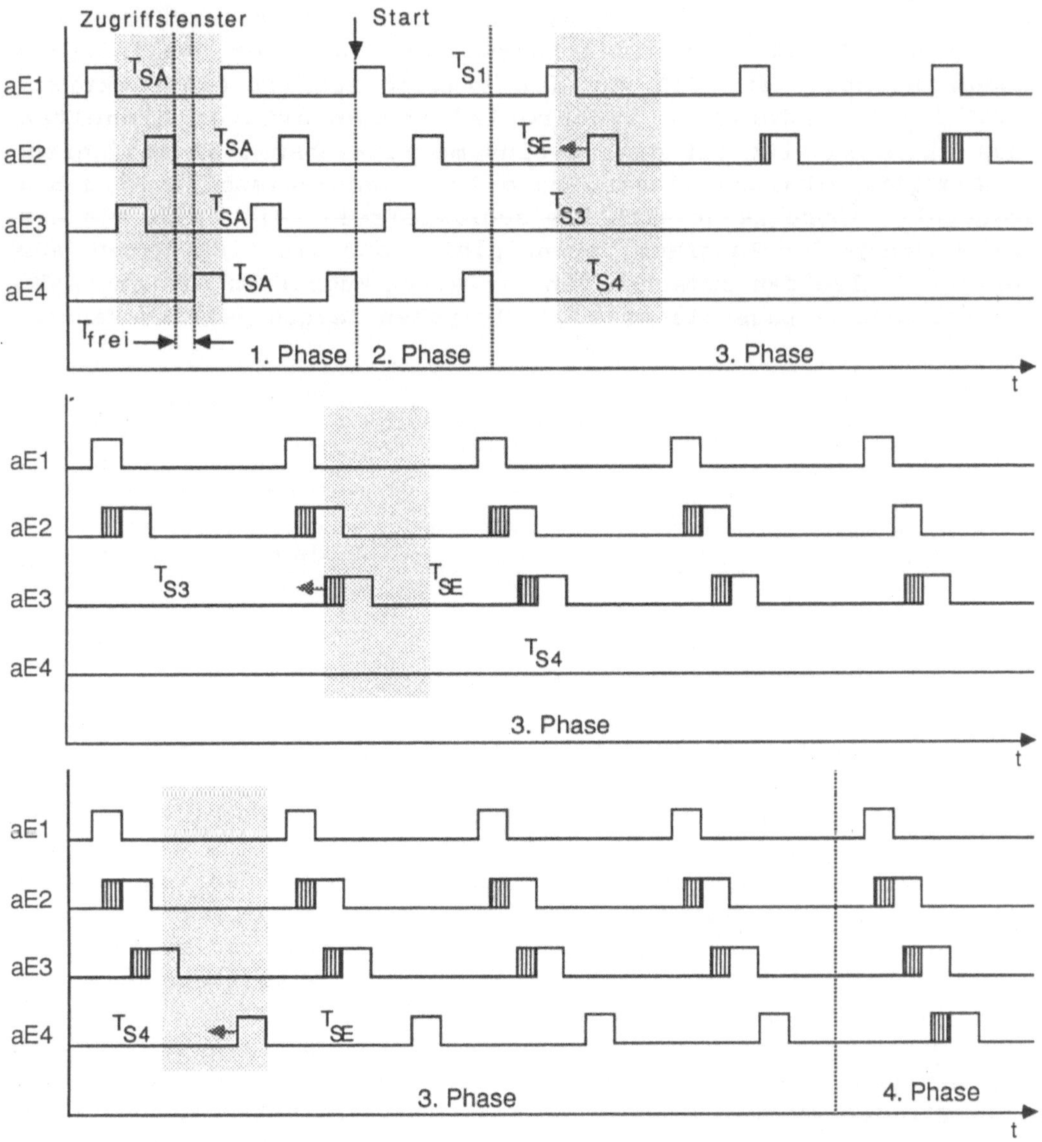

Bild 5-2: Gesamtübersicht des Zugriffssynchronisationsverfahrens

In der **ersten Phase** greifen alle aktiven Einheiten mit einer Schleife gleicher Ausführungszeit lesend auf eine Speicherzelle des gemeinsamen Betriebsmittels zu, deren Dauer, **die Anfangsschleifenlänge T_{SA}**, sich aus den Zugriffszeiten aller aktiven Einheiten auf das gemeinsame Betriebsmittel und einer zusätzlichen zugriffsfreien Zeit T_{frei} zusammensetzt. Dadurch wird erreicht, daß alle aktiven Einheiten in beliebiger Reihenfolge nacheinander ihren Zugriff ausführen können, ohne daß das gemeinsame Betriebsmittel zum Engpaß wird. Gegebenenfalls könnte sich sonst die Priorität der einzelnen Einheiten auf das Verfahren auswirken und somit zu einer Abhängigkeit von der Realisierung führen. Wichtig ist, daß vor dem zweiten Zugriff einer aktiven Einheit alle anderen zu synchronisierenden aktiven Einheiten genau einen Zugriff auf das gemeinsame Betriebsmittel ausführen. Das Zugriffsverhalten dieser Phase ist exemplarisch in Bild 5-3 dargestellt. Dort zeigt sich die zugriffsfreie Zeit T_{frei} als ein zusammenhängender Zeitraum, prinzipiell kann sie sich jedoch aus mehreren Teilzeiten zwischen den einzelnen Zugriffen zusammensetzen. Die genaue Lage dieser zugriffsfreien Zeiten ist unbekannt.

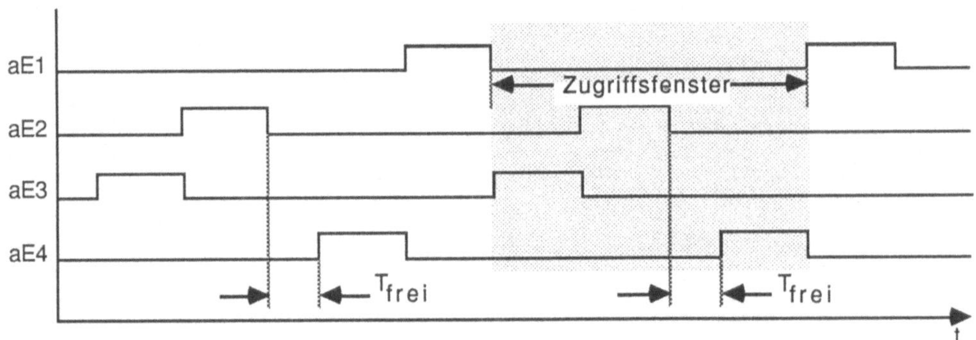

Bild 5-3: Zugriffsverhalten der aktiven Einheiten in Phase 1

In der **zweiten Phase** wird von einer vorher festgelegten aktiven Einheit (in der Arbeit wird angenommen, daß dies die aktive Einheit 1 ist; sie darf auch die zur Zugriffssynchronisation verwendete Speicherzelle beschreiben), ein Startsignal gegeben. Dies geschieht dadurch, daß sie die zur Zugriffssynchronisation verwendete Speicherzelle des gemeinsamen Betriebsmittels mit dem "Start"-Wert beschreibt und alle anderen aktiven Einheiten diesen Wert bei bei ihrem nächsten Zugriff erkennen. Daraufhin ändern alle aktiven Einheiten ihre Schleifenlänge. Die neue Schleifenlänge T_{S1} der aktiven Einheit 1 setzt sich aus der Anfangsschleifenlänge T_{SA} und der Zeit für die Verschiebung des Zugriffsfensters für die N-te aktive Einheit (bei insgesamt N zu synchronisierenden aktiven Einheiten) zusammen. Unter **Zugriffsfenster** wird dabei die Zeit zwischen zwei Zugriffen der aktiven Einheit 1 in der Anfangsschleife, d. h. ihre Befehlsausführungszeit T_{B1}, verstanden. In diesem Fenster greifen in der ersten Phase alle anderen aktiven Einheiten auf das gemeinsame Betriebsmittel zu. Die aktiven Einheiten werden **einzeln nacheinander** mit der aktiven Einheit 1 und den schon synchronisierten aktiven Einheiten synchronisiert. Um zu vermeiden, daß die Synchronisation der schon synchronisierten aktiven Einheiten durch die nächste zu synchronisierende Einheit gestört wird, muß ihr Zugriffsfenster auf einen um die Zugriffsdauer der schon synchronisierten aktiven Einheiten späteren Zeitpunkt verschoben werden.

Dieser Zusammenhang ist bezogen auf das Beispiel von Bild 5-3 für die aktive Einheit 3 (aE3) in Bild 5-4 dargestellt. Die aktiven Einheiten 1 und 2 (aE1, aE2) sind zu diesem Zeitpunkt schon synchronisiert. Die aktive Einheit 3 hatte in der ersten Phase direkt nach der aktiven Einheit 1 zugegriffen. Wenn sie jetzt wieder direkt nach dem Zugriff der aktiven Einheit 1 ihren Zugriffswunsch anmelden würde (im Bild 5-4 als aE3v dargestellt), würde die Priorität von aE2 und aE3 entscheiden, welcher Zugriff zuerst ausgeführt wird. Somit würde bei niedrigerer Priorität von aE2 die Synchronisation von aE1 und aE2 wieder verloren gehen. Da das Verfahren unabhängig von der Priorität der aktiven Einheiten arbeiten soll, muß das Zugriffsfenster für die aktive Einheit 3 folglich um die Zugriffszeit T_{ZGB} der aktiven Einheit 2 verschoben werden. Für die vierte aktive Einheit (aE4) ist die Dauer von zwei Zugriffszeiten (aE2 und aE3) zu berücksichtigen usw.

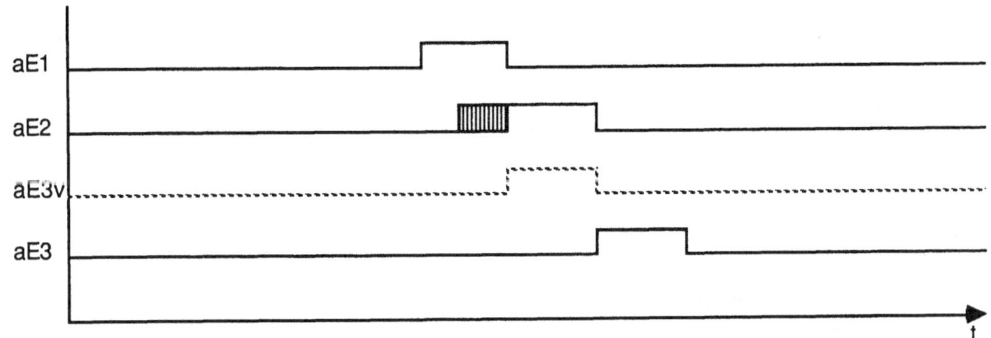

Bild 5-4: Notwendigkeit der Verschiebung des Zugriffsfensters

Die minimale Länge der Schleife T_{S1} setzt sich also aus dem Fenster für die Zugriffe der aktiven Einheiten 2 bis N und der Verschiebung des Fensters für die N-te aktive Einheit, bei insgesamt N aktiven Einheiten, zusammen; in unserem Beispiel ist N = 4.

In Bild 5-5 ist der zeitliche Ablauf nach der Fensterverschiebung für die aktive Einheit 4 aus dem Beispiel von Bild 5-3 dargestellt. Hier sieht man den ersten Zugriff der aE4 nachdem die aE1, aE2 und aE3 zugriffssynchronisiert sind. Die in diesem Fall nicht sofort einsichtige Notwendigkeit der Verschiebung des Zugriffsfensters resultiert daraus, daß der Zugriff von aE4 nicht nur, wie im Bild 5-3 gezeigt, direkt vor aE1 liegen kann, sondern er könnte dort auch an der Stelle von aE3, also direkt hinter aE1, liegen. Die dazugehörige Lage von aE4 nach der Fensterverschiebung ist in Bild 5-5 gestrichelt dargestellt.

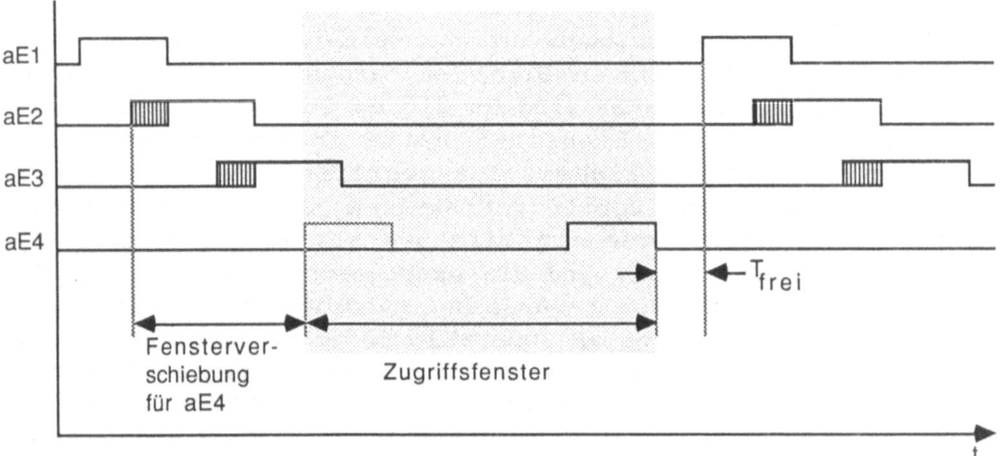

Bild 5-5: Zugriffsfensterverschiebung der aktiven Einheit 4

Um sicherzustellen, daß der Zugriff der aE4 keinen Einfluß auf den folgenden Zugriff der aE1 und damit auf die schon synchronisierten aktiven Einheiten hat, wird T_{S1} zusätzlich um eine weitere zugriffsfreie Zeit T_{frei} verlängert (vgl. auch Bild 5-5, dort ist der Zugriff von aE4 T_{frei} von dem Zugriff von aE1 entfernt; die genaue Lage dieser zweiten zugriffsfreien Zeit T_{frei} liegt also fest im Gegensatz zur der zugriffsfreien Zeit in der ersten Phase des Zugriffssynchronisation).

Die hier beschriebene Länge der Schleife T_{S1} läßt sich noch um eine Schleifenlängendifferenz T_{Diff} verkürzen, da die aE4 schon bei ihrem ersten Zugriff nach der Synchronisation der anderen aktiven Einheiten um die Zeit T_{Diff} auf die synchronisierten aktiven Einheiten zuwandern kann, wie sie es auch bei allen folgenden Schleifendurchläufen macht. Es läßt sich also ein Schleifendurchlauf bei der aE4 einsparen und die Schleifendauer T_{S1} um T_{Diff} verkürzen.

Die aktive Einheit 2 führt beim Übergang von der zweiten in die dritte Phase die **Endschleife** mit der Dauer $\mathbf{T_{SE}}$ aus, die gleich der Schleifenlänge T_{S1} der aE1 vermindert um die Schleifenlängendifferenz T_{Diff} ist. Die Schleifenlängendifferenz T_{Diff} ist die Zeit, um die die aktiven Einheiten in jedem Schleifendurchlauf aufeinanderzuwandern. Diese Zeit T_{Diff} muß kleiner sein als die Zugriffsphase des Zugriffs auf das gemeinsame Betriebsmittel (vgl. Kapitel 4.7).

Die aktiven Einheiten 3 bis N führen beim Übergang von der zweiten in die dritte Phase je einen Schleifendurchlauf mit ihrer **Zwischenschleifenlänge** $\mathbf{T_{Si}}$ (i = 3 bis N) aus. Diese berechnet sich für die aktive Einheit 3 so, daß sie das nächste Mal zugreift, wenn die aktiven Einheiten 1 und 2 synchronisiert sind. Hier muß bei der Berechnung der Zeit zusätzlich die Verschiebung des Zugriffsfensters um eine Zugriffsdauer, aufgrund der Synchronisation von den aktiven Einheiten 1 und 2, berücksichtigt werden. Die aktive Einheit 4 greift das nächste Mal zu, wenn auch schon die aktive Einheit 3 synchronisiert ist. Bei ihr müssen bei der Verschiebung des Zugriffsfensters zwei Zugriffszeiten berücksichtigt werden. Analog berechnet sich die Schleifenlänge für alle weiteren aktiven Einheiten.

In der **dritten Phase** erfolgt die Synchronisation der aktiven Einheiten. Die maximale Anzahl der notwendigen Schleifendurchläufe wird dabei einerseits durch die Anfangsschleifendauer festgelegt, aus der sich die maximale Verschiebung ergibt, und andererseits durch die Schleifenlängendifferenz, da diese die Verschiebung der Zugriffe zueinander pro Schleifendurchlauf angibt. Die aktiven Einheiten 3 bis N (bei insgesamt N aktiven Einheiten) führen ihre Zwischenschleifen nur einmal aus und ändern dann ihre Schleifenlänge auch auf die **Endschleifenlänge** $\mathbf{T_{SE}}$, um sich so mit den schon synchronisierten aktiven Einheiten zu synchronisieren.

In der **vierten Phase** sind alle aktiven Einheiten in der gewünschten Reihenfolge auf Zugriffsebene synchronisiert (vgl. Bild 5-6) und können zur gezielten Herbeiführung der oben klassifizierten Zugriffskonflikte herangezogen werden, die dann in Abschnitt 5.2.2 behandelt wird. In dem Beispiel wird davon ausgegangen, daß die zu erreichende Zugriffsreihenfolge aE1, aE2, aE3, aE4 ist. Prinzipiell ist jede beliebige Reihenfolge möglich, es müssen nur die Schleifenlängen T_{Si} entsprechend zugeordnet werden.

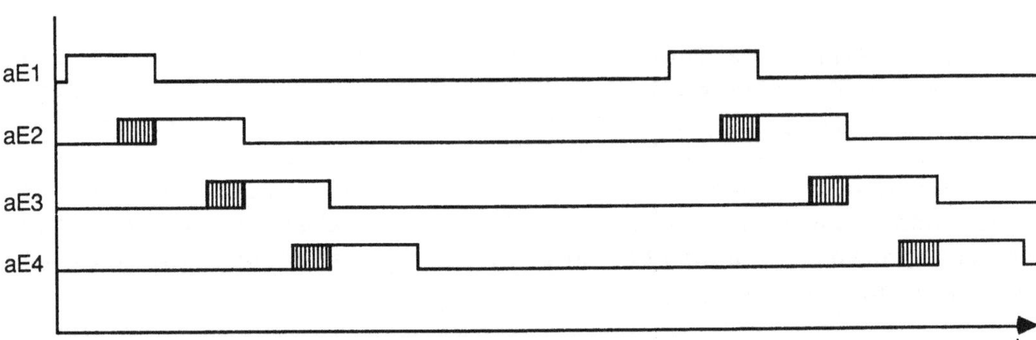

Bild 5-6: Zugriffsverhalten in der Phase 4

5.1.2. Formeln zur Berechnung der notwendigen Zeiten

In diesem Unterkapitel werden Formeln angegeben, mit denen für die einzelnen aktiven Einheiten die Schleifenausführungszeiten T_{Si} der verschiedenen Phasen berechnet werden können. Dabei führen alle aktiven Einheiten in der ersten Phase die Anfangsschleife aus. Nach dem Startsignal in der Phase zwei führen alle aktiven Einheiten außer den aktiven Einheiten 1 und 2 beim Übergang in die Phase 3 einmal die Zwischenschleife aus. In der dritten Phase ist der Übergang von der Zwischenschleife zur Endschleife, die alle aktiven Einheiten auch noch in der vierten Phase ausführen, in der sie dann miteinander zugriffssynchronisiert sind (vgl. Bild 5-2). Die Zeiten in den Formeln haben als Dimension die Periodendauer des Prozessortaktes (PT), d. h. die einzelnen Zeiten werden als ganzzahlige Vielfache dieser Periodendauer angegeben.

Zunächst wird die Anfangsschleifenlänge T_{SA} bestimmt; eine Schleife mit dieser Länge führen alle aktiven Einheiten in der ersten Phase aus. Durch sie wird sichergestellt, daß alle aktiven Einheiten genau einen Zugriff auf das gemeinsame Betriebsmittel ausführen, bevor eine aktive Einheit zum zweiten Mal zugreift. Die Anfangsschleifenlänge ist deshalb die Summe der Zugriffszeiten aller aktiven Einheiten auf das gemeinsame Betriebsmittel zuzüglich einer zugriffsfreien Zeit T_{frei} mit $T_{frei} \geq 1$ PT, die sich ggf. aus mehreren Teilen zusammensetzt. Dadurch wird erreicht, daß das gemeinsame Betriebsmittel nicht zum Engpaß wird, d. h., es ist sichergestellt, daß nicht dauernd Zugriffswünsche vorliegen, sondern es ist noch eine zugriffsfreie Zeit bei dem gemeinsamen Betriebsmittel vorhanden.

$$T_{SA} = \sum_{i=1}^{N} T_{ZGBi} + T_{frei} \qquad (5\text{-}1)$$

Im nächsten Schritt kann die Scheifenlänge T_{S1} der aktiven Einheit 1 bestimmt werden, die diese in der zweiten Phase einnimmt und für das weitere Verfahren beibehält. Auf diese Schleifenlänge werden die Schleifen aller anderen aktiven Einheiten, die zugriffssynchronisiert werden, verlängert. Sie setzt sich aus der Anfangsschleifenlänge T_{SA} sowie der Zeit für die Verschiebung des Zugriffsfensters für die N-te aktive Einheit und der zugriffsfreien Zeit T_{frei} vermindert um eine Schleifenlängendifferenz T_{Diff} zusammen. Die zugriffsfreie Zeit garantiert dabei, daß bei Hinzukommen der N-ten aktiven Einheit in der dritten Phase des Verfahrens ihr Zugriff keinen Einfluß auf den Zugriff der aktiven Einheit 1 bei dem nächsten Schleifendurchlauf bekommt und somit die Synchronisation der synchronisierten aktiven Einheiten stört (vgl. Bild 5-5 und seine Beschreibung). Als Sonderfall ist die Synchronisation von 2 aktiven Einheiten zu betrachten. Dort ist keine Verschiebung des Zugriffsfensters und somit auch keine Verlängerung der Schleifenlänge T_{S1} gegenüber der Anfangsschleifenlänge T_{SA} notwendig. Folglich kann die aktive Einheit 1 in der zweiten und den folgenden Phasen weiterhin die Anfangsschleife T_{SA} ausführen. Es gilt also:

$$\text{für } N>2 \qquad T_{S1} = T_{SA} + \sum_{i=2}^{N-1} T_{ZGBi} - T_{Diff} + T_{frei} \qquad (5\text{-}2)$$

$$\text{für } N=2 \qquad T_{S1} = T_{SA} \qquad (5\text{-}2a)$$

Die Schleifenlängendifferenz T_{Diff} muß die in Kapitel 4.7 hergeleitete Grundvoraussetzung des Zugriffssynchronisationsverfahrens erfüllen (Gleichung 4-1), d. h., sie muß kleiner sein als die **kürzeste der Zugriffsphasen** der Zugriffe der beteiligten aktiven Einheiten T_{ZMIN}, also:

$$T_{Diff} < T_{ZMIN} \qquad (5\text{-}3)$$

Ausgehend von der Schleifenlänge T_{S1} kann die Endschleifenlänge T_{SE} bestimmt werden; sie ist die Schleifenlänge T_{S1} vermindert um die Schleifenlängendifferenz T_{Diff}. Diese Endschleife wird von allen aktiven Einheiten außer den aktiven Einheiten 1 und 2 nach der einmaligen Ausführung der Zwischenschleife ausgeführt. Dabei wandert die zu synchronisierende aktive Einheit auf die schon synchronisierten aktiven Einheiten bei jedem Schleifendurchlauf um T_{Diff} zu, bis auch sie synchronisiert ist.

$$T_{SE} = T_{S1} - T_{Diff} \tag{5-4}$$

Da die aktive Einheit 2 als erste Einheit mit der aktiven Einheit 1 synchronisiert wird, nimmt sie nach dem Startsignal direkt diese Endschleifenlänge ein.

Die Anzahl von Schleifendurchläufen n, bis die aktive Einheit 2 mit der aktiven Einheit 1 synchronisiert ist, wird durch den maximalen Abstand zwischen den Zugriffen der beiden aktiven Einheiten in der ersten Phase einerseits und die Schleifenlängendifferenz andererseits festgelegt. Der maximale Abstand hängt dabei von der Dauer der Anfangsschleife ab. Bild 5-3 zeigt den genauen Zusammenhang. Dort ist der größte Abstand zwischen den aktiven Einheiten 1 und 4, wenn man davon ausgeht, daß der Zugriff der zu synchronisierenden aktiven Einheiten auf den der aktiven Einheit 1 zuwandern soll. Die genaue Größe des maximalen Abstands erhält man, wenn man die Anfangsschleifenlänge T_{SA} um die Zugriffszeiten der beiden aktiven Einheiten, also um T_{ZGB1} und T_{ZGB4}, vermindert. Da alle aktiven Einheiten die Anfangsschleife ausführen und ihnen bei ihrem Zugriff in der Phase drei wieder dieses Zugriffsfenster zur Verfügung steht, ist der maximale Abstand für alle aktiven Einheiten nahezu gleich. Differenzen ergeben sich nur, wenn die aktiven Einheiten unterschiedliche Zugriffszeiten auf das gemeinsame Betriebsmittel haben. Um in diesem Fall zu verhindern, daß für jede aktive Einheit ein eigener Faktor n berechnet werden muß, wird eine Abschätzung der oberen Grenze vorgenommen. In diesem Fall muß statt der Zugriffszeit der betreffenden aktiven Einheit immer die kürzeste Zugriffszeit T_{ZGBmin} berücksichtigt werden. Dadurch ergibt sich eine Vereinfachung bei der Berechnung der Zwischenschleifenlängen T_{Si} für die aktiven Einheiten 3 bis N.

$$n = (T_{SA} - T_{ZGB1} - T_{ZGBmin}) \text{ div } T_{Diff} \tag{5-5}$$

Die Anzahl der notwendigen Schleifendurchläufe n kann immer auf die nächst kleinere ganze Zahl abgerundet werden. Die Ursache liegt darin, daß die Zugriffssynchronisation erreicht ist, sobald der Zugriff der zu synchronisierenden Einheiten durch die schon synchronisierten Einheiten verzögert wird, unabhängig davon, wie groß die Verzögerung ist. Diese Verzögerung kann bei einer Schleifenlängendifferenz von $T_{Diff} = 4$ Taktperioden bei dem ersten Zugriff im synchronisierten Zustand zwischen einer und vier Taktperioden liegen, bei allen weiteren Zugriffen wird sie immer $T_{Diff} = 4$ Taktperioden betragen.

Nach dem Startsignal führen die aktiven Einheiten 3 bis N einmal ihre jeweilige Zwischenschleife aus. Ihre Dauer setzt sich für die aktive Einheit i aus folgenden Zeiten zusammen:

- der Zeit zur Synchronisation der aktiven Einheiten 1 bis i-1: $(i-2)\ n\ T_{S1}$ (Zur Synchronisation jeder aktiven Einheit sind jeweils n Schleifendurchläufe mit der Dauer T_{S1} notwendig.)
- der Zeit zur Verschiebung des Zugriffsfensters für die Einheit i: $\sum_{j=2}^{i-1} T_{ZGBj}$
- und einer Schleifenlänge T_{S1}, die dadurch bedingt ist, daß die aktive Einheit 1 das Startsignal gibt, und alle anderen aktiven Einheiten erst danach ihre Schleifenlängen ändern können: T_{S1}
- vermindert um eine Schleifenlängendifferenz T_{Diff}, da die aktive Einheit i bei ihrem Zugriff schon ein T_{Diff} auf die synchronisierten Einheiten zuwandern kann: $-T_{Diff}$

$$T_{Si} = (i-2)\ n\ T_{S1} + \sum_{j=2}^{i-1} T_{ZGBj} + T_{S1} - T_{Diff} \qquad (5\text{-}6)$$

Unter der Annahme, daß in dem System die Zugriffszeiten aller aktiven Einheiten auf das gemeinsame Betriebsmittel dieselbe Dauer haben (für gleiche Prozessoren mit identischer Nennfrequenz in der Praxis immer erfüllt), vereinfachen sich die oben angegebenen Formeln. Summen über die Zugriffszeiten, die wegen der unterschiedlichen Zugriffszeiten T_{ZGBi} notwendig waren, können durch ein Produkt aus der Zugriffszeit T_{ZGB} und der entsprechenden Anzahl der aktiven Einheiten ersetzt werden. Weiterhin ist in der Ungleichung 5-3 statt der minimalen Zugriffsphase die Zugriffsphase der Zugriffe auf das gemeinsame Betriebsmittel zu berücksichtigen, da mit den Zugriffszeiten T_{ZGB} auch die Zugriffsphasen T_Z eine identische Dauer haben. Die Gleichungen 5-1 bis 5-6 lauten dann:

$$T_{SA} = N\ T_{ZGB} + T_{frei} \qquad (5\text{-}7)$$

für N>2 $$T_{S1} = T_{SA} + (N-2)\ T_{ZGB} - T_{Diff} + T_{frei} \qquad (5\text{-}8)$$

für N=2 $$T_{S1} = T_{SA} \qquad (5\text{-}8a)$$

$$T_{Diff} < T_Z \qquad (5\text{-}9)$$

$$T_{SE} = T_{S1} - T_{Diff} \tag{5-10}$$

$$T_{Si} = (i-2)\ n\ T_{S1} + (i-2)\ T_{ZGB} + T_{S1} - T_{Diff} \tag{5-11}$$

$$n = (T_{SA} - 2\ T_{ZGB})\ \mathrm{div}\ T_{Diff} \tag{5-12}$$

Bei der Programmierung der berechneten Schleifenlängen in Maschinensprache ist es möglich, daß die gewünschten Zeiten nicht mit dem Befehlssatz realisiert werden können. In diesem Fall muß beachtet werden, daß der Wert für die Schleifenlängendifferenz ein Maximalwert ist. Die Werte für die verschiedenen Programmschleifen stellen dagegen Minimalwerte dar. Die Änderung eines dieser Werte macht eine Neuberechnung aller von ihm abhängigen Werte notwendig.

Mit dem in diesem Abschnitt vorgestellten Zugriffssynchronisationsverfahren ist es möglich, eine beliebige Anzahl von aktiven Einheiten auf Zugriffsebene zu synchronisieren. Jedoch muß man einschränkend betrachten, daß der Zeitaufwand für die Synchronisationszeit bei steigendem N mit $O(N^3)$ anwächst. Die genaue Zeit läßt sich bestimmen, indem die Zwischenschleifenlänge für die aktive Einheit (N+1) berechnet wird, da diese in der Phase 3 ihren nächsten Zugriff macht, wenn die aktiven Einheiten 1 bis N zugriffssynchronisiert sind.

5.1.3. Einfluß von Zugriffsverlängerungen

Bei den bisherigen Betrachtungen wurden die Befehlsausführungszeiten und die Zugriffszeiten auf das gemeinsame Betriebsmittel im unverzögerten Fall, d. h., wenn keine Zugriffskonflikte stattfinden, als konstant angenommen. In der Realität ist diese Bedingung nicht immer erfüllt. Dabei können verschiedene Ursachen vorliegen:

Unterschiedliche Befehlsausführungszeiten können daraus resultieren, daß das Programm zur Erzeugung der Zugriffskonflikte bei der Ausführung aus einem dynamischen Speicher ausgelesen wird. Dynamische Speicher erfordern eine periodische Wiederauffrischung der Information. Wenn ein Speicherzugriff während der Wiederauffrischung angemeldet wird, muß er bis zu ihrem Ende verzögert werden und wird folglich um einzelne Prozessortakte verlängert. Diese Zugriffsverlängerung hat Einfluß auf den zeitlichen Abstand zwischen zwei Zugriffen eines Rechners auf das gemeinsame Betriebsmittel und stört somit die Zugriffssynchronisation. Aus diesen

Überlegungen ergibt sich die Forderung, daß das Programm zur Zugriffssynchronisation sowie die anschließenden Programmteile, die die verschiedenen Zugriffskonfliktarten herbeiführen, entweder in einem statischen Speicher oder einem Festwertspeicher abgelegt sein müssen; nur dann kann von konstanten Speicherzugriffszeiten beim Befehlsladen ausgegangen werden.

Entsprechende Überlegungen gelten für DMA-Geräte, die nicht an der Zugriffssynchronisation beteiligt sind. Auch sie verlängern ggf. die Zugriffe der am Zugriffssynchronisationsverfahren beteiligten aktiven Einheiten und verändern folglich deren Zugriffsverhalten. DMA-Zugriffe unbeteiligter Einheiten müssen also für die Dauer der Zugriffssynchronisation und den anschließenden Test gesperrt werden.

Noch gravierender ist der Einfluß von Unterbrechungen; diese verändern den Programmablauf und damit die Aufeinanderfolge der Zugriffe auf das gemeinsame Betriebsmittel. Auch sie müssen, wie die DMA-Zugriffe, für die Zugriffssynchronisation und den Test gesperrt werden.

Als viertes müssen die Zugriffszeiten auf das gemeinsame Betriebsmittel betrachtet werden. Gemeinsame Betriebsmittel sind meist nicht einer aktiven Einheit zugeordnet, von der sie auch mit dem Takt versorgt werden, sondern sie haben eine eigene Steuerung mit einem unabhängigen Takt. Dieser Takt wird, um die aktiven Einheiten nicht zu bremsen, höchstens eine ebenso große Periodendauer haben wie die aktiven Einheiten, in den meisten Fällen eine kürzere. Da die Takte unabhängig voneinander sind, liegen die Taktflanken beliebig zueinander. Daraus resultiert, daß Zugriffe einer aktiven Einheit auf das gemeinsame Betriebsmittel bei ungünstiger Lage ihres Taktes zu dem des gemeinsamen Betriebsmittels um einzelne Prozessortakte verlängert werden können. Als weiterer Einfluß können die Zugriffszeiten aufgrund der verwendeten Speicherelemente schwanken. Z. B. bei dynamischen Speicherbausteinen können weitere Zugriffsverlängerungen wegen der periodischen Wiederauffrischung der Informationen auftreten.

Aufgrund dieser **Zugriffsverlängerungen** (sie sind getrennt von den **Zugriffsverzögerungen** bei Auftreten von Zugriffskonflikten zu betrachten, da hier eine andere Ursache vorliegt) ergeben sich mehrere Konsequenzen für das Zugriffssynchronisationsverfahren.

Im einzelnen muß der Einfluß dieser Zugriffsverlängerungen auf

- die Schleifenlängendifferenz

- die Anzahl der Schleifendurchläufe zum Erreichen der Zugriffsssynchronisation und
- das Erhalten der Zugriffssynchronisation der schon synchronisierten aktiven Einheiten

untersucht werden.

1. Einfluß auf die Schleifenlängendifferenz

Prinzipiell muß die Grundvoraussetzung für das Zugriffssynchronisationsverfahren erfüllt sein, d. h., die Schleifenlängendifferenz T_{Diff} muß kleiner sein als die kürzeste der Zugriffsphasen der Zugriffe auf das gemeinsame Betriebsmittel T_{ZMIN} (Ungleichung 5-3):

$$T_{Diff} < T_{ZMIN}$$

Aufgrund der unabhängigen Takte treten manchmal Verlängerungen der Zugriffszeiten auf das gemeinsame Betriebsmittel T_{ZGBi} und damit möglicherweise auch von den Zugriffsphasen T_{Zi} auf. Da die Grundvoraussetzung jedoch immer erfüllt sein muß (andernfalls kann die Zugriffssynchronisation verloren gehen), muß die Schleifenlängendifferenz T_{Diff} immer kleiner sein als die **kürzeste der unverzögerten Zugriffsphasen T_{Zmin}**, also

$$T_{Diff} < T_{Zmin} \qquad (5\text{-}13)$$

Die oben genannten Verlängerungen der Zugriffszeiten auf das gemeinsame Betriebsmittel führen dazu, daß nicht mehr von einer Zugriffszeit T_{ZGBi} ausgegangen werden kann; deshalb muß für die folgenden Überlegungen statt der Zugriffszeit T_{ZGBi} die kürzeste und damit unverzögerte Zugriffszeit T_{ZGBiUV} und die maximale Zugriffsverlängerung T_{Verli} eingeführt werden.

Als weitere Konsequenz aus den Verlängerungen der Zugriffe ergibt sich, daß die Schleifenlängendifferenz T_{Diff} größer als die maximale Zugriffsverlängerung T_{Verli} sein muß. Diese Notwendigkeit resultiert daraus, daß der nächste Zugriff einer verzögerten aktiven Einheit bezogen auf die vor ihr zugreifenden aktiven Einheiten bei dem nächsten Schleifendurchlauf um genau diese Verlängerung später ausgeführt wird, da die Befehlsausführungszeit T_{Bi} sich nicht ändert, und die Befehlsbearbeitung erst nach dem verzögerten Ende des Zugriffs erfolgt. Das bedeutet für die Synchronisationsphase, daß sichergestellt werden muß, daß die Zeit T_{Diff} in allen Fällen größer ist, als die Zeit für die Verlängerung des Zugriffs T_{Verli}, da andernfalls die Zugriffe der aktiven Einheiten nicht aufeinander zuwandern, d. h.

$$T_{Diff} > T_{Verli}. \qquad (5\text{-}14)$$

2. Einfluß auf die Anzahl der Schleifendurchläufe bis zur Zugriffssynchronisation

Bezüglich der Auswirkungen der Zugriffsverlängerungen auf das Zugriffssynchronisationsverfahren sind zwei Fälle zu untersuchen: Im ersten Fall werden die Zugriffe der schon synchronisierten aktiven Einheiten verlängert. Als Folge ist die zu synchronisierende aktive Einheit nach weniger Schleifendurchläufen synchronisiert, weil sich die Zugriffsverlängerungen der synchronisierten Einheiten als zusätzliche Schleifenlängendifferenz bemerkbar machen. Allerdings ist nicht bekannt, wann und wie oft die Zugriffe verlängert werden. Somit kann dieser Effekt nicht bei der Anzahl der notwendigen Schleifendurchläufe bis zur Synchronisation berücksichtigt werden. Im zweiten Fall wird der Zugriff der zu synchronisierenden aktiven Einheit verlängert. Dadurch bedingt erfolgt auch der nächste Zugriff dieser aktiven Einheit um diese Verlängerung verzögert. Bei der Berechnung der Anzahl der Schleifendurchläufe bis zur Synchronisation der betrachteten aktiven Einheit muß folglich statt der Differenz der Schleifenlängen T_{Diff} die wirksame Differenz

$$T_{DiffWi} = T_{Diff} - T_{Verli} \qquad (5\text{-}15)$$

eingesetzt werden, denn um diese Zeitdauer wandern die Zugriffe der aktiven Einheiten in jedem Fall aufeinander zu, und nur dieser kleinere Wert darf berücksichtigt werden.

3. Einfluß auf das Erhalten der Zugriffssynchronisation der schon synchronisierten aktiven Einheiten

Zwei weitere Zeitbedingungen resultieren daraus, daß trotz der Zugriffsverlängerungen einerseits die Synchronisation der schon synchronisierten aktiven Einheiten erhalten bleiben soll und andererseits das Zugriffssynchronisationsverfahren unabhängig von der Priorität der aktiven Einheiten arbeiten soll. Als kritisch erweist sich, wenn in einem Schleifendurchlauf die Zugriffe aller aktiven Einheiten minimal und im nächsten alle verlängert sind, und umgekehrt. Beide Situationen werden deshalb näher analysiert. Nicht weiter zu betrachten sind die beiden Situationen, daß nach unverzögerten Zugriffen wieder unverzögerte bzw. nach verzögerten verzögerte folgen, da ihr Zeitverhalten dem im letzten Abschnitt beschriebenen Verhalten ohne Zugriffsverlängerungen entspricht.

Als erstes soll die Situation untersucht werden, daß alle aktiven Einheiten in einem Schleifendurchlauf verlängerte Zugriffe ausführen und im nächsten Schleifendurchlauf alle Zugriffe wieder die minimale Länge haben. Hier müssen zum Beibehalten der Zugriffssynchronisation die Verlängerungen der Schleifendurchläufe ausgeglichen werden. Das Zeitverhalten gibt Bild 5-7 wieder. Zusätzlich zur Darstellung von Bild 5-1 werden hier die Zugriffsverlängerungen T_{Verl} - schwarz zwischen der Zugriffsvergabephase und der Zugriffsphase eingezeichnet - eingeführt. Aus Gründen der Vereinfachung der folgenden Betrachtung wird keine Aufteilung dieser Zugriffsverlängerungen auf Zugriffsvergabe- und Zugriffsphase vorgenommen.

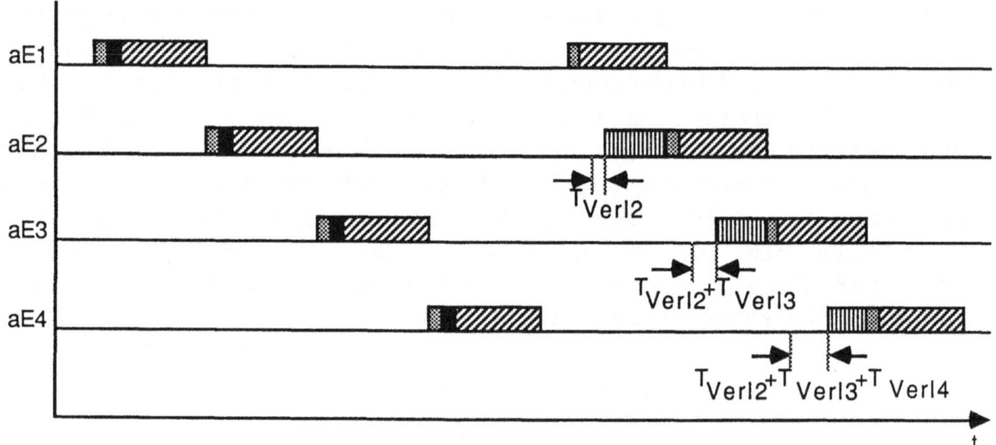

Bild 5-7: Auf verlängerte Zugriffe folgen minimale

Man sieht, daß die Anmeldung des Zugriffswunsches bezogen auf den Zugriffsbeginn der davorliegenden aktiven Einheit zu einem späteren Zeitpunkt erfolgt. Die Ursache liegt darin, daß sich die Verlängerung des Zugriffs einer aktiven Einheit für die nachfolgenden aktiven Einheiten wie eine Verlängerung ihrer Programmschleife auswirkt, wenn man als Bezugspunkt die aktive Einheit 1 verwendet. Für die aktive Einheit i müssen dabei maximal die Zugriffsverlängerungszeiten der Einheiten 2 bis i berücksichtigt werden. Für die aktive Einheit 3 heißt das in Bild 5-7, daß die Verlängerung des Zugriffs von der aktiven Einheit 2 T_{Verl2} und ihre eigene Zugriffsverlängerung T_{Verl3} berücksichtigt werden müssen. Man sieht also, daß mit steigender Anzahl von aktiven Einheiten auch die Anzahl der zu berücksichtigenden Verlängerungszeiten steigt. Um nun zu garantieren, daß in diesem Fall die Zugriffssynchronisation erhalten bleibt, muß die Schleifenlängendifferenz größer sein als die Summe der zu berücksichtigenden

Verlängerungszeiten. Nur dann kann sie das Wegwandern aus der Synchronisation kompensieren. Es muß also bei insgesamt i aktiven Einheiten folgende Bedingung erfüllt sein, damit die Zugriffssynchronisation der aktiven Einheit i erhalten bleibt:

$$T_{Diff} > \sum_{j=2}^{i} T_{Verlj} \tag{5-16}$$

Bei der zweiten zu untersuchenden Konstellation folgen auf minimal lange Zugriffe im nächsten Schleifendurchlauf verlängerte Zugriffe. Das entsprechende Zeitverhalten ist in Bild 5-8 dargestellt.

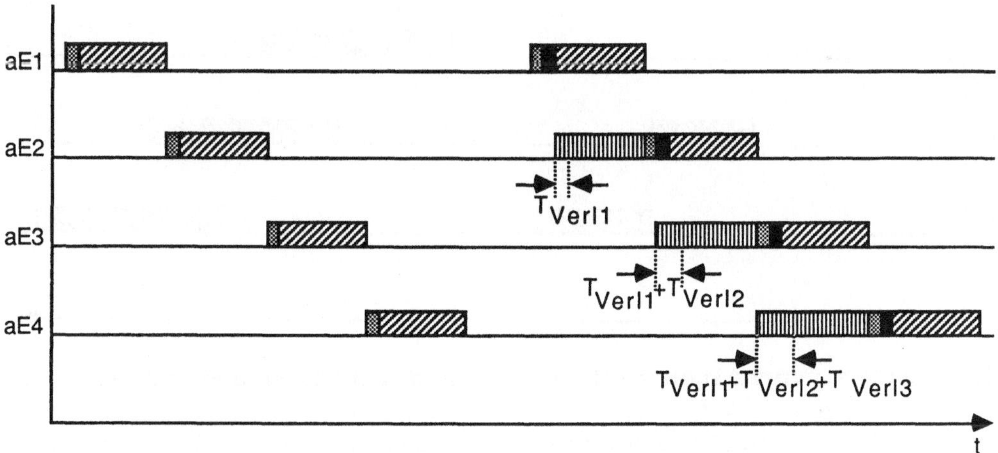

Bild 5-8: Auf minimale Zugriffe folgen verlängerte

Hier sieht man, daß schon vor dem Beginn der Zugriffsvergabephase des Zugriffs von der aktiven Einheit 3 der Zugriffswunsch von der aktiven Einheit 4 vorliegt. Die Zugriffsreihenfolge wird also durch die Priorität der aktiven Einheiten festgelegt. Im Bild ist der Fall dargestellt, daß die aktiven Einheiten mit der kleineren Nummer jeweils die höhere Priorität haben. Das wird jedoch in der Realität nicht immer der Fall sein, so daß sich dort eine prioritätsabhängige Zugriffsreihenfolge ergibt. Wenn die Prioritätsvergabestrategie nicht bekannt ist, oder die Prioritätsvergabe noch nicht überprüft wurde, und für das weitere Verfahren eine definierte Zugriffsreihenfolge notwendig ist, muß diese Situation also vermieden werden. Dieselbe Überlegung gilt auch für den Zeitpunkt der Zugriffsanforderung der aktiven Einheit 3 am Ende der Zugriffsvergabephase der aktiven Einheit 2 und den der aktiven Einheit 2 am Ende der Zugriffsverlängerung der aktiven Einheit 1.

Da keinesfalls die Zugriffsvergabephase erreicht werden soll, wird an dieser Stelle angenommen, daß die Zugriffsverlängerung zu der Zugriffsvergabephase zu zählen ist. Folglich müssen die Endschleifenlängen für die aktiven Einheiten 2 bis N vergrößert und somit die entsprechenden Schleifenlängendifferenzen verkleinert werden. Dabei sind die Zugriffsverlängerungen der aktiven Einheit 1 bis zur aktiven Einheit i-1 bei der Schleifenlängendifferenz für die aktive Einheit i (mit i = 2 bis N) zu berücksichtigen. Das daraus resultierende Zeitverhalten zeigt Bild 5-9.

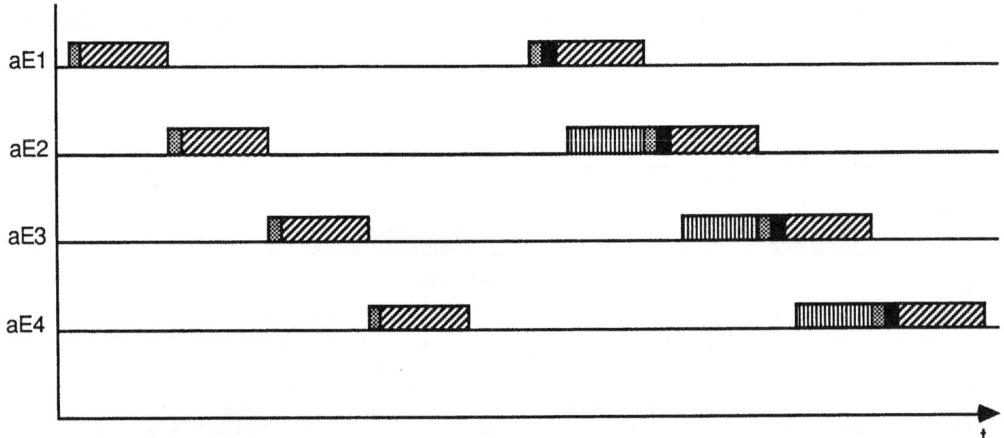

Bild 5-9: Zeitverhalten nach erster Modifikation des Verfahrens

Dort wird der Zugriffswunsch einer aktiven Einheit i in allen Fällen erst angemeldet, wenn der Zugriff der aktiven Einheit i-1 schon in der Zugriffsphase ist. Die folgende Formel gibt den dazugehörenden maximalen Wert der Schleifenlängendifferenz T_{Diffi} für die Einheit i an:

$$T_{Diffi} = T_{Diff} - \sum_{j=1}^{i-1} T_{Verlj} \qquad (5\text{-}17)$$

Dabei ist T_{Diff} die maximale Schleifenlängendifferenz, die nach der Grundvoraussetzung (Gleichung 5-13) durch die kürzeste Zugriffsphase der Zugriffe auf das gemeinsame Betriebsmittel T_{Zmin} begrenzt wird. Diese muß verwendet werden, um einerseits die Anzahl der Schleifendurchläufe bis zur Synchronisation möglichst klein zu halten, und um andererseits eine möglichst große Anzahl von aktiven Einheiten miteinander synchronisieren zu können. Die wirksame Schleifenlängendifferenz T_{DiffWi} ergibt sich somit mit Gleichung 5-15 für die aktive Einheit i zu

$$T_{DiffWi} = T_{Diffi} - T_{Verli}. \qquad (5\text{-}18)$$

T_{DiffWi} muß nach den obigen Überlegungen immer größer als Null sein, um ein Aufeinanderzuwandern der aktiven Einheiten zu garantieren. Folgende Bedingung muß also erfüllt sein:

$$\begin{aligned} 0 \overset{!}{<} T_{DiffWi} &= T_{Diffi} - T_{Verli} \\ &= T_{Diff} - \sum_{j=1}^{i-1} T_{Verlj} - T_{Verli} \end{aligned}$$

Nach der Auflösung nach T_{Diff} erhält man eine zweite Bedingung, die die Anzahl der miteinander synchronisierbaren aktiven Einheiten begrenzt:

$$T_{Diff} > \sum_{j=1}^{i} T_{Verlj} \qquad (5\text{-}19)$$

Obwohl sich die beiden Ungleichungen 5-16 und 5-19 nur darin unterscheiden, daß in der Ungleichung 5-19 zusätzlich T_{Verl1} als Summand aufgeführt ist, haben die beiden Zugriffskonstellationen unterschiedliche Anforderungen: Während im ersten Fall die Schleifenlängendifferenz mit wachsender Anzahl von aktiven Einheiten i auch wachsen muß, um die Synchronisation zu erhalten, muß jetzt die Schleifenlängendifferenz abnehmen, damit nicht die Priorität der aktiven Einheiten über die Zugriffsreihenfolge entscheidet. Wenn man beide Anforderungen erfüllt, erhält man eine neue Bedingung für die Zeit T_{Diff} und damit eine neue kleinere maximale Anzahl von aktiven Einheiten, die miteinander synchronisiert werden können.

Die Schleifenlängendifferenz für die aktive Einheit i ergibt sich nach Formel 5-17 zu

$$T_{Diffi} = T_{Diff} - \sum_{j=1}^{i-1} T_{Verlj}.$$

Dieses T_{Diffi} muß nun die Bedingung aus der Ungleichung 5-16

$$T_{Diff} > \sum_{j=2}^{i} T_{Verlj}$$

erfüllen. Also:

$$T_{Diffi} = T_{Diff} - \sum_{j=1}^{i-1} T_{Verlj} > \sum_{j=2}^{i} T_{Verlj}$$

Nach Auflösung nach T_{Diff} erhält man

$$T_{Diff} > T_{Verl1} + T_{Verli} + 2 \sum_{j=2}^{i-1} T_{Verlj} \tag{5-20}$$

als Gesamtbedingung. Mit ihr kann man die Maximalanzahl der miteinander zugriffssynchronisierbaren aktiven Einheiten bestimmen.

Wenn alle Zugriffsverlängerungen dieselbe Größe haben, d. h. $T_{Verli} = T_{Verl}$, erhält man folgende vereinfachte Formel, mit der man die Maximalanzahl M für i = M direkt berechnen kann:

$$M < \frac{T_{Diff}}{2\, T_{Verl}} + 1 \tag{5-21}$$

Wenn die Zugriffsverlängerungen alle eine unterschiedliche Größe haben, und die maximale Verlängerung bekannt ist, kann eine Abschätzung der Maximalanzahl mit dieser maximalen Verlängerung vorgenommen werden.

In Bild 5-10 ist das aus diesen Betrachtungen resultierende Zeitverhalten für den Fall dargestellt, daß auf verlängerte Zugriffe minimale folgen, also für den Fall aus Bild 5-7.

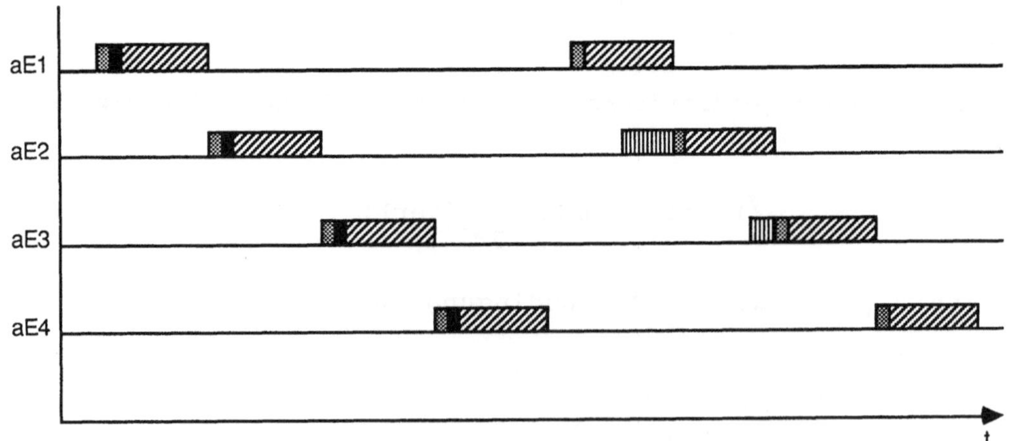

Bild 5-10: Zeitverhalten nach zweiter Modifikation des Verfahrens

Man sieht, daß sich in Bild 5-10 der Zeitpunkt der Anmeldung der Zugriffswünsche jeweils bezogen auf den Beginn der Zugriffsphase der davor zugreifenden aktiven Einheiten auf einen späteren Zeitpunkt verschiebt, bis schließlich der Zugriffswunsch der aktiven Einheit 4 erst am Zugriffsende des Zugriffs der aktiven Einheit 3 angemeldet wird. D. h., für die in diesem Bild dargestellten Zeitverhältnisse ist die maximale Anzahl der gemeinsamen synchronisierbaren aktiven Einheiten 4.

Verbunden mit der Modifikation des Verfahrens müssen auch die Formeln 5-1 bis 5-6 angepaßt werden. Bei der Berechnung der verschiedenen Schleifenausführungszeiten muß die Zugriffszeit auf das gemeinsame Betriebsmittel T_{ZGB} durch die minimale Zugriffszeit T_{ZGBiUV} zuzüglich der maximalen Zugriffsverlängerung T_{Verli} ersetzt werden. Damit ergibt sich die Anfangsschleifenlänge zu:

$$T_{SA} = \sum_{j=1}^{M} (T_{ZGBjUV} + T_{Verlj}) + T_{frei} \qquad (5\text{-}22)$$

Die Schleifenlängendifferenz T_{Diff} muß die Grundvoraussetzung des Zugriffssynchronisationsverfahrens, Ungleichung 5-13, erfüllen; sie muß kleiner sein als die kleinste der Zugriffsphasen der beteiligten aktiven Einheiten:

$$T_{Diff} < T_{Zmin} \qquad (5\text{-}13)$$

Die maximale Anzahl von aktiven Einheiten M, die gleichzeitig mit dem Zugriffssynchronisationsverfahren synchronisiert werden können, läßt sich mit Hilfe der Formel 5-20 durch Ersetzen von i durch M bestimmen:

$$T_{Diff} > T_{Verl1} + T_{VerlM} + 2 \sum_{j=2}^{M-1} T_{Verlj} \qquad (5\text{-}23)$$

Die Schleifenlänge T_{S1}, die die aktive Einheit 1 in der zweiten und den folgenden Phasen ausführt, entspricht im wesentlichen der Gleichung 5-2. Jedoch muß hier statt der Schleifenlängendifferenz T_{Diff} die Schleifenlängendifferenz T_{DiffM} der aktiven Einheit M berücksichtigt werden, die als letzte zugriffssynchronisiert wird. Außerdem muß ein Summand berücksichtigt werden, der daraus resultiert, daß auch die Zugriffe der aktiven Einheit 1 bei jedem ihrer Schleifendurchläufe um T_{Verl1} verlängert sein können. Um das Produkt aus der Zeit T_{Verl1} und der Anzahl der ausgeführten Schleifendurchläufe bis zur Synchronisation der aktiven Einheit M-1 muß das Zugriffsfenster für die aktive Einheit M verschoben und damit auch die Schleife T_{S1} verlängert werden. Für 2 zu synchronisierende aktive Einheiten ergibt sich wieder der Sonderfall, daß die Anfangsschleife erhalten bleibt.

für M>2 (5-24)

$$T_{S1} = T_{SA} + \sum_{j=2}^{M-1} (T_{ZGBjUV} + T_{Verlj}) - T_{DiffM} + T_{frei} + \sum_{i=2}^{M-1} n_i \, T_{Verl1}$$

für M=2 $T_{S1} = T_{SA}$ (5-24a)

Weiterhin müssen neben den Schleifenlängendifferenzen T_{Diffi}, die nun für die einzelnen aktiven Einheiten zum Erreichen minimaler Synchronisationszeiten unterschiedlich sind, die wirksamen Schleifenlängendifferenzen T_{DiffWi} eingeführt werden, um die die aktiven Einheiten in jedem Fall aufeinander zuwandern. Diese wirksamen Schleifenlängendifferenzen müssen zur Berechnung der Anzahl der Schleifendurchläufe bis zur Synchronisation herangezogen werden. Als Konsequenz ergibt sich, daß die einzelnen aktiven Einheiten eine unterschiedliche Anzahl von Schleifendurchläufen n_i bis zur Synchronisation benötigen. Auch die Endschleifenlängen T_{SEi} der aktiven Einheiten sind unterschiedlich. Für die Endschleife der aktiven Einheiten 2 bis M gilt:

$$T_{SEi} = T_{S1} - T_{Diffi} \qquad (5\text{-}25)$$

mit

$$T_{Diffi} = T_{Diff} - \sum_{j=1}^{i-1} T_{Verlj} \qquad (5\text{-}17)$$

und

$$T_{DiffWi} = T_{Diffi} - T_{Verli} \qquad (5\text{-}18)$$

Die Anzahl der Schleifendurchläufe bis zur Synchronisierung der aktiven Einheit 2 beträgt:

$$n_2 = (T_{SA} - T_{ZGB1UV} - T_{ZGBUVmin}) \text{ div } T_{DiffW2} \qquad (5\text{-}26)$$

Die Formel für die Zwischenschleifenlänge der aktiven Einheiten 3 bis M lautet analog zur Gleichung 5-6:

$$T_{Si} = \sum_{j=2}^{i-1} n_j \, T_{S1} + \sum_{j=2}^{i-1} (T_{ZGBjUV} + T_{Verlj}) + T_{S1} - T_{Diffi} \qquad (5\text{-}27)$$

Bei der Anzahl der Schleifendurchläufe bis zur Synchronisierung der aktiven Einheiten 3 bis M muß zusätzlich zur Zeit, die sich aus der Anfangsschleifenlänge ergibt, noch die Summe der Verlängerungszeiten berücksichtigt werden, um die der Zugriff der aktiven Einheit 1 durch die eigenen Zugriffsverlängerungen gegenüber dem unverzögerten Fall verschoben werden kann. Um diese Zeit muß das Zugriffsfenster für die Einheit i verlängert werden, da das Verfahren auch in Fällen, bei denen nur verzögerte oder nur unverzögerte Zugriffe der aktiven Einheit 1 vorliegen, funktionieren muß. Die Formel lautet:

$$n_i = (T_{SA} - T_{ZGB1UV} - T_{ZGBUVmin} + \sum_{j=2}^{i-1} n_j \, T_{Verl1}) \text{ div } T_{DiffWi} \qquad (5\text{-}28)$$

Prinzipiell muß bei dem Zugriffssynchronisationsverfahren auch der Einfluß der Drift der Takte der aktiven Einheiten berücksichtigt werden. In Rechensystemen eingesetzte Quarzoszillatoren haben in vielen Fällen lt. Datenblatt eine vom Hersteller garantierte Frequenzstabilität von 100 ppm bezogen auf die Nennfrequenz. Wenn man nun 2 Takte betrachtet, können die Abweichungen in entgegengesetzter Richtung liegen, d. h. die Abweichung zwischen den beiden Takten kann maximal 200 ppm betragen. Dem entspricht eine maximale Differenz von einer Taktperiode alle 5000 Taktperioden. Diese Verschiebungen aufgrund der Drift der Takte der aktiven Einheiten treten bei den schon synchronisierten aktiven Einheiten nicht in Erscheinung; dort werden sie von der Wartezeit bis zum Beginn der eigenen Zugriffsvergabephase überdeckt. Auswirkungen zeigen sich nur, wenn aktive Einheiten in ihrer Zwischenschleife 5000 oder mehr Takte lang nicht mehr auf das gemeinsame Betriebsmittel zugreifen. In diesem Fall müssen die aus der Drift resultierenden Taktverschiebungen als zusätzliche mögliche Fensterverschiebung behandelt werden und zwar bei der angenommenen Frequenzstabilität von 100 ppm 1 Taktperiode alle 5000 Taktperioden; diese muß quasi als zusätzliches T_{Verl} in Gleichung 5-8 und 5-12 bzw. 5-24 und 5-28 berücksichtigt werden. Wenn die im System verwendeten Quarzoszillatoren eine andere Frequenzstabilität haben, sind die Werte entsprechend zu berechnen.

Bevor zum Abschluß dieses Kapitels auf den zeitlichen Aufwand zur Zugriffssynchronisation der aktiven Einheiten bei Berücksichtigung der Zugriffsverlängerungen eingegangen wird, werden noch die

Zugriffszeiten des experimentellen Systems angegeben, welches im Kapitel 7 zum Nachweis der Wirksamkeit des vorgestellten Verfahrens herangezogen wird. Da die dort vorliegenden Zugriffszeiten nicht in ihrer Dauer optimiert und somit nicht typisch für gemeinsame Betriebsmittel sind, wird zum Vergleich noch die Anzahl der Prozessortakte bei Speicherzugriffen einiger verbreiteter 16-bit-Prozessoren (MC68000, Z8000, 8086 usw., siehe auch Tabelle 5-2) herangezogen. Diese Anzahl der Prozessortakte bildet im Normalfall die Untergrenze der Zugriffszeiten, da die Prozessoren nicht schneller zugreifen können.

Bei dem experimentellen System beträgt laut Tabelle 7-6 die minimale Zugriffsphase bei Zugriffen auf das gemeinsame Betriebsmittel (die Koppelmodule) T_{Zmin} 14 Prozessortakte. Die Zugriffsverlängerung T_{Verl} ergibt sich aus Tabelle 7-5 als Differenz der für einen Zugriffstyp angegebenen Werte. Da zur Zugriffssynchronisation die Koppelmodulregister verwendet werden, beträgt die Zugriffsverlängerung 0 oder 1 Prozessortakte. Für die Abschätzung, wieviele aktive Einheiten aufgrund der Zugriffszeiten miteinander zugriffssynchronisiert werden können, wird der ungünstigste Fall angenommen, d. h., daß bei den Zugriffen aller aktiver Einheiten Zugriffsverlängerungen mit 1 Prozessortakt auftreten. Zur Bestimmung der Maximalzahl der miteinander synchronisierbaren aktiven Einheiten kann dann Formel 5-21 herangezogen werden:

$$M < \frac{T_{Diff}}{2\, T_{Verl}} + 1$$

Außerdem muß die Grundvoraussetzung des Zugriffssynchronisationsverfahrens (Ungleichung 5-13) erfüllt sein:

$$T_{Zmin} = 14 \text{ PT} > T_{Diff} = 13 \text{ PT}$$

Damit ergibt sich $M \leq 7$; d. h. es könnten bei der angegebenen Dauer der Zugriffsphase und der Zugriffsverlängerung 7 aktive Einheiten miteinander synchronisiert werden. (Bei dem experimentellen System werden nur 2 aktive Einheiten über eine gemeinsame Kommunikationseinrichtung verbunden.)

Da die Dauern der Zugriffsphasen der Koppelmodule nur bedingt typisch sind, wird als untere Grenze die Dauer eines Speicherzyklus einiger verbreiteter 16-bit-Prozessoren herangezogen. Diese beträgt 3 bzw. 4 Prozessortakte. In vielen Systemen muß der Prozessor wegen langsamer Speicherbausteine durch zusätzliche Wartetakte an deren Arbeitsgeschwindigkeit angepaßt werden. Wenn mehrere aktive Einheiten auf das gemeinsame Betriebsmittel zugreifen, kommt in der Regel noch eine zusätzliche Zugriffsvergabephase hinzu. Die Dauer der Zugriffsphase des Zugriffs einer aktiven Einheit auf das gemeinsame Betriebsmittel T_{Zmin} wird deshalb mit der Dauer des Speicherzyklus des Prozessors gleichgesetzt, also zu 3 Prozessortakten angenommen. Die Zugriffsverlängerung aufgrund unabhängiger Takte wird in den meisten Fällen nicht mehr als 1 Prozessortakt betragen. Ein oder zwei weitere Takte sind ggf. möglich, wenn das gemeinsame Betriebsmittel mit dynamischen Speicherbausteinen realisiert ist und der Zugriff während der Wiederauffrischung der Informationen angemeldet wird. (2 Prozessortakte treten bei dem experimentellen System bei Speicherzugriffen auf den Kommunikationsspeicher im Partnerrechner auf; dieser ist mit dynamischen Speicherbausteinen realisiert. Aber selbst bei Zugriffsverlängerungen von 2 Prozessortakten wären dort 4 aktive Einheiten zugriffssynchronisierbar.) Bei der Abschätzung der Anzahl der miteinander zugriffssynchronisierbaren aktiven Einheiten wird hier angenommen, daß nur Zugriffsverlängerungen aufgrund unabhängiger Takte vorliegen, d. h. T_{Verl} = 1 PT. Mit obigen Formeln gilt dann:

$$T_Z = 3 \text{ PT} > T_{Diff} = 2 \text{ PT}$$

und somit

$$M < \frac{2}{2 \cdot 1} + 1 = 2$$

D. h., bei Systemen mit den Prozessoren Z8000 oder MC68020, bei denen ein unverlängerter Speicherzugriff nur 3 Prozessortakte dauert und Zugriffsverlängerungen von einem Prozessortakt auftreten, kann keine Zugriffssynchronisation ohne Berücksichtigung der Priorität der aktiven Einheiten vorgenommen werden. Die Prozessoren MC68000, 8086, 80186 benötigen 4 Prozessortakte für einen Speicherzugriff. Setzt man bei ihnen diesen Wert für die minimale Zugriffsphase an, so gilt:

$$M < \frac{3}{2 \cdot 1} + 1 = 2{,}5$$

Es sind also bei ungünstigen Zeitverhältnissen zumindest 2 aktive Einheiten zugriffssynchronisierbar. In vielen Fällen werden jedoch, wie oben erläutert, zusätzliche Wartetakte wegen langsamer Speicherbausteine notwendig sein, die es ggf. ermöglichen, aktive Einheiten auch bei Vorliegen von gemeinsamen Betriebsmitteln mit dynamischen Speichern zu zugriffssynchronisieren bzw. die Anzahl gemeinsam zugriffssynchronisierbarer aktiver Einheiten auf 3 bis 4 zu vergrößern.

Aufgrund der Zugriffsverlängerungen steigt der zeitliche Aufwand für die Zugriffssynchronisation der aktiven Einheiten beträchtlich, da sie sich auf die Schleifenlänge T_{S1} und die Anzahl der Schleifendurchläufe bis zur Synchronisation der einzelnen aktiven Einheiten n_i und damit auch auf die Zwischenschleifenlänge T_{Si} auswirkten. Zur Bestimmung kann wieder die Zwischenschleifenlänge T_{Si} für die aktive Einheit (N+1) bei N beteiligten aktiven Einheiten herangezogen werden. Der zeitliche Aufwand liegt hier bei $O(N^2\ 2^{2N-3})$. Die Vergrößerung des Aufwands hat folgende Ursachen:

- Die möglichen Zugriffsverlängerungen der aktiven Einheit 1 machen eine Verschiebung des Zugriffsfensters für die zu synchronisierenden aktiven Einheiten und damit eine Verlängerung der Schleife T_{S1} notwendig.
- Der Zugriff der zu synchronisierenden aktiven Einheit muß nicht nur um die Dauer der Anfangsschleifenlänge sondern auch noch um diese zusätzliche Verschiebung des Zugriffsfensters auf die Zugriffe der synchronisierten aktiven Einheiten zuwandern (die Zugriffe der aktiven Einheit 1 können alle minimal sein).

In Systemen mit Zugriffsverlängerungen eignet sich das Verfahren also nur, eine relativ kleine Anzahl von aktiven Einheiten miteinander zu synchronisieren, da andernfalls die Zeiten für die Zugriffssynchronisation sehr groß werden. Eine realistische Anzahl wird deshalb im Bereich von etwa 5 aktiven Einheiten liegen. Sie entspricht damit auch der Anzahl, die sich aufgrund der Zugriffszeiten ergibt.

5.2. Testverfahren

Im ersten Teil dieses Kapitels wurde das Zugriffssynchronisationsverfahren beschrieben. Mit Hilfe dieses Verfahrens werden die Zugriffe der aktiven Einheiten in eine definierte Reihenfolge gebracht, in der sie direkt nacheinander ausgeführt werden. Zum Test der Zugriffsvergabeeinheit werden aufbauend auf diese Ausgangsbasis die verschiedenen Zugriffskonfliktsituationen herbeigeführt. Dies geschieht durch Ändern der Befehlsausführungszeiten T_{Bi} bei den aktiven Einheiten und die damit verbundene Verschiebung des Zeitpunkts, zu dem die entsprechenden Zugriffswünsche angemeldet werden. Doch bevor der Test der Zugriffskonfliktsituationen behandelt wird, soll noch auf die Tests zur Erkennung der

Fehler ohne Zugriffskonflikte, die in dem Fehlermodell in Kapitel 4.4 angegeben wurden, eingegangen werden.

5.2.1. Test der Fehler ohne Zugriffskonflikte

Bei der Beschreibung der Teststrategie in Kapitel 4.4 wurde eine Aufteilung des Tests des Kommunikationssystems in zwei Phasen (nicht zu verwechseln mit Phase 1 bis 4 des Zugriffssynchronisationsverfahrens in Abschnitt 5.1.1) vorgeschlagen, eine erste Phase ohne und eine zweite mit Zugriffskonflikten. In der ersten Phase werden alle Fehler getestet, die nicht die Auflösung der Zugriffskonflikte betreffen; hier werden also die Fehler überprüft, die die Speicherfunktion des gemeinsamen Betriebsmittels sowie die Zugriffsfunktionen der aktiven Einheiten auf dieses gemeinsame Betriebsmittel ohne Zugriffskonfliktauflösung betreffen. Dabei greift jeweils nur eine aktive Einheit auf das gemeinsame Betriebsmittel zu, um so zu garantieren, daß keine Zugriffskonflikte auftreten.

Der Test der Speicherfunktion des gemeinsamen Betriebsmittels wird nur von einer aktiven Einheit ausgeführt; dies kann im Falle eines gemeinsamen Speichers eine beliebige aktive Einheit sein; wenn dieser Speicher von einer aktiven Einheit aufgrund physikalischer Gegebenheiten günstiger anzusprechen ist (kürzere Zugriffszeiten o. ä.), sollte möglichst diese aktive Einheit die Speicherfunktionen testen. Sie überprüft dabei die Speicherzellenauswahl und die Datenspeicherung. Da diese Arbeit sich nicht mit Speichertestverfahren beschäftigt, wird diesbezüglich auf die Literatur verwiesen /DAL86/, /ABA83/.

Im folgenden wird davon ausgegangen, daß der Speicher des gemeinsamen Betriebsmittels mit einem Speichertest überprüft wird und für die folgenden Testschritte als korrekt funktionierend vorausgesetzt werden kann. Da die einzelnen Testdaten bei dem Speichertest von der aktiven Einheit zu dem gemeinsamen Betriebsmittel und zurück transferiert werden, funktioniert auch der Adreß- und Datentransfer zwischen der aktiven Einheit und dem gemeinsamen Betriebsmittel korrekt. Weiterhin steht fest, daß die Zugriffswünsche der aktiven Einheit, die diesen Speichertest durchgeführt hat, erkannt werden, und daß sie auch die Zugriffszuteilung erhält.

Die letzten beiden Punkte müssen nun auch für die restlichen fehlerfreien aktiven Einheiten überprüft werden, da diese unterschiedliche Adreß- und Datenpfade zu dem gemeinsamen Betriebsmittel haben, die jeweils fehlerhaft sein können. Dazu führen sie einzeln nacheinander jeweils mehrere Zugriffe mit festgelegten Testdaten auf bestimmte Testzellen des gemeinsamen Betriebsmittels aus. Diese Testzellen sind Speicherzellen des gemeinsamen Betriebsmittels, die auf Grund ihrer Adresse für den Test ausgewählt werden. Dabei ist getrennt für die Adreßleitungen und die Datenleitungen zu überprüfen, ob st0-, st1-Fehler oder Kurzschlüsse zwischen beliebigen Daten- bzw. Adreßleitungen vorliegen. Für die Datenleitungen ist das mit Testmustern möglich, die durch folgenden Algorithmus erzeugt werden (dabei wird angenommen, daß die Bit-Anzahl eines Datenwortes eine Zweier-Potenz ist) /GAER85/:

1. Die obere Hälfte des ersten Testmusters besteht aus Einsen, die untere aus Nullen.
2. Das nächste Testmuster erhält man durch Halbieren der Anzahl der identischen Bits des Testmusters aus dem vorherigen Schritt und Invertieren der unteren Hälfte.
3. Der 2. Schritt wird wiederholt, solange noch identische Werte in benachbarten Bitstellen stehen.
4. Das letzte Testmuster erhält man durch Invertieren des Testmusters aus dem vorherigen Schritt.

Die Anzahl der Testmuster in Abhängigkeit von der Wortbreite beträgt (ld n) + 1. Bei 16-bit-Datenbreite ergeben sich somit folgende fünf Testmuster:

```
1111 1111 0000 0000
1111 0000 1111 0000
1100 1100 1100 1100
1010 1010 1010 1010
0101 0101 0101 0101
```

Zur Überprüfung, ob die Datenpfade zwischen den aktiven Einheiten und dem gemeinsamen Betriebsmittel fehlerfrei sind, müssen also von jeder aktiven Einheit diese Testmuster in Speicherzellen des gemeinsamen Betriebsmittels eingetragen und wieder ausgelesen werden. Zur Überprüfung der Adreßpfade können die notwendigen Speicherzellen, die mit diesen Testwerten beschrieben bzw. aus denen die Testwerte wieder ausgelesen werden, analog bestimmt werden. Ausschlaggebend für die Anzahl der notwendigen Adressen ist der Adreßraum des gemeinsamen Betriebsmittels; wenn er keine Zweier-Potenz ist, muß er auf die nächstgrößere Zweier-Potenz aufgerundet werden. Anschließend lassen sich auch die Adressen der Testzellen nach obigem Algorithmus bestimmen. Diese Testzellen müssen herangezogen werden, um die im Fehlermodell vorgesehenen Fehler für die Adreßleitungen zu überprüfen. Um zu garantieren, daß die aktive Einheit bei dem Zugriffstest auch auf die richtigen Testzellen zugreift, müssen diese vorher von der aktiven Einheit, die den Speichertest ausführt, mit unterschiedlichen Werten initialisiert werden, da nur auf diesem Weg sichergestellt werden kann, daß auch tatsächlich auf die korrekten Speicherzellen zugegriffen wird.

Die Anzahl der Testzugriffe wird einerseits durch die Anzahl der Testmuster und andererseits durch die Anzahl der Testzellen festgelegt. Wenn die Anzahl der Testmuster und die Anzahl der Testzellen gleich sind, genügt es, wenn in jede Testzelle ein Testmuster eingetragen und wieder ausgelesen wird. Ist die Anzahl der Testmuster größer, so können nacheinander mehrere Testmuster in eine Testzelle eingetragen und wieder ausgelesen werden, ist die Anzahl der Testzellen größer, so können aus diesen überzähligen Testzellen vorher festgelegte Werte ausgelesen werden. Das heißt also, die Anzahl der Testzugriffe ist zweimal die Anzahl der Testmuster zuzüglich einem Lesezugriff je Testzelle zur Überprüfung, ob jeweils die richtige Speicherzelle adressiert wird.

Wenn eine aktive Einheit fehlerfrei ihre Testzugriffe ausgeführt hat, ist nicht nur der korrekte Adreß- und Datentransfer überprüft, sondern auch, daß ihre Zugriffswünsche erkannt werden, und daß sie die Zugriffszuteilung erhält.

Am Ende ihres Teiltests signalisiert die betreffende aktive Einheit der auf sie folgenden aktiven Einheit z. B. mit einer Unterbrechung, daß jetzt diese mit ihren Teiltests beginnen kann. Wenn keine Unterbrechungen zur Verfügung stehen, läßt sich unter Zuhilfenahme von einigen Speicherzellen des gemeinsamen Betriebsmittels ein Protokoll zwischen den aktiven Einheiten realisieren, welches auf zyklischer Abfrage dieser Speicherzellen mit entsprechend großen Zeitfenstern beruht.

Die erste Testphase ist beendet, wenn eine aktive Einheit den Speichertest und die restlichen aktiven Einheiten ihre Testzugriffe ausgeführt haben. Es steht dann fest, daß keiner der modellierten Fehler bei der Speicherzellenauswahl, der Datenspeicherung und dem Datentransfer vorliegt. Bezüglich der Zugriffsvergabe ist überprüft, ob die Zugriffswünsche der einzelnen aktiven Einheiten erkannt werden und ob sie die Zugriffszuteilung erhalten.

Wenn die Zugriffswünsche nicht erkannt werden, oder eine andere aktive Einheit die Zugriffszuteilung erhält, ohne daß sie ihren

Zugriffswunsch angemeldet hat, zeigt sich dies durch eine Zeitüberschreitung der Zugriffszeit (Fehlertyp a und b der Zugriffsvergabeeinheit). Wenn keine solche Zeitüberwachung in dem System vorhanden ist, kann der Zugriff weder beendet noch abgebrochen werden, und die aktive Einheit kann somit nicht in der Programmbearbeitung fortfahren. Damit kann sie auch nicht der folgenden aktiven Einheit signalisieren, daß diese mit dem Test fortfahren soll, so daß auch diese auf Fehler im Kommunikationssystem schließen kann. Der Fehler, daß neben der aktiven Einheit, die ihren Zugriffswunsch angemeldet hat, eine weitere aktive Einheit die Zugriffszuteilung erhält (Fehlertyp c), läßt sich in dieser Phase nur erkennen, wenn er zu einer Adreß- oder Datenverfälschung oder einer Zeitüberschreitung führt. Andernfalls wird er in der folgenden Testphase bei dem Test der Zugriffskonflikte entdeckt, da dort das Zusammenspiel der aktiven Einheiten miteinander überprüft wird.

5.2.2. Test der Fehler mit Zugriffskonflikten

Im vorherigen Unterkapitel wurde beschrieben, wie die Fehler des Fehlermodells ohne Zugriffskonflikte im Kommunikationssystem überprüft werden, in diesem wird der Test der Fehler untersucht, die aus dem Auftreten der verschiedenen Zugriffskonflikte bzw. ihrer fehlerhaften Auflösung resultieren. Ein Schwerpunkt liegt dabei auf der Analyse, welche Kombinationen der aktiven Einheiten in den verschiedenen Zugriffskonfliktsituationen getestet werden müssen. Prinzipiell gilt, daß nur die an dem jeweiligen Test beteiligten aktiven Einheiten zugriffssynchronisiert werden müssen.

Der Test der Zugriffsvergabeeinheit erfolgt als funktioneller Test durch Herbeiführen der zu überprüfenden Situationen, also durch Erzeugung der verschiedenen Zugriffskonflikte. Die Fehler der Zugriffsvergabeeinheit machen sich auf der funktionellen Ebene als Zeitüberschreitungsfehler, durch Adreß- oder durch Datenverfälschung bemerkbar. Deshalb muß nach der Herbeiführung der entsprechenden Testfälle überprüft werden, ob sich Fehler mit diesen Auswirkungen gezeigt haben. Um Adreß- und Datenverfälschungen erkennen zu können, ist es notwendig, alle Speicherzellen des gemeinsamen Betriebsmittels in einer Testinitialisierungsphase vor der Zugriffssynchronisation mit einem definierten Wert, dem Initialisierungswert, vorzubelegen; dies kann beispielsweise der Wert aus dem letzten Schritt des in der ersten Testphase stattfindenden Speichertests sein. Die später verwendeten Testzellen werden anschließend mit bestimmten Sollmustern beschrieben. Damit ist es möglich, bei dem Test der Zugriffskonflikte das gelesene Datum mit dem Sollmuster der Testzelle zu vergleichen. Durch dieses Vorgehen ist einerseits eine Verfälschung der Adressen, und andererseits eine Verfälschung der Daten, erkennbar. Im ersten Fall wird der Initialisierungswert gelesen, im zweiten ein anderes Datum. Die Zugriffszeitüberschreitung wird daran erkannt, daß der Zugriff mit der Zeitüberschreitungsunterbrechung abgebrochen wird, bzw. falls keine solche Überwachung vorliegt, wird der Zugriff der aktiven Einheit auf das gemeinsame Betriebsmittel nicht beendet und sie kann somit ihren Befehlsablauf nicht fortsetzen.

Die Erzeugung der verschiedenen Zugriffssituationen zum Test der Zugriffskonflikttypen baut auf die Zugriffssynchronisation auf. Dabei wird vorausgesetzt, daß die angenommene Zugriffsreihenfolge und die Abfolge der Zugriffe in korrekter Weise erfolgt, da sich nur dann durch Änderung der Schleifenausführungszeiten die gewünschten Zugriffskonflikttypen einstellen. Deshalb wird analysiert, ob und gegebenenfalls welche Fehler die Zugriffssynchronisation verhindern können und ob man die Fehler auch erkennen kann.

Um sicherzustellen, daß sich die erforderliche Zugriffssynchronisation einstellt, ist folgendes Vorgehen notwendig:

1. Es werden am Test der Auflösung der Zugriffskonflikte nur solche aktiven Einheiten beteiligt, die sich vorher durch ein korrektes Selbsttestergebnis qualifiziert haben, d. h. also fehlerfrei sind.

2. Vor diesem Test wird die Zugriffsfunktion der beteiligten aktiven Einheiten auf das gemeinsame Betriebsmittel überprüft. Es steht damit fest, daß ihre Zugriffsanforderungen erkannt und ihre Zugriffe korrekt ausgeführt werden, wenn keine Zugriffskonflikte auftreten.

Da der Zugriffskonflikttyp 3 auch zur Zugriffsynchronisation verwendet wird, treten schon bei der Synchronisierung der aktiven Einheiten Zugriffskonflikte dieses Typs auf. Deshalb müssen schon in der Synchronisationsphase, bei der die verwendete Speicherzelle des gemeinsamen Betriebsmittels bis auf das einmalige Beschreiben mit dem "Start"-Wert in der Phase 2 des Verfahrens nur ausgelesen wird, die gelesenen Werte mit Sollwerten verglichen werden, um so die modellierten Fehler erkennen zu können. Wenn dabei Fehler von aktiven Einheiten erkannt werden, brechen diese den Test ab, da im fehlertoleranten Rechnerbetrieb die Testaussage "Kommunikationssystem fehlerfrei" bzw. "Kommunikationssystem fehlerhaft" ausreichend ist. In einer an den Test anschließenden Phase tauschen die aktiven Einheiten im fehlerfreien Fall ihre Testergebnisse aus, um so sicherzustellen, daß alle aktiven Einheiten an dem Test beteiligt waren, und auch zu der Testaussage "Kommunikationssystem fehlerfrei" gekommen sind. Das Ausbleiben der Meldung von ein oder mehreren aktiven Einheiten wird dabei als Fehlerindikator für das Kommunikationssystem verwendet.

Welche Fehler könnten nun die Synchronisation der aktiven Einheiten verhindern?

1. Ein oder mehrere aktiven Einheiten erkennen in Phase 2 des Zugriffssynchronisationsverfahrens die "Start"-Meldung nicht. Da die von den aktiven Einheiten gelesenen Werte immer mit Sollwerten verglichen werden, wird eine Verfälschung der Adresse oder des Datums in jedem Fall erkannt. Die einzige Ausnahme bildet der Fall, daß statt des "Start"-Wertes nach dem Beschreiben der Speicherzelle noch der vorherige Sollwert gelesen wird, doch dieser Fall ist sehr unwahrscheinlich.

2. Ein weiterer (theoretisch möglicher) Fehler ist, daß beim Auftreten von Zugriffskonflikten zusätzliche Verzögerungszeiten zwischen den Zugriffen auftreten. In diesem Fall kann sich zwangsläufig nicht die gewünschte Zugriffsreihenfolge einstellen. Dieser Fehler läßt sich mit hoher Wahrscheinlichkeit erkennen, wenn nach erfolgter Zugriffssynchronisierung ein Überprüfung der Zugriffsreihenfolge durchgeführt wird. Dazu muß ein zusätzlicher Protokollteil vorgesehen werden. In diesem beschreiben festgelegte aktive Einheiten bei bestimmten Schleifendurchläufen die Speicherzelle des gemeinsamen Betriebsmittels mit unterschiedlichen Werten und andere aktive Einheiten können anhand der gelesenen Werte feststellen, welche aktive Einheiten als letzte vor ihrem Lesezugriff die Speicherzelle beschrieben hat. Auf diesem Weg läßt sich mit einigen Schleifendurchläufen die Zugriffsreihenfolge der aktiven Einheiten überprüfen. Wenn diese korrekt ist, liegt auch die gewünschte direkte Aufeinanderfolge der Zugriffe mit sehr hoher Wahrscheinlichkeit vor. Da das Auftreten dieses Fehlers jedoch sehr unwahrscheinlich ist, wird er im folgenden nicht weiter betrachtet und auf eine Überprüfung der Zugriffsreihenfolge verzichtet.

Aufgrund des gewählten Vorgehens kann also davon ausgegangen werden, daß Fehler in der Zugriffsvergabeeinheit, die die gewünschte Zugriffssynchronisation verhindern, anhand der modellierten Fehler erkannt werden.

Als nächstes wird für die drei Zugriffskonflikttypen und die Prioritätsvergabe angegeben, welche Testfälle betrachtet werden müssen, und ob diese Testfälle für die jeweiligen aktiven Einheiten getrennt oder für größere Gruppen gemeinsam erzeugt werden können. Die dabei angegebene Anzahl der Testfälle bezieht sich im folgenden - wenn nichts anderes vermerkt - auf eine Anzahl von N aktiven Einheiten, die bei der betreffenden Zugriffsvergabeeinheit ihre Zugriffswünsche anmelden können.

Zuerst wird der Zugriffskonflikttyp 3 betrachtet, d. h. während dem Zugriff einer aktiven Einheit meldet eine weitere aktive Einheit ihren Zugriffswunsch an. Als Testfälle müssen alle paarweisen Kombinationen der vorhandenen aktiven Einheiten betrachtet werden, also jede aktive Einheit als zugreifende aktive Einheit mit allen anderen aktiven Einheiten, die ihren Zugriffswunsch äußern. Das heißt für zwei aktive Einheiten 2 Testfälle, nämlich: die aktive Einheit 1 greift zu und die aktive Einheit 2 meldet ihren Zugriffswunsch an und umgekehrt. Bei N aktiven Einheiten müssen folglich N(N-1) Testfälle untersucht werden. Diese einzelnen Testfälle können dabei paarweise, d. h. eine aktive Einheit greift zu und die zweite meldet ihren Zugriffswunsch an, als auch in Gruppen überprüft werden. Im zweiten Fall greift eine aktive Einheit auf das gemeinsame Betriebsmittel zu und die restlichen aktiven Einheiten melden dazu parallel ihren Zugriffswunsch an. Hier wird eine ganze Gruppe von Testfällen gleichzeitig überprüft, jedoch entscheidet dann die Priorität über die Zugriffsreihenfolge der aktiven Einheiten und somit muß anschließend eine Neusynchronisation der aktiven Einheiten vorgenommen werden, um wieder eine definierte Ausgangsreihenfolge für die Überprüfung der nächsten Testfälle zu erhalten. Im Fall des paarweisen Tests der Zugriffskonflikte bleibt dagegen die Zugriffsreihenfolge erhalten, da hier immer nur 1 Zugriffswunsch vorliegt, der bis zum Ende des laufenden Zugriffs verzögert wird, und steht somit als Ausgangsbasis für weitere Tests ohne erneute Synchronisation zur Verfügung.

Als zweites wird der Zugriffskonflikttyp 1 betrachtet; bei diesem liegen mehrere Zugriffswünsche in der Zugriffsvergabephase vor. Hier muß jede aktive Einheit mit jeder aktiven Einheit zusammen überprüft werden, also insgesamt N(N-1)/2 Testfälle. Dabei können die Testsituationen mit zwei oder mehr aktiven Einheiten gemeinsam erzeugt werden. Wenn mehrere aktive Einheiten zusammen getestet werden, sind alle möglichen Einzelkombinationen der beteiligten aktiven Einheiten überprüft. Da bei diesem Zugriffskonflikttyp die Priorität die Zugriffsreihenfolge festlegt, muß nach jedem Test eine Neusynchronisation der aktiven Einheiten durchgeführt werden.

Die dritte Gruppe bildet der Zugriffskonflikttyp 2, bei dem eine weitere aktive Einheit ihren Zugriffswunsch anmeldet, während sich eine aktive Einheit in der Zugriffsvergabephase befindet. Als Testfälle müssen, wie bei dem Zugriffskonflikttyp 3, alle aktiven Einheiten miteinander in beiden Rollen untersucht werden, d. h., N(N-1) Testfälle. Auch bei diesem Zugriffskonflikttyp können mehrere Testfälle gemeinsam überprüft werden, und zwar können mehrere aktive Einheiten ihren Zugriffswunsch in der Zugriffsvergabephase anmelden. Es sind damit alle Testfälle bezogen auf die aktive Einheit in der Zugriffsvergabephase getestet. Der Fall, daß beim Übergang in die Zugriffsvergabephase mehrere Zugriffswünsche vorliegen, ist zu vermeiden, denn dann lassen sich nur bei bekannter Priorität die Testfälle einer dieser aktiven Einheiten zuordnen, und zwar derjenigen, deren Zugriffswunsch in der Zugriffsphase mit der höchsten Priorität vorliegt. Für den Zugriffskonflikttyp 2 gilt wie für den Zugriffskonflikttyp 1, daß die Priorität die Zugriffsreihenfolge festlegt und daß somit für die Überprüfung der nächsten Testsituation eine Neusynchronisation erforderlich ist.

Der Test der Prioritätsvergabe ist nur möglich, wenn die Prioritätsvergabestrategie bekannt ist. Das Ziel ist zu überprüfen, ob die Zugriffe der aktiven Einheiten in der der jeweiligen Priorität entsprechenden Reihenfolge ausgeführt werden. Zur Überprüfung wird der Zugriffskonflikttyp 1 herangezogen; es liegen also mehrere Zugriffswünsche in der Zugriffsvergabephase vor, aus denen derjenige mit der höchsten Priorität auszuwählen ist. Als Testfälle sind alle Kombinationen der aktiven Einheiten mit ihren möglichen Prioritäten zu betrachten. Das sind N(N-1)/2 Testfälle des Zugriffstyps 1 mit N! möglichen Prioritätskombinationen, also insgesamt N(N-1)/2 N! Testfälle. Getestet werden können diese Testfälle wiederum einzeln oder in Gruppen. Bei Prioritätsvergabesteuerungen mit dynamischer Priorität, d. h. die Priorität der einzelnen aktiven Einheiten ändert sich im Betrieb, müssen zuerst die gewünschten Prioritäten für die aktiven Einheiten eingestellt, und danach die Testsituation überprüft werden.

Tabelle 5-1 zeigt die Gesamtanzahl der Testfälle für die verschiedenen Zugriffskonflikttypen und die Prioritätsvergabe nochmals in einer Übersicht. Dabei ist nicht berücksichtigt, daß teilweise mehrere Testfälle in einer Testsituation gemeinsam überprüft werden können.

	Anzahl der Testfälle
Zugriffskonflikt 3	$N\,(N-1)$
Zugriffskonflikt 1	$\frac{N\,(N-1)}{2}$
Zugriffskonflikt 2	$N\,(N-1)$
Prioritätsvergabe	$\frac{N\,(N-1)}{2}\;N!$

Tabelle 5-1: Anzahl der Testfälle

Bei der Bestimmung der Größen der Gruppen, in denen die Zugriffssituationen der verschiedenen Zugriffskonflikttypen getestet werden, sind mehrere Bedingungen zu berücksichtigen, die die Anzahl der miteinander zu synchronisierenden aktiven Einheiten einschränken. Diese sind mit fallender Priorität angegeben:

- Maximalanzahl gemeinsam zugriffssynchronisierbarer aktiver Einheiten
- Erreichbarkeit des notwendigen Zeitfensters zur Erzeugung des gewünschten Zugriffskonflikttyps
- Maximalzeitdauer, für die der "normale" Programmablauf zum Testen unterbrochen werden darf
- minimale Gesamttestzeit.

Die erste betrifft die Maximalanzahl gemeinsam synchronisierbarer aktiver Einheiten. Diese wird bei Vorliegen von Zugriffsverlängerungen durch verschiedene hardwareabhängige Zeiten festgelegt (siehe Kapitel 5.1.3).

Als zweites muß die Größe des Zeitfensters beachtet werden, die für das Auftreten der verschiedenen Zugriffskonflikttypen durch die Zugriffswünsche der aktiven Einheiten erreicht werden muß. Wenn das Zeitfenster, welches zur Erzeugung des zu überprüfenden Zugriffskonflikttyps erreicht werden muß, kleiner ist als dasjenige, welches durch die Zugriffswünsche erreicht werden kann, muß die Anzahl der aktiven Einheiten soweit reduziert werden, bis beide Zeitfenster die gleiche Größe haben. Das Vorgehen zur Ermittlung des erreichbaren Zeitfensters ist in Kapitel 5.3 für zwei aktive Einheiten beschrieben. Für mehr als zwei aktive Einheiten müssen die Überlegungen ggf. analog vorgenommen werden.

Die dritte Anforderung resultiert aus der Verwendung des Testverfahrens in der Systemdiagnose von fehlertoleranten Systemen. Um eine Toleranz von im Betrieb auftretenden Fehlern zu erreichen, ist es erforderlich, die Fehler so frühzeitig wie möglich zu erkennen. Dazu müssen die Tests im Betrieb ausgeführt werden. Das Einsatzgebiet des Rechensystems kann Antwortzeiten auf bestimmte externe Ereignisse erfordern, die eine Maximalzeit für die Sperrung der Unterbrechungen und des DMA vorgeben; beides ist für das Zugriffssynchronisationsverfahren und den anschließenden Test der Zugriffskonflikte notwendig. Für das Testverfahren bedeutet das, daß der Test möglicherweise in mehrere Teiltests aufgeteilt werden muß, und daß die Dauer eines Teiltests nicht diese obere Zeitschranke übersteigen darf. Die Aufteilung in Teiltests muß dabei so vorgenommen werden, daß die Zugriffssynchronisation der beteiligten aktiven Einheiten und der dazugehörende Testfall in einem gemeinsamen Teiltest liegen. Die Synchronisationszeit und die Überprüfung des Testfalls müssen zusammen kleiner sein als diese Maximalzeit.

Neben diesen drei Anforderungen kann als weiteres Kriterium bei der Festlegung, wieviele aktive Einheiten bei dem Test eines Zugriffskonflikttyps miteinander synchronisiert werden, eine Optimierung der Gesamttestzeit herangezogen werden. Bei einigen Zugriffskonflikttypen ist es möglich, die verschiedenen Testfälle, darunter wird eine zu testende Zugriffsabfolge verstanden, einzeln oder in Gruppen zu erzeugen; im letzteren Fall, hier werden mehrere Testfälle gemeinsam in einer Testsituation überprüft, muß nicht vor jedem Testfall eine Synchronisation der betreffenden aktiven Einheiten erfolgen, da schon die ganze Gruppe synchronisiert ist. Eine minimale Testzeit wird erreicht, wenn für die verschiedenen Testfälle die Synchronisationszeiten und die Testzeiten bei getrennter und gemeinsamer Überprüfung berechnet werden und die jeweils zeitlich kürzeste Lösung ausgewählt wird.

Beim Zugriffskonflikttyp 1 sind alle Kombinationen von aktiven Einheiten miteinander zu testen und bei Zugriffskonflikttyp 2 und 3 alle Kombinationen in beiden Rollen, d. h. beispielsweise bei Zugriffskonflikttyp 3 sowohl als zugreifende als auch als Zugriffswunsch anfordernde aktive Einheit. Um eine minimale Gesamttestzeit für eine aufgrund obiger Überlegungen festgelegte Maximalanzahl gemeinsam synchronisierbarer aktiver Einheiten zu erhalten, muß die Auswahl und die Zugriffsreihenfolge der gemeinsam miteinander zu überprüfenden aktiven Einheiten geeignet festgelegt werden. Dies stellt ein kombinatorisches Problem dar, welches im Rahmen der Arbeit nicht näher untersucht wird.

Im nächsten Abschnitt wird gezeigt, wie die Anzahl der Testfälle unter Einbeziehung von Informationen über die Realisierung der Zugriffsvergabe reduziert werden kann. Dies ist notwendig, da die Anzahl der Testfälle bei den drei Zugriffskonflikttypen von N^2 und bei der Prioritätsvergabe sogar von N! abhängt.

5.2.3. Reduktion der Anzahl der Testfälle

Eine Reduktion der Testfälle läßt sich vornehmen, wenn einige Realisierungsinformationen der Zugriffsvergabe bekannt sind. Näher analysiert werden in diesem Zusammenhang

- gebräuchliche Zugriffsvergabestrategien: feste Priorität, zyklisch rotierende Priorität und faire Zugriffsvergabe,
- die wesentlichen Zuteilungsverfahren wie Zuteilungsverkettung, Parallel-Abfrage und Stichleitungen sowie
- einige weitverbreitete Standard-Bussysteme, die für Mehrrechnersysteme geeignet sind, nämlich der VME-Bus, der Multibus II und der ihm bezüglich der Busvergabe ähnliche Bus, der im Vorschlag P896 von IEEE empfohlen wird.

5.2.3.1. Zugriffsvergabestrategien

Da bei der Festlegung der relevanten Testfälle der verschiedenen Zugriffskonflikttypen keine Informationen über die Zugriffsvergabestrategie berücksichtigt wurden, kann aufgrund dieser Informationen auch keine Verringerung der Anzahl der Testfälle vorgenommen werden. Dies ist also nur bei dem Test der Prioritätsvergabe möglich. Die wesentlichen Zugriffsvergabestrategien sind feste Priorität, zyklisch rotierende Priorität sowie faire Zugriffsvergabe.

Im ersten Fall haben alle aktiven Einheiten eine unterschiedliche **feste Priorität**, und wenn in der Zugriffsvergabephase mehrere Zugriffswünsche vorliegen, wird die aktive Einheit mit der höchsten Priorität ausgewählt und erhält die Zugriffszuteilung. Nachteilig bei diesem Verfahren ist, daß eine aktive Einheit mit niedriger Priorität nicht ihren Zugriff ausführen kann, wenn aktive Einheiten mit höherer Priorität Zugriffswünsche mit entsprechend hoher Wiederholrate haben.

Bei **zyklisch rotierender Priorität** erhalten alle aktiven Einheiten nach einem festgelegten Algorithmus die höchste Priorität. Dadurch wird erreicht, daß alle aktiven Einheiten innerhalb einer durch die Summe ihrer Zugriffszeiten festgelegten Maximalzeit auf das gemeinsame Betriebsmittel zugreifen können.

Faire Zugriffszuteilung liegt vor, wenn diejenige aktive Einheit die höchste Priorität erhält, die am längsten nicht mehr zugegriffen hat oder am längsten auf ihren Zugriff wartet. Auch hier ist die Maximalzeit, die eine aktive Einheit im schlimmsten Fall auf ihre Zugriffszuteilung warten muß, durch die Summe der Zugriffszeiten begrenzt.

Bei Vergabestrategien mit fester Priorität ergibt sich eine drastische Reduktion der Anzahl der Testfälle, da dann nur noch jede aktive Einheit mit allen anderen aktiven Einheiten zusammen untersucht werden muß und nicht mehr auch noch in allen Prioritätskombinationen. Es sind dann nur noch N(N-1)/2 Testfälle zu überprüfen.

Zugriffsvergabeeinheiten mit zyklisch rotierender Priorität oder fairer Zugriffsvergabe erfordern weitere Informationen, z. B. über die interne Realisierung der Prioritäten, um gegebenenfalls auch bei ihnen eine Verringerung der Anzahl der Testfälle vornehmen zu können. Bei beiden reicht die Kenntnis über die Vergabestrategie und die Zuordnung der aktiven Einheiten nicht zu einer Reduktion der Anzahl der Testfälle aus.

5.2.3.2. Zugriffszuteilungsverfahren

Im folgenden werden drei weitverbreitete Zugriffszuteilungsverfahren beschrieben, die vor allem in parallelen Bussystemen häufig verwendet werden /FAER84/. Diese sind Zuteilungsverkettung (daisy-chain), Parallel-Abfrage (parallel poll) und Stichleitungen.

Bei Verfahren mit **Zuteilungsverkettung** haben alle aktiven Einheiten drei Anschlüsse für die Zugriffsvergabe: einen Zugriffsanforderungsausgang, der an eine allen aktiven Einheiten gemeinsame Anforderungsleitung angeschlossen ist, und je einen Zugriffszuteilungsein- und -ausgang. Die Ein- und Ausgänge sind derart verschaltet, daß der Zugriffszuteilungsausgang einer aktiven Einheit mit dem entsprechenden Eingang der Einheit mit der nächst niedrigeren Priorität verbunden ist usw. Der Zugriffszuteilungseingang der Einheit mit der höchsten Priorität ist an die Zugriffsvergabeeinheit angeschlossen. Oft ist zur Vermeidung von Laufzeitproblemen bei der Zuteilungsweitergabe ein Freigabesignal vorhanden, welches die Entscheidungszeitpunkte genau festlegt (Bild 5-11).

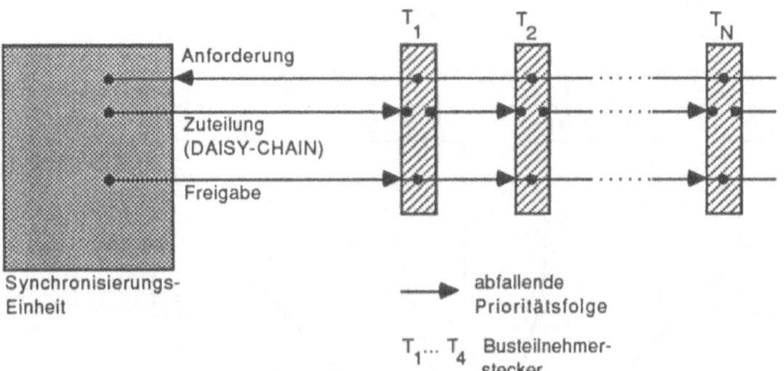

Bild 5-11: Verfahren mit Zuteilungsverkettung /FAER84/

Die Zugriffsvergabe erfolgt folgendermaßen: Wenn die Zugriffsvergabeeinheit einen Zugriffswunsch auf der Anforderungsleitung erkennt, gibt sie die Zugriffszuteilung an die aktive Einheit mit der höchsten Priorität aus. Wenn diese keinen Zugriffswunsch angemeldet hat, gibt sie die Zugriffszuteilung an ihrem Zugriffszuteilungsausgang weiter an die aktive Einheit mit der nächst niedrigeren Priorität usw. Wenn eine aktive Einheit, die die Zugriffszuteilung erhält, einen Zugriffswunsch angemeldet hat, gibt sie die Zugriffszuteilung nicht weiter und führt ihren Zugriff aus. Bei diesem Verfahren liegt also eine verdrahtungsabhängige und somit feste Priorität der einzelnen aktiven Einheiten vor, die bei gleichzeitigem Vorliegen mehrerer Zugriffswünsche die Reihenfolge der Zugriffe festlegt. Dies führt bei hoher Busbelastung zu längeren Wartezeiten der aktiven Einheiten mit niedriger Priorität.

Zugriffszuteilungsverfahren mit **Parallel-Abfrage** sehen für jede aktive Einheit eine eigene Anforderungsleitung vor. Weiterhin können alle aktiven Einheiten sämtliche Anforderungsleitungen beobachten. Jede aktive Einheit stellt getrennt fest, ob sie die Zugriffszuteilung erhält, indem sie überprüft, ob eine aktive Einheit mit höherer Priorität ihren Zugriffswunsch angemeldet hat. Prinzipiell können alle drei im letzten Kapitel vorgestellten Zugriffsvergabestrategien implementiert werden, jedoch ist die Realisierung einer zyklisch rotierenden Priorität oder der fairen Zugriffsvergabe aufwendig. In Bild 5-12 ist die Struktur des Parallel-Abfrage-Verfahrens für eine Realisierung mit festen Prioritäten angegeben. Zusätzliche Steuerleitungen sind zur Synchronisierung der Anforderungen mit dem zeitlichen Ablauf des Datentransfers und zur Festlegung der Gültigkeitszeitpunkte der Anforderungen notwendig.

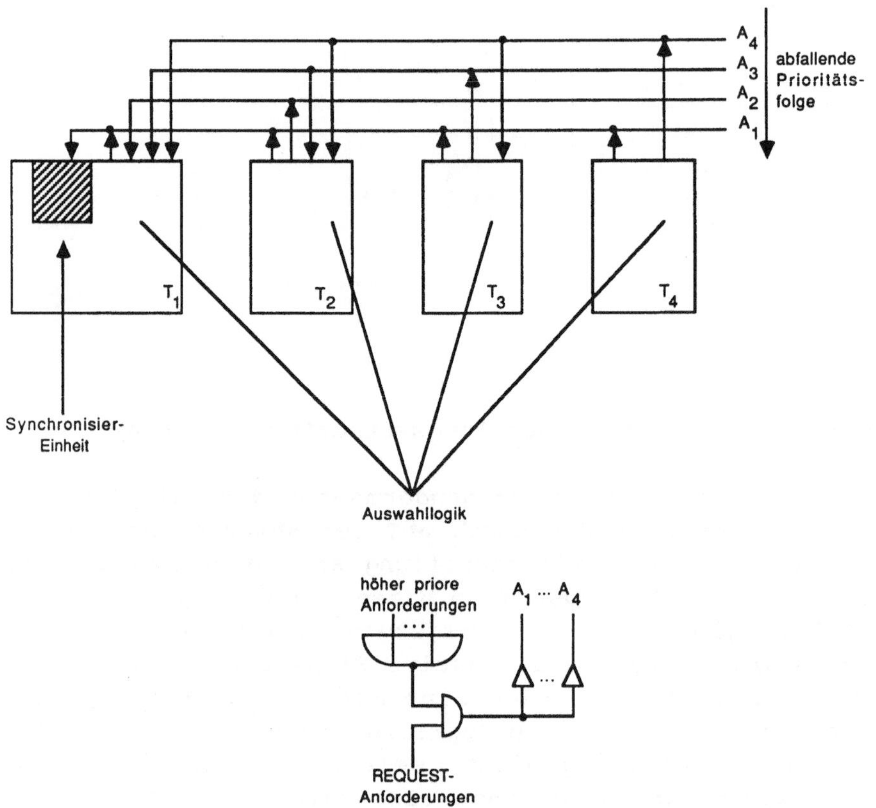

Bild 5-12: Das Parallel-Abfrage-Verfahren /FAER84/

Bei einer Zugriffsvergabe mit **Stichleitungen** hat jede aktive Einheit zwei eigene Leitungen zur Zugriffsvergabesteuerung, eine Zugriffsanforderungs- und eine Zugriffszuteilungsleitung (Bild 5-13). Die aktiven Einheiten melden ihre Zugriffswünsche über die Zugriffsanforderungsleitungen bei der Zugriffsvergabesteuerung an und erhalten von ihr die Zugriffszuteilung über die Zugriffszuteilungsleitung. Wenn gleichzeitig mehrere Zugriffswünsche vorliegen, wählt die Zugriffsvergabesteuerung aufgrund der Priorität eine aktive Einheit aus, die die Zugriffszuteilung erhält. Als Prioritätsvergabestrategie sind sowohl feste wie auch zyklisch rotierende Priorität und faire Zugriffsvergabe möglich.

Nach der Erläuterung der drei Zugriffszuteilungsverfahren wird nun beschrieben, inwieweit aufgrund dieser Informationen eine Reduktion der Anzahl der Testfälle für die drei Zugriffskonflikttypen und die Prioritätsvergabe möglich ist.

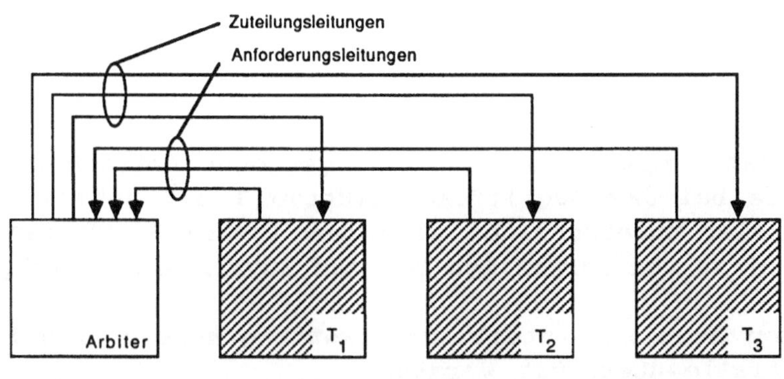

Bild 5-13: Zuteilungsverfahren mit Stichleitungen /FAER84/

Zuerst wird das Verfahren mit **Zuteilungsverkettung** untersucht. Bei dem Zugriffskonflikttyp 3 (Hinzukommen des Zugriffswunsches einer aktiven Einheit in der Zugriffsphase des Zugriffs einer anderen aktiven Einheit) muß aufgrund der Struktur nicht jede aktive Einheit mit jeder überprüft werden, sondern es ist ausreichend, wenn während dem Zugriff einer aktiven Einheit einmal eine aktive Einheit mit höherer Priorität und einmal eine mit niedrigerer Priorität ihren Zugriffswunsch anmeldet, also z. B. ihre beiden Nachbarn in der Zuteilungskette. Daraus resultiert, daß hier nur 2(N-1) Testfälle zu untersuchen sind, da sowohl die erste als auch die letzte aktive Einheit der Kette nur einen Nachbarn hat.

Der Zugriffskonflikttyp 1 (mehrere Zugriffswünsche in der Zugriffsvergabephase) muß nicht getestet werden, da sich die lokale Sicht der aktiven Einheiten bei der Zugriffsvergabe nicht von der bei dem Zugriffskonflikttyp 3 unterscheidet und folglich dort überprüft wird.

Für Zugriffskonflikttyp 2 (Hinzukommen des Zugriffswunsches einer aktiven Einheit in der Zugriffsvergabephase) gilt das für den Zugriffskonflikttyp 1 gesagte, wenn die hinzukommende aktive Einheit eine niedrigere Priorität hat als diejenige, deren Zugriffswunsch in der Zugriffsvergabephase ist. Hier müssen also nur die Situationen untersucht werden, bei denen der Zugriffswunsch einer aktiven Einheit mit höherer Priorität hinzukommt. Da hier Laufzeitprobleme als wesentliche Fehlerquelle untersucht werden, muß sinnvollerweise die aktive Einheit mit der höchsten Priorität jeweils hinzukommen, also die erste in der Kette, da ihre Signale zu der jeweiligen anderen aktiven Einheit die größten Laufzeiten haben. Es wird also die aktive Einheit mit der höchsten Priorität mit derjenigen mit der zweithöchsten Priorität, der dritthöchsten usw. getestet, wobei die aktive Einheit mit der höchsten Priorität ihren Zugriffswunsch in der Zugriffsvergabephase anmeldet. Somit müssen N-1 Testfälle überprüft werden.

Die Prioritätsvergabe braucht nicht getrennt betrachtet zu werden, da sie bei dem Zugriffskonflikttyp 3 mit untersucht wird, denn auch hier unterscheidet sich die lokale Sicht der aktiven Einheiten nicht von derjenigen bei dem Zugriffskonflikttyp 3.

Bei dem Verfahren mit Zuteilungsverkettung müssen also insgesamt 3(N-1) Testfälle überprüft werden.

Bei **Parallel-Abfrage-Verfahren** treten Zugriffskonflikte des Typs 3 auf (Hinzukommen des Zugriffswunsches einer aktiven Einheit in der Zugriffsphase einer anderen aktiven Einheit). Es ist hier nicht notwendig, alle Kombinationen von aktiven Einheiten zu überprüfen, da sich aus der lokalen Sicht der einzelnen aktiven Einheit, die ihren Zugriffswunsch anmeldet, die Zugriffe der anderen aktiven Einheiten nicht unterscheiden. Somit reicht es aus, wenn jede aktive Einheit ihren Zugriffswunsch während dem Zugriff einer aktiven Einheit anmeldet, d. h., es sind hier N Testfälle zu untersuchen. Da bei Parallel-Abfrage-Verfahren die Zugriffsanforderungen nur zu bestimmten Zeitpunkten auf den Anforderungsleitungen ausgegeben werden, treten in der Zugriffsvergabephase generell Laufzeitprobleme auf. Somit erübrigt sich die getrennte Betrachtung der Zugriffskonflikttypen 1 und 2 (bei dem Zugriffskonflikttyp 2 sind zusätzlich Laufzeitprobleme zu berücksichtigen, wenn die Zugriffswünsche in der Zugriffsvergabephase angemeldet werden). Es sind hier alle Kombinationen der aktiven Einheiten zu betrachten, also N(N-1)/2 Testfälle. Für den Test der Prioritätsvergabe ergeben sich die Reduktionen, die im Kapitel über die Zugriffsvergabestrategien angegeben sind.

Zugriffsvergabeeinheiten mit Stichleitungen ermöglichen ohne weitere Realisierungsinformation bei den drei Zugriffskonflikttypen keine Reduktion der Testfälle und bei dem Test der Prioritätsvergabe keine, die über die in dem Kapitel über die Zugriffsvergabestrategien beschriebene hinausgeht.

5.2.3.3. Mehrprozessorfähige Bussysteme

In diesem Unterkapitel werden die Zugriffsvergabeeinheiten von drei verbreiteten mehrprozessorfähigen Bussystemen bezüglich der zu berücksichtigenden Testfälle für die drei Zugriffskonflikttypen und die Prioritätsvergabe untersucht. Sie unterscheiden sich von den im letzten Abschnitt beschriebenen Zuteilungsverfahren in einigen Punkten bzw. bestehen aus einer Kombination der dort angegebenen Verfahren. Das erste ist der VME-Bus, der von verschiedenen Herstellern wie Motorola, Signetics, Philips usw. unterstützt wird und sich für die Prozessoren der MC68000-Familie quasi als Standard durchgesetzt hat. Das zweite ist der Multibus II, den Intel für seine Prozessoren der 8086-Familie vorgeschlagen hat und der dritte ist der Bus P896, der von einer Arbeitsgruppe der IEEE Computer Society als Bus für moderne Mikrorechnersysteme vorgeschlagen wird.

Die Zugriffsvergabe des **VME-Bus** hat 4 unabhängige Zugriffsanforderungsebenen. Jeder dieser Ebenen ist eine eigene Zugriffsanforderungsleitung zugeordnet, an die jeweils mehrere aktive Einheiten angeschlossen werden können. Jeder dieser vier Anforderungsleitungen ist eine eigene Zuteilungsleitung zugeordnet, die von Kartensteckplatz zu Kartensteckplatz als Zuteilungskette verdrahtet ist. Es sind also 4 verschiedene Zugriffsanforderungsebenen vorhanden. Die Priorität der Ebenen kann sowohl fest als auch zyklisch rotierend sein. Der wesentliche Nachteil dieses Konzeptes ist der von Lösungen mit fester Priorität, nämlich, daß Einheiten mit niedriger Priorität bei entsprechend vielen Zugriffen von Einheiten mit höherer Priorität nicht zum Zuge kommen.

Der **Multibus II** und der **Bus P896** haben ein weitgehend gleiches Zugriffsvergabeverfahren. Es sorgt dafür, daß selbst Einheiten mit niedriger Priorität ihre Zugriffe ausführen können (Non-Starvation-Verfahren), obwohl die aktiven Einheiten eine unterschiedliche feste Priorität haben. Das wird folgendermaßen erreicht: In einem Arbitrationszyklus werden die Zugriffsanforderungen aller aktiven Einheiten erfaßt, die zu diesem Zeitpunkt vorliegen. Anschießend werden die Zugriffe mit fallender Priorität nacheinander ausgeführt. Erst wenn keine weiteren Zugriffe mehr anstehen, erfolgt der nächste Arbitrationszyklus. Die Auswahl der Einheit mit der höchsten Priorität erfolgt bei dem Multibus II getrennt in allen aktiven Einheiten mit der in Bild 5-14 dargestellten Prioritätslogik. Bei dieser setzt sich der Prioritätscode der aktiven Einheit mit der höchsten Priorität auf den Prioritätsleitungen durch und diese darf dann den nächsten Zugriff über den Bus ausführen.

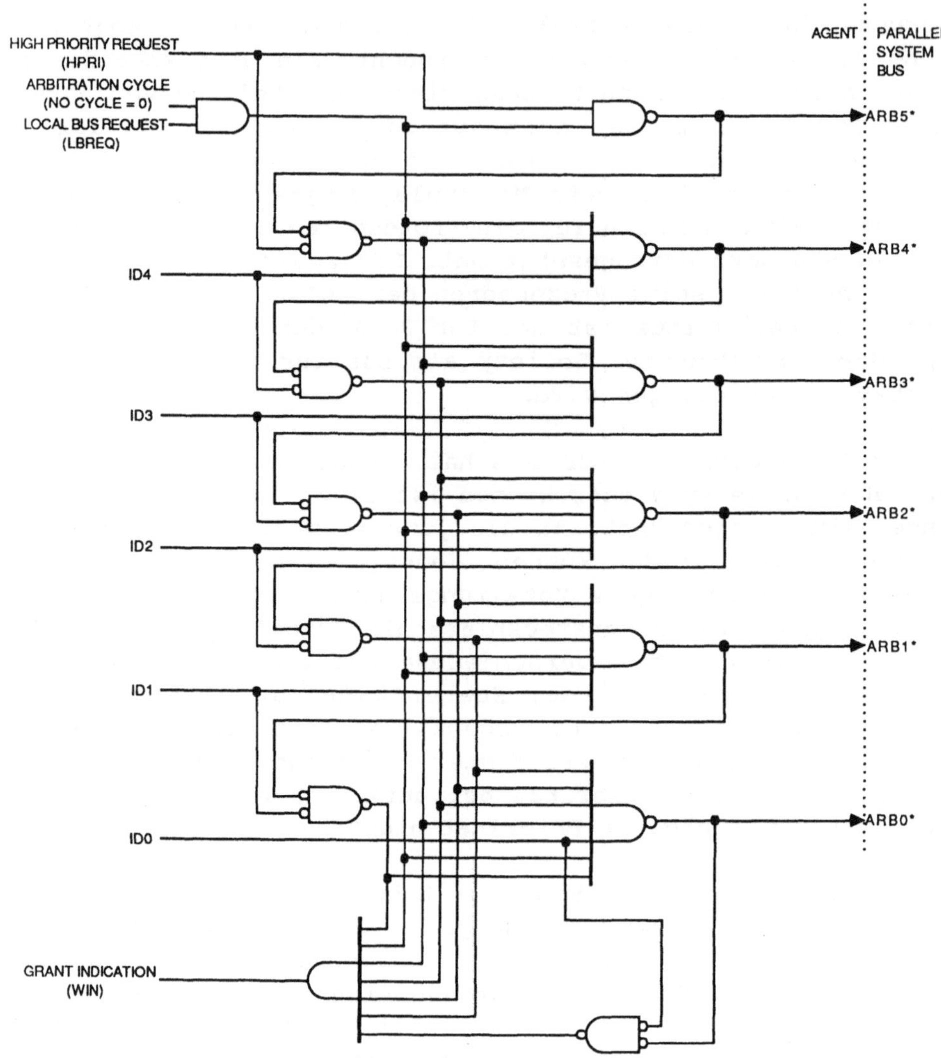

Bild 5-14: Prioritätslogik des Multibus II /INT85/

Nach der Beschreibung der wesentlichen Eigenschaften der Zugriffsvergabeeinheiten der drei Bussysteme wird nun gezeigt, welche Reduktion der Testfälle aus diesen Eigenschaften resultiert.

Der Test der Zugriffsvergabe des **VME-Bus** setzt sich aus 2 Teilen zusammen. Im ersten werden die vier Ebenen mit der Zuteilungsverkettung einzeln nacheinander mit den daran angeschlossenen aktiven Einheiten überprüft; die Anzahl der Testfälle ergibt sich aus der Summe der Testfälle für die einzelnen Ebenen.

Im zweiten Teil werden die vier Prioritätsebenen überprüft. Dazu muß aus jeder Anforderungsebene eine aktive Einheit herangezogen werden. Zu überprüfen sind die Zugriffskonflikttypen 1, 2 und 3 sowie die Prioritätsvergabe. Da von jeder Ebene eine aktive Einheit beteiligt ist, sind bei dem Zugriffskonflikttyp 2 und 3 lt. Tabelle 5-1 mit N = 4 (4 Prioritätsebenen) je N(N-1) = 12 Testfälle und bei dem Zugriffskonflikttyp 1 N(N-1)/2 = 6 Testfälle zu untersuchen. Bei dem Test der Prioritätsvergabe müssen zwei Fälle unterschieden werden, feste und rotierende Priorität. Wenn die vier Ebenen eine feste Priorität haben, sind dementsprechend N(N-1)/2 = 6 Testfälle zu berücksichtigen, bei rotierender Priorität N(N-1)N!/2 = 144. Selbst diese im Verhältnis zu 6 Testfällen sehr große Anzahl erlaubt hier noch, getestet zu werden, so daß keine weiteren Realisierungsdetails berücksichtigt werden müssen.

Bei dem **Multibus II** und dem **Bus P896** müssen nur die Zugriffskonflikttypen 3 und 1 betrachtet werden. Der Zugriffskonflikttyp 2 ist nicht relevant, da prinzipiell die Anmeldung der Zugriffswünsche erst in einem Arbitrationszyklus erfolgt, und damit die zu überprüfenden Laufzeitprobleme immer auftreten. Die Prioritätsvergabe basiert im wesentlichen auf festen Prioritäten der aktiven Einheiten. Daraus resultiert, daß eine dementsprechende Anzahl von Testfällen zu überprüfen ist. Zusätzlich muß hier jedoch überprüft werden, ob der Mechanismus funktioniert, daß die Zugriffswünsche nur in einem Arbitrationszyklus angemeldet werden können. Dieser Test muß für jede aktive Einheit ausgeführt werden. Der Test kann folgendermaßen durchgeführt werden: in einem Arbitrationszyklus werden die Zugriffswünsche von mindestens zwei aktiven Einheiten akzeptiert. Während der Zugriff der ersten dieser aktiven Einheiten in der Zugriffsphase ist, meldet die zu überprüfende aktive Einheit ihren Zugriffswunsch an; im fehlerfreien Fall wird dieser erst im nächsten Arbitrationszyklus akzeptiert. Im Fehlerfall wird die zu überprüfende aktive Einheit, wenn sie eine höhere Priorität hat als die aktive Einheit, deren Zugriffswunsch im letzten Arbitrationszyklus akzeptiert wurde, ihren Zugriff vor dieser aktiven Einheit ausführen. Hat sie eine niedrigere Priorität, so muß zusätzlich zu dem beschriebenen Vorgehen noch eine weitere aktive Einheit, die eine höhere Priorität als die zu untersuchende aktive Einheit hat, ihren Zugriffswunsch anmelden. Im Normalfall werden im nächsten Arbitrationszyklus die Zugriffswünsche beider aktiven Einheiten akzeptiert und die aktive Einheit mit der höheren Priorität greift zuerst und die zu testende aktive Einheit danach zu. Im Fehlerfall wird die zu testende aktive Einheit noch im vorhergehenden Arbitrationszyklus und damit vor der zusätzlichen aktiven Einheit zugreifen. Um sicherzustellen, daß das beschriebene Zugriffsverhalten bei den aktiven Einheiten mit niedriger Priorität zutrifft, muß zuerst das Verhalten der dort zusätzlich verwendeten aktiven Einheit mit höherer Priorität überprüft werden; deren Fehler könnten sonst das fehlerhafte Verhalten der zu überprüfenden aktiven Einheiten überdecken. Da das beschriebene Verhalten für alle aktiven Einheiten überprüft werden muß, ergeben sich für den Test der Prioritätsvergabe neben den N(N-1)/2 Testfällen aufgrund der festen Priorität noch N zusätzliche Testfälle, also insgesamt N(N+1)/2.

Der Multibus II und der Bus P896 wurden an dieser Stelle beschrieben, um zu zeigen, welche Zugriffskonflikttypen aufgrund ihrer Zugriffsvergabeeinheit in welchen Kombinationen überprüft werden müssen. Das Verfahren zur Erzeugung der Zugriffskonflikte läßt sich jedoch nicht ohne Modifikation dort verwenden, da bei beiden Bussystemen die Zugriffsvergabe für den folgenden Buszyklus parallel zu der laufenden Zugriffsphase stattfindet. Somit sind dort Überlegungen über die zeitliche Lage und die Dauer der Zugriffsvergabe- und der Zugriffsphase erforderlich, aus denen dann die Zeitfenster für die einzelnen Zugriffskonflikttypen bestimmt werden müssen.

Im Kapitel über die Reduktion der Anzahl der Testfälle wurde gezeigt, daß die ursprüngliche Anzahl der Testfälle aus Tabelle 5-1 unter Zuhilfenahme von meist verfügbaren Informationen über die Zugriffsvergabestrategie und das Zugriffszuteilungsverfahren drastisch reduziert werden kann. Mit zu berücksichtigen ist, daß die in dieser Arbeit beschriebenen Verfahren für den Einsatz in Mehrrechnersystemen mit einer relativ geringen Anzahl von Rechnern im Bereich bis zu etwa 16 vorgesehen sind, wie sie typischerweise in enggekoppelten Systemen vorhanden sind. Wesentlich ist außerdem, daß die Anzahl der Testfälle, wie sie in diesem Kapitel angegeben ist, sich nicht auf die Gesamtzahl der Rechner im System sondern auf die Zahl der über ein Kommunikationssystem miteinander verbundenen Rechner bezieht. Diese Zahl ist in Systemen, die nicht vollständig vermascht sind, wesentlich kleiner als die Gesamtzahl der Rechner.

5.3. Grenzen der erreichbaren Zeitauflösung

In diesem Abschnitt wird beschrieben, wo die Grenzen der Zeitauflösung liegen, die mit dem bisher beschriebenen Verfahren erreicht werden können, d. h., es wird gezeigt, welche minimale Größe die Zeitfenster haben, in denen die aktiven Einheiten unter verschiedenen Randbedingungen ihre Zugriffswünsche anmelden können. Diese Grenzen werden durch drei Faktoren bestimmt:

- durch die Anzahl und die Periodendauer der beteiligten Takte
- durch die minimale einstellbare Schleifenlängendifferenz
- durch den Einfluß von Zugriffsverlängerungen

Anschließend werden die Anforderungen bezüglich der Zeitauflösung, die aus den verschiedenen Zugriffskonflikttypen resultieren, der erreichbaren Zeitauflösung gegenübergestellt und gezeigt, welche Zugriffskonflikttypen sich mit dem vorgestellten Verfahren erzeugen lassen und welche nicht.

Die minimalen Zeitfenster, die mit den Zugriffswünschen der aktiven Einheiten erreicht werden können, haben eine unterschiedliche Größe abhängig davon, ob das Fenster nur durch eine aktive Einheit bzw. ihre Periodendauer vorgegeben wird, oder ob ein weiterer Takt, z. B. ein Vergabetakt, vorhanden ist, und es müssen mit ihm als Bezugspunkt definierte Zeitverhältnisse erreicht werden.

Wenn das Zeitfenster durch eine aktive Einheit vorgegeben wird, ist seine minimale Größe eine Periodendauer des Taktes der aktiven Einheit, die dieses Zeitfenster erreichen soll. Dieser Zusammenhang ist in Bild 5-15 für die Takte zweier aktiver Einheiten dargestellt.

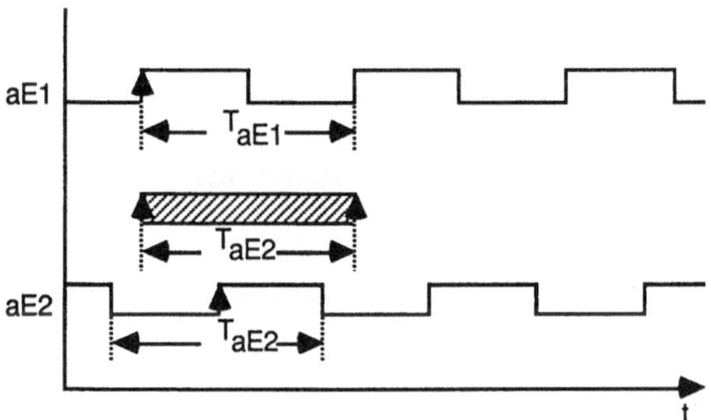

Bild 5-15: Zeitfenster bei zwei unabhängigen Takten

Willkürlich ist die steigende Flanke der Takte als Bezugspunkt ausgewählt. Die aktive Einheit 1 gibt hier den Beginn des Zeitfensters vor. Die steigende Flanke der aktiven Einheit 2 kann dann in dem schraffierten Bereich liegen. Eine mögliche Lage ist in dem Bild dargestellt. Da zum Erreichen des Zugriffsfensters eine steigende Flanke von der aktiven Einheit 2 in dem Fenster genügt, ergibt sich die minimale Fenstergröße zu einer Periodendauer des Taktes von der aktiven Einheit 2.

Wenn durch eine aktive Einheit ein Zeitfenster erreicht werden soll, das von einem Vergabetakt abhängt, der durch eine weitere aktive Einheit festgelegt wird, dann beträgt die minimale Größe des Zeitfensters eine Periodendauer des Vergabetaktes zuzüglich einer Periodendauer des Taktes, der das Zeitfenster erreichen soll, d. h., das Zeitfenster ist gegenüber der vorher analysierten Situation einen Vergabetakt länger. Zur Veranschaulichung ist das Zeitverhalten in Bild 5-16 dargestellt. Dort wählt die aktive Einheit 1 einen Takt des Vergabetaktes aus und legt damit den Beginn des Zeitfensters fest. Die darauf folgende steigende Flanke der aktiven Einheit 2 soll dann das Zeitfenster erreichen. Im Bild ist die maximale Größe des Zeitfensters dargestellt.

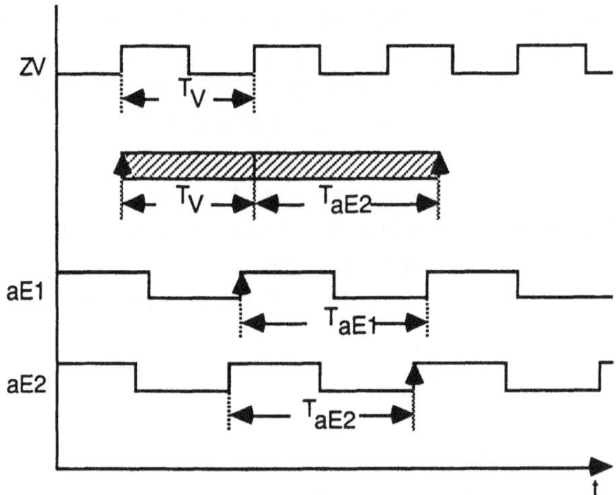

Bild 5-16: Zeitfenster bei Vergabetakt und zwei unabh. Takten

Als zweites ist der Einfluß der kleinsten mit dem Befehlssatz realisierbaren Schleifenlängendifferenz zu untersuchen. Bisher wurde in diesem Abschnitt angenommen, daß die kleinste mögliche Schleifenlängendifferenz einen Prozessortakt beträgt. Wenn diese größer ist, vergrößert sich entsprechend das minimale Zeitfenster. Bild 5-17 zeigt die entsprechende Situation für den Fall, daß die kleinste Schleifenlängendifferenz 2 Prozessortakte (PT) beträgt und das Zeitfenster durch eine aktive Einheit vorgegeben wird, also eine Situation, die der von Bild 5-15 entspricht. Die aktive Einheit 2 kann also den Zeitpunkt der Anmeldung ihres Zugriffswunsches nur in Einheiten von 2 Prozessortakten verschieben. Man sieht in der Abbildung, daß die aktive Einheit 2 bezogen auf die aktive Einheit 1 nur jeden zweiten Takt erreichen kann, und daß somit ein Zeitfenster, das in allen Fällen durch die aktive Einheit 2 erreicht werden soll, mindestens zwei Periodendauern der aktiven Einheit 2 lang sein muß.

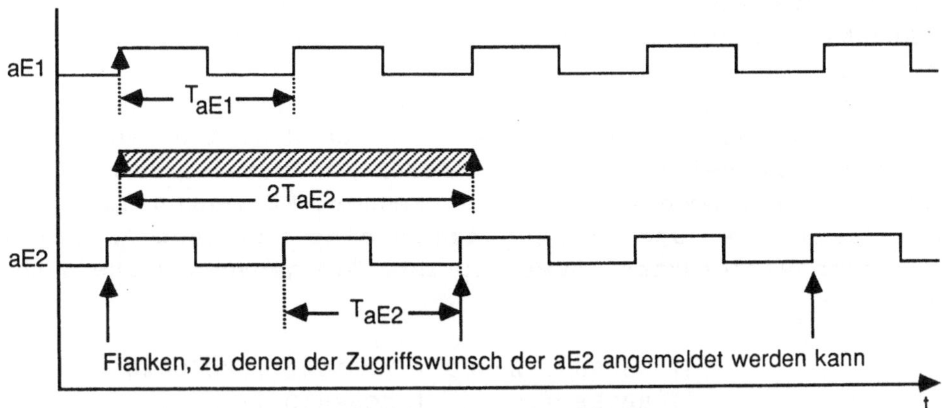

Bild 5-17: Zeitfenster bei Schleifenlängendifferenz 2 PT

Als drittes werden die Auswirkungen von Zugriffsverlängerungen betrachtet. Wie in Kapitel 5.1.3 gezeigt, wirken sich die Zugriffsverlängerungen der mit der aktiven Einheit 1 zugriffssynchronisierten aktiven Einheiten bei dem folgenden Schleifendurchlauf auf den Zeitpunkt der Zugriffsanforderung aus, wenn auf verlängerte Zugriffe minimale folgen. Dabei verschiebt sich der Zeitpunkt der Zugriffsanforderung auf einen späteren Zeitpunkt (vgl. Bild 5-7).

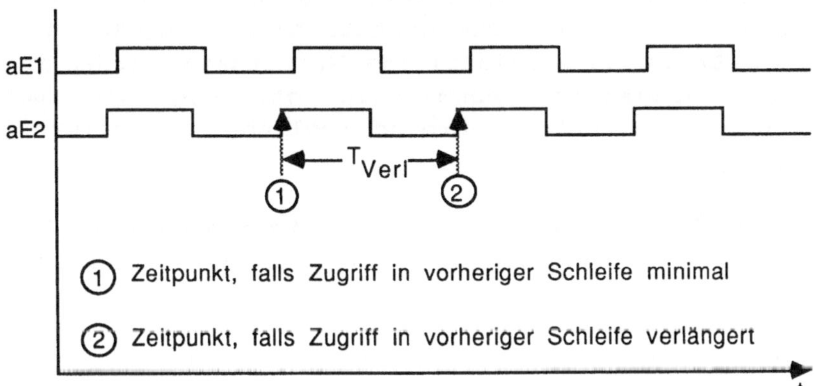

Bild 5-18: Zeitfenster bei Zugriffsverlängerungen

Da diese Zugriffsverlängerung nicht bei jedem Schleifendurchlauf auftritt, ergibt sich als Konsequenz, daß das minimale Zeitfenster, welches in jedem Fall erreicht werden kann, um diese Zugriffsverlängerung vergrößert werden muß. In Bild 5-18 ist diese Situation für eine Zugriffsverlängerung T_{Verl} von einem Prozessortakt eingezeichnet.

Vor der Erläuterung der Zeitanforderungen der Zugriffskonflikttypen werden für einige gängige 16-bit-Mikroprozessoren die minimale Anzahl von Prozessortakten bei Speicherzugriffen sowie die kleinste mit dem Befehlssatz realisierbare Schleifenlängendifferenz angegeben. Die Werte für den Speicherzugriff betragen drei bzw. vier Prozessortakte und die kleinste Schleifenlängendifferenz ist 1 bzw. bei MC68000 und MC68010 2 Prozessortakte, wobei dieser Wert sich noch auf einen Prozessortakt senken läßt, wenn in dem System bei Speicherzugriffen eine ungerade Anzahl von zusätzlichen Wartetakten notwendig ist. Die genauen Werte enthält Tabelle 5-2.

	8086 80186	Z8000	MC68000 MC68010	MC68020
Speicherzugriff	4	3	4	3
kleinste Schleifenlängendifferenz	1	1	2	1

Tabelle 5-2: Speicherzugriffszeiten und Schleifenlängendifferenzen

Zu den Werten für die Speicherzugriffe ist noch anzumerken, daß es sich hier um die minimalen Werte handelt, die in vielen Rechensystemen durch zusätzliche Wartetakte an langsamere Speicher angepaßt werden müssen. Zusätzliche Wartetakte werden besonders auch bei gemeinsamen Betriebsmitteln notwendig sein, bei denen eine Zugriffsvergabe unter mehreren möglichen Zugreifern jeweils den nächsten auswählt.

Die drei Zugriffskonflikttypen haben unterschiedliche Zeitanforderungen, die von dem jeweils zu erreichenden Zeitfenster abhängen.

Als erstes wird der Zugriffskonflikttyp 3 betrachtet. Bei ihm muß, während sich der Zugriff einer aktiven Einheit auf das gemeinsame Betriebsmittel in der Zugriffsphase befindet, der Zugriffswunsch einer weiteren aktiven Einheit angemeldet werden. Da die Anzahl der Prozessortakte bei einem Speicherzugriff im minimalen Fall mehrere Prozessortakte beträgt, und sie wird bei einem Zugriff auf ein gemeinsames Betriebsmittel eher größer sein, bereitet es keine Schwierigkeiten, diesen Zugriffskonflikttyp zu erzeugen.

Bei dem Zugriffskonflikttyp 1 müssen mehrere Zugriffswünsche in einer Zugriffsvergabephase vorliegen. Dies kann dadurch erreicht werden, daß während einem Zugriff mehrere aktive Einheiten ihren Zugriffswunsch anmelden, und diese Zugriffswünsche somit in der nächsten Zugriffsvergabephase bereitstehen. Hier gilt das für den Zugriffskonflikttyp 3 gesagte bezüglich des Zeitfensters, da es auch in diesem Fall durch die Zugriffsdauer auf das gemeinsame Betriebsmittel festgelegt wird. Folglich lassen sich die benötigten Situationen ohne große Probleme erzeugen.

Problematisch ist dagegen der Zugriffskonflikttyp 2. Bei diesem muß ein weiterer Zugriffswunsch in der Zugriffsvergabephase angemeldet werden. Hier sind zwei fälle zu unterscheiden: Realisierungen der Zugriffsvergabeeinheit mit einem synchronen und einem asynchronen Steuerwerk. Bei synchronen Zugriffsvergabesteuerwerken wird die Dauer der Zugriffsvergabephase durch seinen Takt festgelegt. Dieser hat in praktisch allen Fällen eine Periodendauer, die kleiner oder höchstens ebensogroß ist wie die Periodendauer der aktiven Einheiten. In diesem Unterkapitel wurde gezeigt, daß sich das minimale Zeitfenster, welches von der zweiten aktiven Einheit immer erreicht werden kann, aus der Periodendauer des Zugriffsvergabetaktes und der Periodendauer der hinzukommenden aktiven Einheit zusammensetzt. Das bei dem Zugriffskonflikttyp 2 zur Verfügung stehende Fenster kann im minimalen Fall jedoch nur eine Periodendauer des Zugriffsvergabetaktes lang sein. Bei Vorliegen eines asynchronen Zugriffsvergabesteuerwerks ist die Dauer der Zugriffsvergabephase nur abhängig von Gatterlaufzeiten. Diese sind sehr klein im Verhältnis zu den Takten der aktiven Einheiten (im Bereich von ns). Für beide Steuerwerkstypen gibt es folglich Probleme bei der gezielten Erzeugung der Zugriffskonflikte des Typs 2. Um auch dann die Auflösung dieser Zugriffskonflikte testen zu können, ist eine Erweiterung des Verfahrens notwendig. Im nächsten Kapitel wird erläutert, wie dies unter Ausnutzen der Drift der Takte der aktiven Einheiten möglich ist.

Generell ist an dieser Stelle zu bemerken, daß die in diesem Abschnitt behandelte Problematik sich nur auf Systeme mit unabhängigen Takten für die aktiven Einheiten bezieht. In Systemen mit zentralem Takt melden alle aktiven Einheiten ihre Zugriffswünsche synchron zu diesem Takt an. Folglich unterscheiden sich die exakten Zugriffsanforderungszeitpunkte der aktiven Einheiten nur um ganzzahlige Vielfache dieses Taktes zuzüglich der Differenzen von Gatterlaufzeiten. Bei Systemen mit zentralem Takt muß folglich nur das Auftreten von Zugriffsverlängerungen sowie die minimale mit dem Befehlssatz einstellbare Schleifenlängendifferenz berücksichtigt werden.

5.4. Zusammenfassung

In diesem Kapitel wurde das Zugriffssynchronisationsverfahren vorgestellt. Mit ihm werden die Zugriffe der aktiven Einheiten als Ausgangsbasis für den anschließenden Test der Zugriffskonflikte in eine vorher festgelegte Reihenfolge gebracht, in der die einzelnen Zugriffe unmittelbar nacheinander ausgeführt werden. Dieses Zugriffsverhalten wird dadurch erreicht, daß die aktiven Einheiten einzeln nacheinander mit den schon synchronisierten aktiven Einheiten synchronisiert werden. Bei ihrer Synchronisation greifen die aktiven Einheiten einmalig in einem festgelegten Zeitfenster auf das gemeinsame Betriebsmittel zu, so daß sie nicht die Zugriffssynchronisation der schon synchronisierten aktiven Einheiten stören. Anschließend wird ihr Zugriff auf die Zugriffe der schon synchronisierten aktiven Einheiten zugeschoben, bis auch sie zugriffssynchronisiert sind.

In Systemen, in denen keine Zugriffsverlängerungen T_{Verl} auftreten, können mit dem Zugriffssynchronisationsverfahren beliebig viele aktive Einheiten synchronisiert werden, eine sinnvolle Grenze wird nur durch die für diese Synchronisation notwendige Zeit vorgegeben. Voraussetzung für das Verfahren ist in diesem Fall, daß die Schleifenlängendifferenz T_{Diff} kleiner als die kürzeste Zugriffsphase T_{ZMIN} ist.

Bei Systemen mit Zugriffsverlängerungen T_{Verl} ergeben sich Auswirkungen auf die Zugriffssynchronisation. Das hat zur Folge, daß man nur noch eine bestimmte von der Größe dieser Zugriffsverlängerungen T_{Verl} abhängige Anzahl von aktiven Einheiten mit dem Verfahren zugriffssynchronisieren kann.

Im zweiten Teil des Kapitels wurde zuerst der Test ohne Zugriffskonflikte behandelt. Dabei wurde gezeigt, daß der Testaufwand bei gemeinsamen Betriebsmitteln dadurch niedrig gehalten werden kann, daß eine aktive Einheit die Speicherfähigkeit des gemeinsamen Betriebsmittels überprüft und alle anderen aktiven Einheiten nur einen Zugriffstest ausführen, d. h., sie müssen nur überprüfen, ob die Daten und Adressen vom und zum gemeinsamen Betriebsmittel korrekt übertragen und ob die Zugriffswünsche korrekt erkannt und bearbeitet werden.

Der Test der Auflösung der Zugriffskonflikte wird durch ihre systematische Erzeugung und anschließende Überprüfung der transferierten Testdaten auf das Auftreten der modellierten Fehler vorgenommen. Dazu ist es notwendig, zuerst die Speicherzellen des gemeinsamen Betriebsmittels geeignet zu initialisieren. Bei der Ermittlung der Anzahl der zu untersuchenden Testfälle, die für die verschiedenen Zugriffskonflikttypen untersucht werden müssen, zeigte sich, daß es sinnvoll ist, verfügbare Informationen über der Zugriffsvergabeeinheit zur Reduktion der Anzahl der Testfälle heranzuziehen. Deshalb wurden einige weitverbreitete Zugriffsvergabestrategien und Zugriffszuteilungsverfahren mit dem Ergebnis untersucht, daß teilweise eine drastische Reduktion der Anzahl der zu untersuchenden Testfälle möglich ist.

Im letzten Teil des Kapitels wurden die Grenzen der mit dem Verfahren erreichbaren Zeitauflösung untersucht. Diese werden bestimmt durch:

- die Anzahl und die Periodendauer der beteiligten Takte
- die minimale einstellbare Schleifenlängendifferenz
- den Einfluß von Zugriffsverlängerungen

Bei dem anschließenden Vergleich zwischen den erreichbaren und den zu erreichenden Zeitfenstern zeigte sich, daß die zur Verfügung stehenden Zeitfenster speziell beim Zugriffskonflikttyp 2 nicht in jedem Fall erreicht werden können, da sie kleiner als die durch Ausnutzung des Befehlssatzes erreichbaren Zeitfenster sind. Im nächsten Kapitel wird eine Erweiterung des Verfahrens vorgenommen, die es erlaubt, auch diese Zeitfenster in fast allen Fällen unter Ausnutzen der Drift der Prozessortakte gezielt zu erreichen.

6. Die Drift der Takte der aktiven Einheiten

Zum Abschluß des letzten Kapitels wurde die Mindestgröße der Zeitfenster bei unterschiedlichen Randbedingungen ermittelt, die mit Hilfe der Schleifensynchronisation und anschließender Änderung der Befehlsausführungszeit T_{Bi} in jedem Fall erreicht werden können. Dabei hat sich gezeigt, daß bei dem Zugriffskonflikttyp 2 - Anmelden eines weiteren Zugriffswunsches in der Zugriffsvergabephase - das zu erreichende Zeitfenster kleiner als das zur Verfügung stehende sein kann, und daß es somit Probleme bei der Erzeugung dieses Zugriffskonflikttyps gibt. Bei der Ermittlung der Mindestgröße der erreichbaren Fenster mußte immer von der ungünstigsten Lage der Taktflanken zueinander ausgegangen werden.

Unter der Annahme, daß identische Takte unter exakt den gleichen Umgebungsbedingungen vorliegen, stehen die Flanken der Takte in einem festen zeitlichen Verhältnis zueinander. Diese Annahme ist jedoch in der Realität nicht erfüllt; dort wird immer ein Takt geringfügig schneller sein als der andere, und somit verschieben sich die Flanken der Takte kontinuierlich zueinander. Wenn die Information über die genaue zeitliche Lage der Taktflanken auf der Ebene der Programmbearbeitung zur Verfügung stehen würde, könnten daraus geeignete Zeitpunkte zur Erzeugung der gewünschten Zugriffskonflikte des Typs 2 bestimmt werden. Das ist jedoch nicht der Fall. Zur Lösung des Problems bietet sich die Nutzung der Drift der Takte der aktiven Einheiten an; darunter wird die Verschiebung der Takte zueinander aufgrund der oben genannten geringen Frequenzunterschiede verstanden. Wenn sie bekannt ist, kann der Zeitraum berechnet werden, innerhalb von dem die betreffenden Takte sich zueinander um einen Takt verschieben. Innerhalb dieses Zeitraums liegen die gewünschten Zeitverhältnisse vor. Somit reicht nicht ein einmaliges Erzeugen der zu testenden Situation aus, sondern es muß abhängig von der Größe des Zeitfensters, welches durch die beiden aktiven Einheiten erreicht werden muß, festgelegt werden, wie oft und in welchem zeitlichen Abstand die zu testende Situation erzeugt werden muß. Durch dieses Vorgehen wird das gewünschte Zeitfenster mindestens einmal erreicht, auch wenn nicht bekannt ist, zu welchem genauen Zeitpunkt.

Um die Drift der Takte der aktiven Einheiten bei der Herbeiführung der Zugriffskonflikte ausnutzen zu können, muß man ihren Wert kennen. Deshalb wird als erstes ein Meßverfahren vorgestellt, mit dem diese Drift ermittelt werden kann. Anschließend wird auf die Auswertung der Meßergebnisse eingegangen und der Einfluß verschiedener Fehlerquellen auf die Driftmeßwerte untersucht. Da der Meß- und der Testzeitpunkt nicht identisch sind, müssen die Faktoren analysiert werden, die auf diese Drift Einfluß haben. Zum Abschluß dieses Kapitels wird gezeigt, bei welchen der drei Einflüsse, die in Kapitel 5.3 angegebenen sind, die gewünschten Zugriffskonflikte des Typs 2 durch Ausnutzen der Drift erzeugt werden können.

In diesem Kapitel wird generell nur die Erzeugung des Zugriffskonflikttyps 2 zwischen zwei aktiven Einheiten beschrieben. Dies erscheint sinnvoll, da schon bei zwei aktiven Einheiten die Erzeugung dieses Zugriffskonflikttyps problematisch ist und durch eine dritte und weitere aktive Einheiten die Wahrscheinlichkeit für ein gleichzeitiges Erreichen des Zugriffsvergabefensters durch alle beteiligten aktiven Einheiten deutlich geringer wäre. Dieses Vorgehen ist möglich, da die Auflösung dieses Zugriffskonflikttyps von allen aktiven Einheiten paarweise überprüft werden kann.

6.1. Meßverfahren

Die Frequenzstabilität von Quarzoszillatoren, wie sie in Rechensystemen eingesetzt werden, beträgt laut Datenblatt etwa 100 ppm /REI85/, d. h. die Ungenauigkeit ist maximal ein Takt bei 10000 Takten, wenn man den zu betrachtenden Quarzoszillator mit einem exakten Referenztakt vergleicht. Dieser in Datenblättern für Quarzoszillatoren angegebene Wert stellt dabei einen vom Hersteller garantierten Maximalwert dar, der typische Wert liegt etwa bei der Hälfte. Um die Drift der Takte der aktiven Einheiten gezielt zur Erzeugung der gewünschten Zugriffskonfliktsituationen ausnutzen zu können, müssen dagegen die aktuellen Werte bekannt sein. Wenn diese Werte für die betreffenden Takte vorlägen, könnte man daraus die Verschiebung der Takte zueinander ermitteln.

Programmgesteuert läßt sich eine Verschiebung der Takte der aktiven Einheiten zueinander, die im Bereich von Bruchteilen von Takten liegt, nicht erkennen; wenn jedoch Messungen über größere Zeiträume ausgeführt werden, summieren sich die Verschiebungen zu einer feststellbaren Menge auf. Das führt zu folgendem Meßverfahren: Zwei aktive Einheiten führen in einem Meßprogramm eine kurze Schleife definierter Länge, die Zählschleife, mit einer großen Anzahl von Schleifendurchläufen aus. Für die aktive Einheit 1 wird die Anzahl der Schleifendurchläufe vorgegeben; sie wird als Referenz verwendet und legt die Anzahl der Prozessortakte dieser aktiven Einheit und damit auch die Meßzeit fest. Um definierte Zeitverhältnisse bei dem Start des Meßprogramms in den beiden aktiven Einheiten zu erhalten, sendet die aktive Einheit 1 eine "Start"-Meldung an die aktive Einheit 2 und startet anschließend ihre Zählschleife. Nachdem die aktive Einheit 2 die "Start"-Meldung erkannt hat, startet auch sie ihre Zählschleife. Wenn die aktive Einheit 1 die vorgesehene Anzahl von Schleifendurchläufen ausgeführt hat, signalisiert sie dies der zweiten aktiven Einheit. Daraufhin beendet auch diese ihre Zählschleife und stellt ihren Schleifenzähler zur weiteren Auswertung zur Verfügung. Er ist ein Maß dafür, wieviele Takte die zweite aktive Einheit ausgeführt hat. Durch Vergleichen der vorgegebenen und der gemessenen Schleifenanzahl kann man die Differenz der jeweils ausgeführten Schleifen und damit auch die Differenz der Takte bestimmen. Auf diesem Weg kann also die Drift der Takte der aktiven Einheiten gemessen werden. Dabei wird nicht die Absolutdrift zu einem Referenztakt sondern die Relativdrift der Takte zueinander gemessen. Dies ist für den vorgesehenen Zweck jedoch ausreichend, da die relevante Information die Zeitdauer für die Verschiebung der Takte der beiden aktiven Einheiten zueinander ist. In Bild 6-1 ist der zeitliche Ablauf des Meßverfahrens dargestellt.

	aktive Einheit 1		aktive Einheit 2
Startphase	START	---------->	
	Start der		Starterkennung
Meßphase	Zählschleife		Start der
			Zählschleife
	Ende der		
	Zählschleife		
Stopphase	STOP	---------->	
			Stoperkennung
			Beendigung der
			Zählschleife
			Ausgabe des
			Schleifenzählers

Bild 6-1: Ablauf des Meßprogramms zur Relativdriftermittlung

Bei diesem Meßverfahren beeinflussen zwei Faktoren das Meßergebnis:

- die unterschiedlichen Start- und Endzeitpunkte der Bearbeitung der Zählschleife in den beiden aktiven Einheiten

- das zeitlich indeterministische Verhalten bei dem Nachrichtentransfer, welches unvorhersehbar lange Zeiten für den Nachrichtentransfer verursachen kann.

Es ist deshalb eine wesentliche Voraussetzung für das Verfahren, daß ein schneller Nachrichtentransfermechanismus zwischen den beteiligten aktiven Einheiten zur Verfügung steht. Dieser muß einerseits eine möglichst genaue Berechnung der Meßabweichung aufgrund der unterschiedlichen Start- und Endezeitpunkte des Meßprogramms in den beiden aktiven Einheiten für eine nachträgliche Korrektur zulassen und andererseits eine Abschätzung der Meßabweichung bezüglich des zeitlich indeterministischen Verhaltens bei dem Nachrichtentransfer erlauben. Um diese Abweichungen zu erfassen, muß die Anfangs- und die Endphase des Meßprogramms genau analysiert werden.

Das Meßergebnis wird durch sechs Faktoren beeinflußt, die deshalb, soweit möglich, zu einer Korrektur des Ergebnisses herangezogen werden müssen. Diese Faktoren werden in allgemeiner Form beschrieben, um so zu ermöglichen, daß die relevanten Zeiten bei unterschiedlichen Datenübergabemechanismen ermittelt werden können. Beispielhaft wird ein Unterbrechungsmechanismus betrachtet.

1. Bei der Weiterleitung der Information von der einen zu der anderen aktiven Einheit treten Verzögerungszeiten, z. B. Signallaufzeiten auf. Wenn der Nachrichtentransfer mit Unterbrechungen vorgenommen wird, sind hier hardwarebedingte Zeiten zur Generierung und Weiterleitung des Unterbrechungssignals zu der zweiten aktiven Einheit gemeint. Da sich diese Zeiten jedoch bei dem Start als Verzögerung und bei dem Beenden der Zählschleife als Verlängerung auswirken und in beiden Fällen gleich groß sind, heben sie sich bei dem beschriebenen Ablauf auf und müssen folglich nicht weiter berücksichtigt werden.

2. Der zweite Faktor betrifft die Zeit, bis eine vorliegende "Start"-Meldung von der aktiven Einheit 2 ausgewertet wird, in unserem Fall also die Unterbrechungslatenzzeit, d. h. die Zeit, bis ein an dem Prozessor anliegendes Unterbrechungssignal von diesem ausgewertet wird. Die meisten Prozessoren machen das am Ende jedes Befehls; somit ist diese Zeit abhängig von der jeweiligen Befehlausführungszeit und dem genauen Zeitpunkt der Anmeldung der Unterbrechung, sie liegt also zwischen nahezu 0 und der Befehlsausführungszeit.

3. Weiterhin verzögert die Zeit zur Auswertung der "Start"-Meldung den Beginn der Zählschleife bei der aktiven Einheit 2. Bei einem Unterbrechungsmechanismus ist das die Zeit zum

Einlesen des Unterbrechungsvektors und zur Bearbeitung der entsprechenden Unterbrechungsbehandlungsroutine.

4. Bei der aktiven Einheit 1 muß das Zeitverhalten bei der Beendigung der Zählschleife untersucht werden; es ergeben sich möglicherweise wegen dem Schleifenende andere Befehlsausführungszeiten.

5. Weiterhin muß die Zugriffszeit der aktiven Einheit 1 auf das Datenübergaberegister zur Übergabe der "Stop"-Meldung an die aktive Einheit 2 berücksichtigt werden.

6. Als letztes ist noch die Unterbrechungslatenzzeit bei der "Stop"-Meldung zu beachten.

Der erste Faktor kann, wie oben erläutert, aus den weiteren Überlegungen ausgeschlossen werden.

Die Faktoren zwei und drei sorgen für einen verzögerten Start der Zählschleife bei der aktiven Einheit 2, während die Faktoren vier und fünf das Ende verzögern. Für eine gegebene Implementierung müssen deshalb die betreffenden Zeiten untersucht werden. Die Faktoren 3, 4 und 5 lassen sich exakt bestimmen und können deshalb zur Korrektur des Meßergebnisses herangezogen werden. Die Faktoren 2 und 6, die beiden Unterbrechungslatenzzeiten, liegen jeweils zwischen 0 und der entsprechenden Befehlsausführungszeit. Bei ihnen lassen sich, wenn die während der Unterbrechungsanmeldung ausgeführten Befehle bekannt sind, minimale und maximale Zeiten angeben.

Neben diesen Faktoren, die das Meßergebnis beeinflussen, muß auch die zeitliche Auflösung der Zählschleife berücksichtigt werden. Die vorgesehene Zählschleife hat folgenden prinzipiellen Aufbau:

1. Ein Schleifenzähler wird in jedem Schleifendurchlauf dekrementiert.

2. Die Schleife wird ausgeführt, bis der Schleifenzähler abgelaufen ist, und anschließend das Programm sequentiell fortgesetzt.

Ein Schleifendurchlauf besteht also aus einem Dekrementbefehl, mit dem eine Schleifenabbruchbedingung realisiert wird, und einem bedingten Verzweigungsbefehl, der in jedem Schleifendurchlauf überprüft, ob die Schleifenbedingung erfüllt ist. Ein Schleifendurchlauf ist immer mit der Bearbeitung des Verzweigungsbefehls abgeschlossen. Die Unterbrechung kann prinzipiell an beliebiger Stelle in dieser Schleife angemeldet werden. Aufgrund der prozessorinternen Abläufe erfolgt die Auswertung von Unterbrechungen immer erst nach der Bearbeitung eines Befehls.

Da zur Ermittlung der Relativdrift der Schleifenzähler herangezogen wird, sieht man, daß die so ermittelten Ergebnisse nur um ganze Schleifendurchläufe differieren können, unabhängig davon, an welcher Stelle der Schleife die Programmausführung unterbrochen wird. Das Meßergebnis kann folglich um nahezu einen Schleifendurchlauf von dem korrekten Wert abweichen. Man sieht außerdem, daß die Unterbrechungslatenzzeit bei der Erkennung der "Stop"-Meldung in der zeitlichen Auflösung der Meßschleife enthalten ist und folglich nicht mehr bei einer späteren Korrektur berücksichtigt werden muß. Aus dem Meßwert kann folglich ein Intervall berechnet werden, in dem der Ist-Wert der Relativdrift liegt. Die untere Grenze dieses Intervalls wird im weiteren als minimaler Relativdriftwert bezeichnet und die obere als maximaler.

Je kleiner der Relativdriftwert ist, desto größer ist die Anzahl der Takte, bis sich die beiden Takte zueinander um eine Taktperiode verschoben haben. Um zu erreichen, daß die gewünschte Taktverschiebung tatsächlich stattfindet, muß der minimale Relativdriftwert berücksichtigt werden. Anhand dieses minimalen Werts läßt sich der Zeitraum bestimmen, innerhalb von dem sich die Taktflanken um einen Takt zueinander verschieben.

Da aufgrund der Meßungenauigkeit nicht bekannt ist, wo der tatsächliche Relativdriftwert liegt, muß bei der Berechnung der Anzahl der Zugriffe und des zeitlichen Abstands zwischen ihnen der maximale Relativdriftwert berücksichtigt werden.

Zur Bestimmung des minimalen und des maximalen Relativdriftwerts muß durch Vergleich der Schleifenzählerstände festgestellt werden, welche der beiden aktiven Einheiten mehr Schleifendurchläufe ausgeführt hat und somit die kürzere Periodendauer hat. Ist dies die aktive Einheit 2, so muß zur Ermittlung des maximalen Relativdriftwerts der Schleifenzählerwert und bei dem minimalen Relativdriftwert der um 1 verminderte Wert verwendet werden. Im anderen Fall erhält man den minimalen Relativdriftwert aus dem Meßwert und muß zur Berechnung des maximalen Relativdriftwerts den Schleifenzählerwert um 1 verkleinern. Bei diesen Überlegungen ist, wie oben gezeigt, die Latenzzeit bei der Erkennung der "Stop"-Meldung berücksichtigt, nicht jedoch die Latenzzeit bei der "Start"-Meldung. Um diese wird das Meßprogramm in der aktiven

Einheit 2 maximal später gestartet. Sie muß also bei der Berechnung des minimalen und des maximalen Relativdriftwerts einbezogen werden. Und zwar muß die dieser Latenzzeit entsprechende Taktanzahl bei den beiden Relativdriftwerten, die aus dem Meßwert ohne Korrektur ermittelt werden, quasi als Vergrößerung des Meßwerts berücksichtigt werden.

Als Konsequenz aus diesen Überlegungen muß die Länge der Meßschleife minimal sein, um eine möglichst gute zeitliche Auflösung zu erreichen.

Die Anzahl der Meßschleifen, die notwendig ist, um einen sinnvollen Meßwert zu erhalten, ist abhängig von der Relativdrift der Takte. Da die Meßungenauigkeit maximal 1 Schleifendurchlauf beträgt, hängt die prozentuale Meßungenauigkeit von der gemessenen Differenz der Schleifendurchläufe ab. Einer Schleifendifferenz von 4 Durchläufen entspricht folglich eine maximale Meßabweichung von 25%. Eine akzeptable Meßabweichung sollte sinnvollerweise zwischen 1 und 5% liegen. Dem entspricht ein Meßwert der Schleifendifferenz im Bereich von 20 (bei 5%) bis 100 (bei 1%). Kleinere Meßwerte erhöhen die prozentuale Abweichung so stark, daß die Ergebnisse nicht sinnvoll weiterverwendet werden können, größere erfordern dagegen eine vergleichsweise sehr lange Zeit für die Messung des Relativdriftwerts, ohne daß die erhöhte Genauigkeit wesentlichen Einfluß auf die aus dem Meßwert zu berechnenden Zeiten hat. Wenn die gemessenen Werte stark von dem angegebenen Bereich abweichen, muß bei zu kleinem Meßwert die Messung mit einer größeren Anzahl von Schleifendurchläufen wiederholt werden (der Faktor 10 bei der Schleifenanzahl erhöht auch den Meßwert um diesen Faktor), im anderen Fall kann die Schleifenanzahl bei folgenden Ermittlungen der Relativdrift entsprechend reduziert werden.

Um die Größenordnung der verschiedenen Zeiten aufzuzeigen, werden in Tabelle 6-1 einige Beispielzahlen aus /STR86/ angegeben. Sie beziehen sich auf zwei Takte von nominal 8 MHz ($\hat{=}$ 125 ns) bei einer gemessenen Taktdifferenz von etwa 30 Hz. In der ersten Spalte ist die Anzahl der Schleifendurchläufe der Referenzeinheit angegeben, d. h. der aktiven Einheit, deren Schleifenanzahl festgelegt ist, in der zweiten die Differenz der ausgeführten Schleifendurchläufe der beiden aktiven Einheiten und in der dritten das daraus resultierende Verhältnis der Takte. Aus letzterem kann die Anzahl der Takte berechnet werden, nach der sich die beiden Takte zueinander um eine Periodendauer verschoben haben. Die letzten beiden Spalten geben für einen Bezugstakt von 8 MHz die Taktdifferenz zwischen den beiden Takten und die Verschiebungszeit an, also die Zeit, bis sich die beiden Takte zueinander um eine Periodendauer verschoben haben. In der unteren Hälfte der Tabelle sind die entsprechenden Werte für die aufgrund der maximalen Meßabweichung korrigierten Meßwerte angegeben, um den Einfluß der Meßabweichung zu verdeutlichen. Die prozentuale Meßabweichung bei einem Meßwert von 4 Schleifendurchläufen beträgt 25%, bei 64 Schleifenduchläufen 1,56% und bei 1024 Schleifendurchläufen 0,1%.

Anzahl der Zählschleifendurchläufe	Meßwert	Verhältnis der Takte	Verschiebung um 1 Takt	Bezugstakt 8MHz Taktdifferenz [Hz]	Bezugstakt 8MHz Verschiebungszeit [ms]
1 048 576	4	0,999996185	262 123	30,52	32,24
16 777 216	64	0,999996185	262 123	30,52	32,24
268 435 456	1024	0,999996185	262 123	30,52	32,24
Anzahl der Zählschleifendurchläufe	**korrigierter Meßwert**	**Verhältnis der Takte**	**Verschiebung um 1 Takt**	**Bezugstakt 8MHz Taktdifferenz [Hz]**	**Bezugstakt 8MHz Verschiebungszeit [ms]**
1 048 576	3	0,999997139	349 528	22,89	43,69
16 777 216	63	0,999996245	266 311	30,04	33,28
268 435 456	1023	0,999996189	262 398	30,49	32,79

Tabelle 6-1: Beispielzahlen zur Relativdriftermittlung

Bei den für die Experimente verwendeten Prozessoren MC68010 wurde zur Bestimmung der Relativdrift eine Zählschleife mit dem DBRA-Befehl verwendet. Dieser Befehl beinhaltet das Dekrementieren des Schleifenzählers und die bedingte Verzweigung, bei der überprüft wird, ob der Schleifenzähler abgelaufen ist. Die Zählschleife lautet:

```
schl1    DBRA d5,schl1
         DBRA d7,schl1
```

Es handelt sich hier um zwei ineinander verschachtelte Schleifen mit dem DBRA-Befehl. Dieser dekrementiert den Wert des angegebenen Registers bei jedem Schleifendurchlauf und springt nach schl1, wenn der Wert des Registers ungleich -1 ist. Die Verschachtelung der Schleifen ist notwendig, da in den Registern bei der Befehlsbearbeitung nur die unteren 16 Bits ausgewertet werden, und für die Messung größere Schleifenanzahlen notwendig sind.

Tabelle 6-2 gibt die Gesamtausführungzeiten der Zählschleifen an, die sich aufgrund der Anzahl der Zählschleifendurchläufe aus Tabelle 6-1 wiederum unter der Annahme eines 8 MHz-Taktes ergibt.

Anzahl der Zählschleifendurchläufe	Meßzeit [s]
1 048 576	1,835
16 777 216	29,361
268 435 456	469,769

Tabelle 6-2: Ausführungszeiten der Zählschleifen /STR86/

Da die beschriebenen Überlegungen sich auf die Prozessortaktebene beziehen, muß die Anzahl der Takte bei der Ausführung der Meßschleife sowie bei dem Start und der Beendigung des Meßprogramms genau ermittelt werden. Besonders sind dabei Einflüsse von Wartetakten bei Speicherzugriffen oder, falls vorhanden, von Befehlsprefetch bzw. von Cachespeichern zu berücksichtigen. Weiterhin muß der Programmteil mit der Meßschleife unbedingt in einem Speicher mit konstanter Zugriffszeit z. B. einem statischen oder einem Festwertspeicher abgelegt sein, da die zyklische Wiederauffrischung der Information bei dynamischen Speichern oder asynchrone Zugriffsverlängerungen den Einfluß der Relativdrift der Prozessortakte bei weitem übertreffen.

In dem betrachteten System, auf das sich die Werte in Tabelle 6-1 und 6-2 beziehen, stand für die Untersuchungen ein 4 k-Byte großer statischer Speicher auf der Prozessorkarte zur Verfügung, der zwei Wartetakte bei Speicherzugriffen benötigt. Weiterhin verwendet der Prozessor MC68010 zwei 16-bit-Befehlsprefetch-Register. Diese machen eine Untersuchung des Zugriffsverhaltens speziell bei der Ausführung von Programmverzweigungen notwendig. Eine genaue Beschreibung aller Einflüsse, die das Zugriffszeitverhalten betreffen, befindet sich in /STR86/.

6.2. Einfluß von unterschiedlichem Meß- und Testzeitpunkt

Mit dem im letzten Unterkapitel vorgestellten Verfahren ist es möglich, die Relativdrift von zwei Prozessortakten zu bestimmen. Anhand dieses Wertes wird anschließend festgelegt, wie oft und mit welchem zeitlichen Abstand die zu überprüfende Zugriffskonfliktsituation erzeugt werden muß. Bei diesem Vorgehen ist vorausgesetzt, daß der Relativdriftwert während der Messung und dem anschließenden Test konstant ist. Davon kann auch mit einigen Einschränkungen ausgegangen werden. Zur Bestimmung dieser Einschränkungen werden die Faktoren, die die Frequenzstabilität von Quarzoszillatoren beeinflussen, analysiert und jeweils ihre Größenordnung angegeben.

Für Quarzoszillatoren, wie sie typischerweise in Mikroprozessorsystemen eingesetzt werden, sind in den Datenblättern mindestens zwei Werte angegeben /SFE86/: Der erste ist die Nennfrequenz und der zweite die Frequenzstabilität. Der erste Wert gibt den Sollwert für die Frequenz an; dieser weicht von dem Istwert aufgrund von herstellungsbedingten und aufgrund von umgebungsabhängigen Toleranzen ab. Die Frequenzstabilität wird in ppm (parts per million) angegeben und legt damit den Wertebereich fest, mit dem die Istfrequenz um die Nennfrequenz schwanken darf. Typische Werte der Frequenzstabilität für die betrachteten Quarzoszillatoren liegen etwa im Bereich von 100 ppm.

Die Ursache für herstellungsbedingte Toleranzen liegt darin, daß die Quarze (sie bestehen aus Siliziumdioxyd SiO_2) in bestimmten Schnitten geschliffen werden müssen, um die gewünschten Schwingeigenschaften zu erreichen. Bei dem Abgleich auf die entsprechende Nennfrequenz werden aus Kostengründen bestimmte Toleranzen in Kauf genommen. Diese Herstellungstoleranzen schwanken von Quarz zu Quarz innerhalb der vom Hersteller vorgegebenen Toleranzen.

Umgebungsbedingte Toleranzen haben verschiedene Ursachen:

- Versorgungsspannungsabhängigkeit
- Lastabhängigkeit
- Alterung
- mechanische Beanspruchung
- Temperaturabhängigkeit

Typische Werte der Frequenzstabilität, deren Ursache Schwankungen der Versorgungsspannung sind, liegen bei Änderungen der Versorgungsspannung von $\pm 10\%$ im Bereich von einzelnen ppm. In Mehrrechnersystemen betragen Versorgungsspannungsschwankungen aufgrund der meist eingesetzten Schaltnetzteile typischerweise etwa 50 mV bei 5 V Versorgungsspannung. Ihre Auswirkungen auf die Frequenzstabilität können somit vernachlässigt werden.

Änderungen der Istfrequenz aufgrund von Lastabhängigkeit liegen, soweit sie in Datenblättern näher spezifiziert sind, in demselben Bereich, in dem auch die Schwankungen aufgrund von Änderungen der Versorgungsspannung liegen. Sie müssen in Rechensystemen im allgemeinen nicht beachtet werden, da die Zahl der integrierten Schaltkreise, die mit dem Quarzoszillator verbunden sind, sich im Betrieb nicht ändert.

Die Alterung beschreibt die Langzeitfrequenzstabilität und wird in ppm pro Jahr angegeben. Typische Werte liegen im Bereich von 3 bis 5 ppm pro Jahr. Die Alterung kann aus den Betrachtungen ausgeschlossen werden, da Zeitdauern für die Messung der Relativdrift und den anschließenden Test im Bereich von Sekunden liegen.

Der Einfluß von mechanischen Beanspruchungen wie Vibrationen oder ähnlichem liegt nach unveröffentlichten Messungen der Firma SFE im Bereich von einzelnen ppm und kann somit vernachlässigt werden. Außerdem treten solche mechanischen Beanspruchungen nur in Ausnahmefällen in den betrachteten Mehrrechnersystemen auf, da diese in der Regel ortsfest installiert sind.

Als letztes ist noch der Einfluß der Temperatur auf die Frequenzstabilität zu untersuchen. Hier findet man in Datenblättern abhängig vom jeweiligen Quarztyp im Arbeitstemperaturbereich von beispielsweise -10 bis +70 °C Werte von 10 bis 150 ppm. Als Beispiel sei ein Wert für Quarze genannt /REI85/: Bei einer Abgleichtoleranz von 20 ppm bei 25 °C haben die Quarze eine Frequenzabweichung von 50 ppm im Temperaturbereich von -10 bis +70 °C oder bei einer Abgleichtoleranz von 10 ppm 15 ppm. Man sieht in beiden Fällen, daß die Frequenzänderungen aufgrund der Temperatur wesentlich größer sind als die Abgleichtoleranz.

Für Quarzoszillatoren werden meist keine getrennten Werte für die Temperaturabhängigkeit sondern nur die Gesamtfrequenzstabilität angegeben. Wie jedoch die obigen Ausführungen gezeigt haben, hat die Temperatur den wesentlichen Einfluß auf die Frequenzstabilität. Deshalb wurde in eigenen Untersuchungen /STR86/ der Einfluß der Temperatur auf die Kurzzeitfrequenzstabilität untersucht. Dabei zeigte sich, daß der Einfluß der Temperatur nach dem Einschalten bis zu thermisch weitgehend stabilisierten Verhältnissen für die untersuchten Quarzoszillatoren bei unter 20 ppm lag. In Bild 6-2 sind die Frequenzwerte der beiden Rechner für die erste Stunde nach dem Einschalten qualitativ angegeben. (Sie wurden mit einem Frequenzzähler ermittelt.) Man sieht, daß am Anfang die Frequenzen in beiden Rechnern relativ stark abfallen, bis sie sich nach etwa 30 Minuten weitgehend stabilisiert haben. Dieser Zeitraum ist jedoch von dem verwendeten Rechner bzw. seiner Lüftung und der Umgebungstemperatur abhängig. Anschließend waren die Frequenzen weitgehend konstant und praktisch abhängig von der Raumtemperatur, die sich jedoch kurzzeitig nur auswirken kann, wenn sie extreme Sprünge z. B. größer als ± 10 °C macht. Generell kann festgestellt werden, daß die Frequenzänderungen aufgrund von Temperaturschwankungen stetig sind, d. h., daß die Frequenz eines Quarzoszillators sich nicht sprunghaft ändert. Der Abstand zwischen den Kurven in Bild 6-2 stellt die Relativdrift zwischen den Takten der beiden Rechnern dar. (Die Schwankung in der unteren Kurve hat ihre Ursache in thermischen Abhängigkeiten der betrachteten Oszillatorschaltung.)

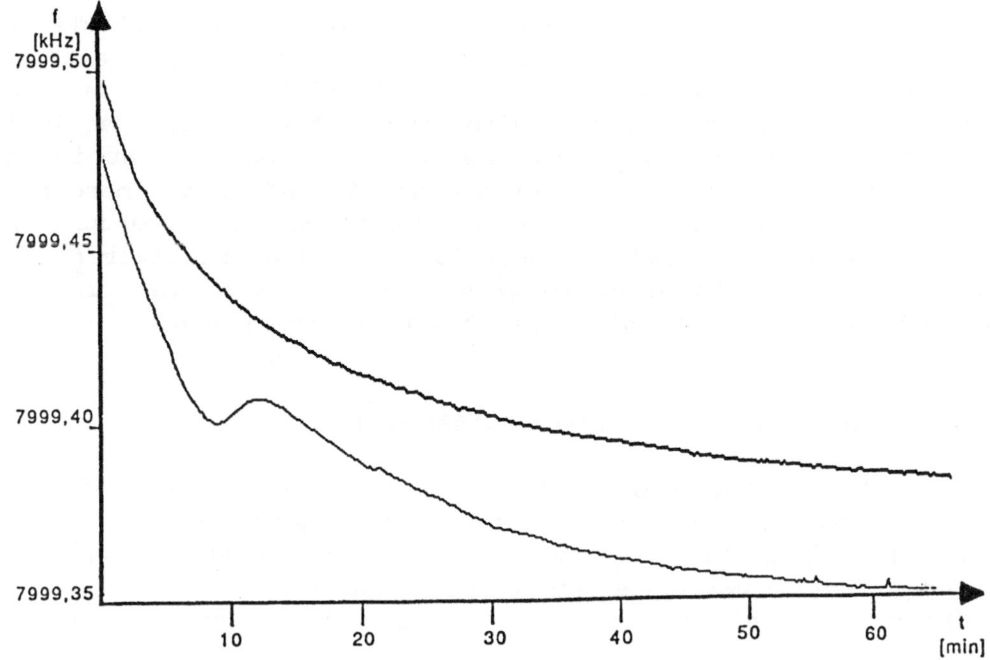

Bild 6-2: Frequenz-/Zeitverhalten in der Einschaltphase /STR86/

Man kann also davon ausgehen, daß Frequenzänderungen der Takte und somit auch die hier betrachtete Relativdrift im thermisch stabilen Zustand für kurze Zeiten im Bereich bis zu einigen Minuten als konstant angenommen werden können.

In der Einschaltphase ist diese für den Betrieb zulässige Annahme des thermisch stabilen Zustands nicht erfüllt. Somit liegen dort noch keine konstanten Verhältnisse für die Relativdrift vor. Um sie trotzdem zur Erzeugung des Zugriffskonflikttyps 2 ausnutzen zu können, wird bei Verwendung des Verfahrens in der Einschaltphase folgende Verfahrensmodifikation vorgenommen:

Die Frequenzänderungen der betreffenden Takte und damit auch das Relativdriftverhalten sind generell stetige Vorgänge, d. h. sie haben keine Sprünge in ihrem zeitlichen Verhalten. In der Einschaltphase wird vereinfachend das Relativdriftverhalten als näherungsweise linear angenommen. Somit sind zur Extrapolation des zukünftigen Relativdriftwertes zwei Messungen notwendig. Um den so ermittelten Relativdriftwert legt man einen Schwankungsbereich von ± 2 Schleifendurchläufen zum Ausgleich von möglichen Schwankungen der Relativdrift fest, da in der Realität nicht das angenommene lineare Verhalten vorliegt. Mit diesen modifizierten Werten werden der minimale und der maximale Relativdriftwert berechnet, die anschließend zur Festlegung herangezogen werden, wie oft und mit welchem zeitlichen Abstand die zu überprüfende Zugriffskonfliktsituation erzeugt werden muß. Nach dem Test muß dann noch überprüft werden, ob der Relativdriftwert innerhalb der angenommenen Grenzen lag. Dazu wird eine dritte Messung der Relativdrift vorgenommen. Liegt die Relativdrift dabei nicht in den vorgegebenen Grenzen, so muß der gesamte Ablauf in der beschriebenen Weise wiederholt werden. Eine wesentliche Voraussetzung für dieses Vorgehen ist, daß die Zeiträume für die Relativdriftmessungen und die Tests nicht so groß sind, daß sie die Erfassung von größeren Schwankungen der Relativdrift verhindern.

6.3. Erzeugung des Zugriffskonflikttyps 2

Im folgenden wird gezeigt, unter welchen Randbedingungen der Zugriffskonflikttyp 2 gezielt erzeugt werden kann, d. h., in welchem Fall das Zugriffsvergabefenster durch die Anmeldung eines weiteren Zugriffswunsches erreicht werden kann. Dabei sind die Einflüsse der drei im Kapitel 5.3 beschriebenen Faktoren zu untersuchen:

- die Anzahl und die Periodendauer der beteiligten Takte,
- die Zugriffsverlängerungen,
- die minimale einstellbare Schleifenlängendifferenz.

Zur Analyse dieser drei Faktoren müssen zwei weitere Hardwarerandbedingungen herangezogen werden: die Realisierung der Zugriffsvergabeeinheit mit einem synchronen oder einem asynchronen Steuerwerk, da dies Einfluß auf die Größe des Zugriffsvergabefensters hat, und, ob ein zentraler Systemtakt oder unabhängige Takte in den aktiven Einheiten vorliegen, durch Ausnutzen der Drift der Takte der aktiven Einheiten kann gegebenenfalls die minimale einstellbare Schleifenlängendifferenz verkleinert werden.

Zuerst werden synchrone Steuerwerke betrachtet. Das zu erreichende Zeitfenster beträgt dann im ungünstigsten Fall einen Takt des

Zugriffsvergabesteuerwerks. Das minimale erreichbare Zeitfenster ist in diesem Fall jedoch einen Zugriffsvergabetakt und einen Prozessortakt derjenigen aktiven Einheit lang, die das Zeitfenster erreichen soll (siehe Kapitel 5.3, Bild 5-16). Folglich wird der zu testende Zugriffskonflikttyp 2 nicht immer erzeugt. Im folgenden wird gezeigt, wie es mit sehr hoher Wahrscheinlichkeit trotzdem möglich ist, diesen Zugriffskonflikt gezielt herbeizuführen.

Das Zugriffsvergabefenster, welches bei diesem Test erreicht werden muß, hat eine durch den Zugriffsvergabetakt festgelegte konstante Dauer. Dabei wählt die steigende Flanke der aktiven Einheit 1 den entsprechenden Vergabetakt aus. Für die Erzeugung des Zugriffskonflikttyps 2 ist von dem Vergabetakt jedoch im wesentlichen nur der Teil zu berücksichtigen, der hinter der steigenden Flanke der aktiven Einheit 1 liegt, da diese auch als Bezugspunkt für die Verschiebung der Flanken der aktiven Einheiten zueinander dient. Über die zeitliche Lage der Flanken zueinander steht keine Information zur Verfügung. Unter der Annahme, daß die Prozessortakte stochastisch unabhängig sind, kann jedoch davon ausgegangen werden, daß die Lage der Taktflanken zueinander gleichverteilt ist. Dieselbe Überlegung gilt analog für die Lage der Taktflanken der aktiven Einheiten zueinander.

Die exakte Lage der Taktflanken der aktiven Einheiten ist unbekannt, jedoch kann aus dem Relativdriftwert die Anzahl der Takte bestimmt werden, nach der sich die Taktflanken zueinander um 1 Takt verschoben haben. Wenn in diesem Zeitraum die zu überprüfende Zugriffssituation mehrmals mit definiertem zeitlichen Abstand erzeugt wird, kann man für diese einzelnen Testsituationen die Wahrscheinlichkeit berechnen, mit der jeweils das notwendige Zeitfenster erreicht bzw. nicht erreicht wird. Da sich nur Wahrscheinlichkeiten für das Erreichen des Zeitfensters angeben lassen, kann nicht garantiert werden, daß die gewünschte Situation immer erzeugt wird, jedoch kann abhängig von der Anzahl der Wiederholungen eine sehr hohe Wahrscheinlichkeit erreicht werden. Wesentlich ist, daß zum Test des Zugriffskonflikttyps 2 ein einmaliges Auftreten der zu testenden Situation ausreicht.

Diese Wahrscheinlichkeit P(ZK2) erhält man durch Bilden der Differenz von 1 und dem Produkt der Wahrscheinlichkeiten, daß bei den einzelnen erzeugten Testsituationen das notwendige Zeitfenster nicht erreicht wird. Diesem Produkt der Wahrscheinlichkeiten entspricht dabei der Fall, daß das Zeitfenster weder im ersten noch im zweiten und den weiteren Anläufen erreicht wird.

Bild 6-3 zeigt die Zeitverhältnisse, die bei der Erzeugung des Zugriffskonflikttyps 2 auftreten. Als Bezugspunkt ist die steigende Flanke des Taktes der aktiven Einheit 1 verwendet, da sie einerseits die Vergabetaktperiode des Zugriffsvergabesteuerwerks auswählt und andererseits als Referenz für die Verschiebung der Taktflanken der aktiven Einheiten 1 und 2 zueinander dient. Zusätzlich ist die Dauer eines Zugriffsvergabetaktes T_V eingezeichnet. Das Ende des Vergabetaktes liegt gleichverteilt zwischen der steigenden Flanke des Taktes der aktiven Einheit 1 und T_V, da diese Flanke den Vergabetakt auswählt. Außerdem ist die Dauer eines Prozessortaktes der aktiven Einheit 2 eingezeichnet, da die steigende Taktflanke der aktiven Einheit 2 maximal einen Takt hinter der entsprechenden Flanke der aktiven Einheit 1 liegen kann.

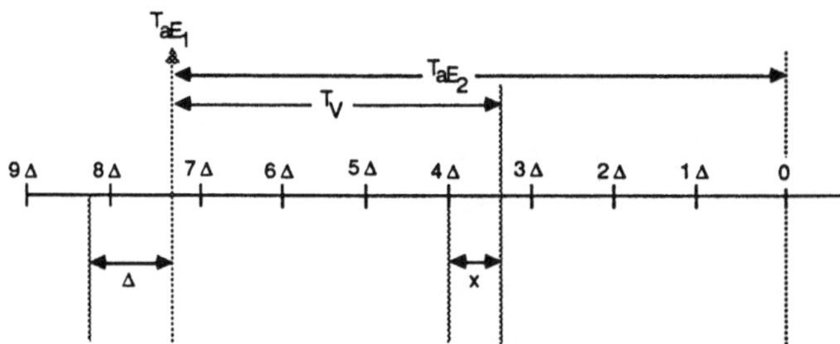

Bild 6-3: Erzeugung des Zugriffskonflikttyps 2

Wenn die Zugriffe der aktiven Einheit 2 aufgrund der Relativdrift im zeitlichen Abstand Δ zueinander wiederholt herbeigeführt werden, liegt der erste Zugriff im ungünstigsten Fall im Bereich zwischen 0 und Δ, der zweite zwischen Δ und 2Δ usw. Dabei ist die relative Lage des ersten Zugriffs im Bereich zwischen 0 und Δ gleichverteilt, aber bei den weiteren Zugriffen konstant, da diese jeweils im definierten Abstand Δ von dem ersten Zugriff ausgeführt werden.

Um die Wahrscheinlichkeit für das Nicht-Erreichen des Zugriffsvergabefensters bei den einzelnen Zugriffen berechnen zu können, wird eine Abschätzung gemacht. Dazu muß für die Zugriffe in den Intervallen ermittelt werden, zu welchem Zeitpunkt in dem Intervall die gesuchte Wahrscheinlichkeit am geringsten ist. Dieser Zeitpunkt wird immer bei dem maximalen Abstand zu der steigenden Taktflanke der aktiven Einheit 1 liegen. In Bild 6-3 ist das beispielsweise für das Intervall 3Δ bis 4Δ zum Zeitpunkt 3Δ und für das Interval 6Δ bis 7Δ bei 6Δ, d. h. jeweils bei dem kleineren Δ-Wert. Eine Ausnahme bilden die Intervalle 7Δ bis 8Δ und 8Δ bis 9Δ. Bei 7Δ bis 8Δ muß der größere Abstand zu der Bezugsflanke der aktiven Einheit 1 berücksichtigt werden. Bei dem Intervall 8Δ bis 9Δ liegt der größere Wert bei 9Δ; jedoch muß hier zusätzlich beachtet werden, daß die Flanke der aktiven Einheit 2 maximal um 1Δ vor die Flanke der aktiven Einheit 1 wandern kann. Folglich ist der Wert für den Zeitpunkt mit dem Abstand Δ von der Bezugsflanke der aktiven Einheit 1 einzusetzen. Durch diese Abschätzung wird erreicht, daß die Wahrscheinlichkeit statt von 2 stochastisch unabhängigen Ereignissen nur noch von einem abhängt, nämlich von der Lage des Vergabefensters zu der Lage der Taktflanke der aktiven Einheit 1.

Aufgrund der Gleichverteilung der Taktflanken der aktiven Einheit 1 und der Zugriffsvergabesteuerung zueinander kann die Wahrscheinlichkeit für das **Erreichen des Vergabefensters** durch die Taktflanke der aktiven Einheit 2 dadurch berechnet werden, daß das Verhältnis aus dem Zeitintervall, in dem das Vergabefenster erreicht wird, und dem gesamten Vergabefenster gebildet wird. Die Wahrscheinlichkeit für das Nicht-Erreichen des Zeitfensters ergibt sich dann zu 1 minus dieser Wahrscheinlichkeit. In Tabelle 6-3 ist die Herleitung der Einzelwahrscheinlichkeiten für die verschiedenen Zeitpunkte aus Bild 6-3 angegeben.

Zeitpunkt	Bereich, der in das Fenster fallen kann	Wahrscheinlichkeit für Nicht-Erreichen des Fensters	
0	0	1	
Δ	0	1	
2Δ	0	1	
3Δ	0	1	
4Δ	$x = T_V+4\Delta-T_{aE2}$	$1-x/T_V$	
5Δ	$x+\Delta$	$1-(x+\Delta)/T_V$	
6Δ	$x+2\Delta$	$1-(x+2\Delta)/T_V$	
7Δ	$x+3\Delta$	$1-(x+3\Delta)/T_V$	falls $T_{aE2}-7\Delta \geq 8\Delta-T_{aE2}$
	$T_V-(8\Delta-T_{aE2})$	$1-(T_V-(8\Delta-T_{aE2}))/T_V$	sonst
8Δ	$T_V-\Delta$	Δ/T_V	

Tabelle 6-3: Herleitung der Einzelwahrscheinlichkeiten

Die Anzahl der Zugriffszeitpunkte ergibt sich aus der Dauer des Taktes der aktiven Einheit 2 und der gewünschten Verschiebung zwischen den Zugriffen Δ:

$$K = T_{aE2} \text{ div } \Delta \qquad (6\text{-}1)$$

Im Beispiel ist K = 7. Zusätzlich sind noch der Zugriff zum Zeitpunkt 0 und der Zugriff, der vor der Flanke der aktiven Einheit 1, also im Bild 6-3 zwischen 8Δ und 9Δ, zu berücksichtigen, also insgesamt K+2 Zugriffszeitpunkte (im Beispiel: K+2 = 9). Als nächstes sind die Zugriffszeitpunkte zu bestimmen, für die die Wahrscheinlichkeit für das Nicht-Erreichen des Fensters 1 ist. Für sie gilt

$$T_V + L\Delta < T_{aE2}$$

mit $$L = (T_{aE2} - T_V) \text{ div } \Delta. \qquad (6\text{-}2)$$

Daraus resultieren die Zugriffszeitpunkte 0, Δ, ..., $L\Delta$ (vgl. auch Tabelle 6-3 mit L = 3). Die Zeitdauer x ergibt sich bei dem ersten Zugriffszeitpunkt innerhalb des möglichen Zugriffsvergabefensters. Sie berechnet sich folgendermaßen:

$$x = \Delta - ((T_{aE2} - T_V) \bmod \Delta) \qquad (6\text{-}3)$$

Der zweite Zugriff ist dann zum Zeitpunkt $x+\Delta$ usw. Wie schon bei dem Abschnitt über die Abschätzung beschrieben, muß für das Intervall $K\Delta$ bis $(K+1)\Delta$ festgestellt werden, welcher Wert der Wahrscheinlichkeit für das Nicht-Erreichen des Zugriffsvergabefensters größer ist, da nur dieser Wert bei der Abschätzung berücksichtigt werden darf. Die Wahrscheinlichkeit beträgt hier

$$\begin{aligned} P(NE,K) &= \max\left((1-(x+(K-L-1)\Delta)/T_V),\ (1-((T_V+T_{aE2}-(K+1)\Delta)/T_V))\right) \\ &= \max\left((1-(x+(K-L-1)\Delta)/T_V),\ (((K+1)\Delta-T_{aE2})/T_V)\right) \end{aligned}$$

Durch Einsetzen von K = 7 und L = 3 erhält man die beiden Werte für 7Δ in Tabelle 6-3. Die Wahrscheinlichkeit, daß das Zugriffsvergabefenster bei den insgesamt K+2 Zugriffen mindestens einmal erreicht wird, läßt sich aus den einzelnen Wahrscheinlichkeiten für das Nicht-Erreichen des Zugriffsvergabefensters folgendermaßen berechnen:

$$\begin{aligned} P(ZK2) &= 1 - \prod_{j=1}^{K+2} P(NE,j) \qquad (6\text{-}4) \\ &= 1 - \left[\max\left(\left(1 - \frac{x+(K-L-1)\Delta}{T_V} \right), \left(\frac{(K+1)\Delta-T_{aE2}}{T_V} \right) \right) \cdot \frac{\Delta}{T_V} \cdot \prod_{j=0}^{K-L-2} \left(1 - \frac{x+j\Delta}{T_V} \right) \right] \end{aligned}$$

Zusätzlich zu den bisherigen Überlegungen muß der Einfluß von Zugriffsverlängerungen berücksichtigt werden. Bei einer Zugriffsreihenfolge, bei der die aktive Einheit 2 die Zugriffsvergabephase der aktiven Einheit 1 erreichen soll (dies entspricht der in Bild 6-3 dargestellten Situation, bei der die aktive Einheit 1 das Zugriffsvergabefenster auswählt), haben Zugriffsverlängerungen der aktiven Einheit 1 keinen Einfluß auf das Auftreten der gewünschten Zugriffskonflikte. Zugriffsverlängerungen der aktiven Einheit 2 sorgen dagegen dafür, daß sich der Zeitpunkt des Anmeldens des Zugriffswunsches, bezogen auf die Flanke der aktiven Einheit 1, von dem jeweiligen angenommenen Zeitpunkt bei dem nächsten Zugriffszeitpunkt um diese Verlängerung nach hinten, also weg von dem Zugriffsvergabefenster, verschiebt.

Bei den auf Zugriffe mit Zugriffsverlängerung folgenden Zugriffen wird somit das Zugriffsvergabefenster in keinem Fall erreicht. Wenn bekannt ist, in welchem Verhältnis die verschiedenen Zugriffszeiten zueinander auftreten, kann man auch hier eine Wahrscheinlichkeit für das Auftreten des gewünschten Zugriffskonflikttyps angeben. Diese Wahrscheinlichkeit entspricht der Auftrittswahrscheinlichkeit P_A der Zugriffe mit minimaler Zugriffsdauer. Die Bestimmung dieser Wahrscheinlichkeit läßt sich durch mehrmalige Messung der Zugriffsdauer mit einem Speicheroszilloskop oder einen Logikanalysator vornehmen.

Da der erste Takt des Zugriffs der aktiven Einheit 1 folglich nur mit der Wahrscheinlichkeit P_A erreicht wird, muß dieser Faktor auch in der Formel zur Berechnung der Wahrscheinlichkeit für das Auftreten der Zugriffskonflikttyps 2 berücksichtigt werden. Dort sinken die Einzelwahrscheinlichkeiten für das Erreichen des Zugriffsvergabefensters jeweils um diesen Faktor P_A. Die Formel lautet bei Berücksichtigung der Zugriffsverlängerungen:

$$P_A(ZK2) = 1 - \left[\max\left(\left(1 - \frac{x+(K-L-1)\Delta}{T_V} P_A \right), \left(\frac{(K+1)\Delta - T_{aE2}}{T_V} P_A \right) \right) \cdot \left(1 - \left(\frac{T_V-\Delta}{T_V} P_A \right) \right) \cdot \prod_{j=0}^{K-L-2} \left(1 - \frac{x+j\Delta}{T_V} P_A \right) \right] \quad (6\text{-}5)$$

Wenn keine Zugriffsverlängerungen auftreten, also $P_A = 1$ ergibt sich wieder die Formel 6-4.

Bei der Berechnung der Gesamtwahrscheinlichkeit P(ZK2) bzw. P_A(ZK2) anhand der Formeln 6-4 und 6-5 muß beachtet werden, daß der Produktterm entfällt, wenn seine obere Grenze (K-L-2) negativ wird. Das ist dann der Fall, wenn aufgrund der verschiedenen Konstanten (T_{aE2}, T_V, Δ) der Bereich fehlt, in dem die zu diesem Formelteil gehörenden Zugriffszeitpunkte liegen würden. Außerdem ist bei der Berechnung der Einzelwahrscheinlichkeiten für das Erreichen des Zugriffsvergabefensters zu berücksichtigen, daß diese Wahrscheinlichkeiten außerhalb des Zugriffsvergabefensters Null sind. D. h., der Term, bei dem der Maximalwert zu ermitteln ist, ist nur im Bereich $(K+1)\Delta-T_{aE2}\leq T_V$ zu berücksichtigen. Außerhalb dieses Bereichs ist der Term wegzulassen. Dieselben Überlegungen sind für den Term Δ/T_V in Formel 6-4 bzw. den Term $1-((T_V-\Delta)P_A/T_V)$ in Formel 6-5 zu machen. Hier ist die Gültigkeit des jeweiligen Terms auf den Bereich $\Delta\leq T_V$ beschränkt.

In Bild 6-4 sind Kurven für die Wahrscheinlichkeit P_A(ZK2) angegeben, also für das Auftreten des Zugriffskonflikttyps 2 bei mehrfacher Erzeugung der zu testenden Situation in definiertem Abstand. Als Parameter ist auf der Abszisse dieser zeitliche Abstand Δ angegeben, um den sich die Taktflanken der beiden aktiven Einheiten von Zugriff zu Zugriff zueinander verschieben. Bild 6-4a zeigt die Wahrscheinlichkeiten P_A(ZK2) für verschiedene Vergabetakte T_V und eine Wahrscheinlichkeit P_A = 1 (Wahrscheinlichkeit für das Auftreten der Zugriffszeiten, bei denen der Zugriffskonflikt auftritt) und Bild 6-4b für einen festen Vergabetakt T_V = 67 ns und verschiedene Wahrscheinlichkeiten P_A. Die Wahrscheinlichkeiten P_A = 1, 0,66 und 0,44 entsprechen Werten des experimentellen Systems, welches in Kapitel 7 beschrieben wird.

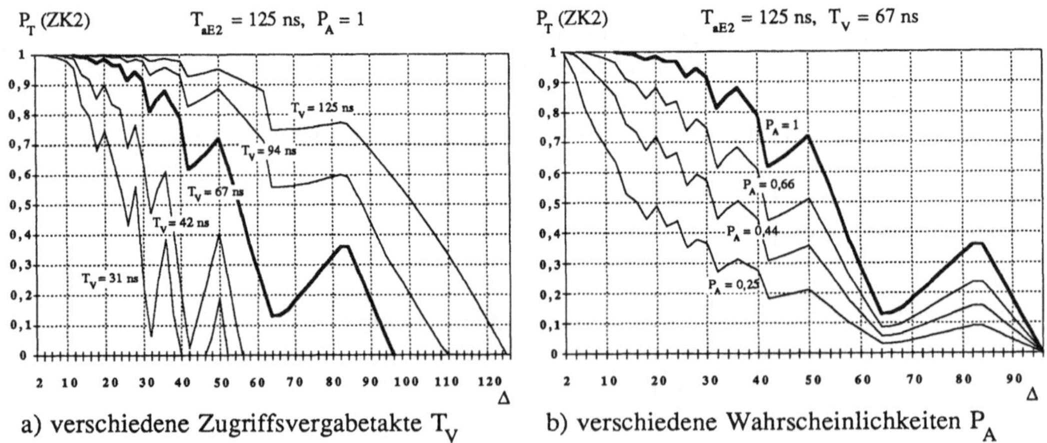

a) verschiedene Zugriffsvergabetakte T_V b) verschiedene Wahrscheinlichkeiten P_A

Bild 6-4: Verschiedene Wahrscheinlichkeiten P_A(ZK2)

Die Sprünge in den Kurven haben ihre Ursache darin, daß bei der Bestimmung der Einzelwahrscheinlichkeiten für das Erreichen des

Zugriffsfensters jeweils eine Abschätzung zum kleineren Wert gemacht wird.

In Kapitel 6.1 wurde erläutert, wie mit dem Meßprogramm die minimale und die maximale Relativdrift ermittelt wird. Der wirkliche Relativdriftwert liegt zwischen diesen beiden Werten. Bei der Berechnung der Anzahl der Takte zwischen zwei Zugriffen aus der Verschiebung Δ zwischen zwei Zugriffen der aktiven Einheit 2 muß der maximale Relativdriftwert berücksichtigt werden, um so sicherzustellen, daß der zeitliche Abstand zwischen zwei Zugriffen keinesfalls größer als Δ ist.

Mit dem minimalen Relativdriftwert ergibt sich dann ein kleineres Δ, welches zur Konsequenz haben kann, daß die vorgesehene Zahl von Zugriffen erhöht werden muß, um zu erreichen, daß die Verschiebung der Takte in jedem Fall insgesamt mindestens einen Takt der aktiven Einheit 2 beträgt.

Bei einer Realisierung der Zugriffsvergabeeinheit mit einem asynchronen Steuerwerk wird die Dauer der Zugriffsvergabephase durch die Dauer der Gatterlaufzeiten festgelegt und ist damit abhängig von der Realisierung des Steuerwerks. Wenn die Größenordnung der Gatterlaufzeiten und damit auch der Zugriffsvergabephase bekannt ist, kann durch Ausnutzen der Relativdrift der Takte der aktiven Einheiten - ähnlich zu den Überlegungen für die synchronen Steuerwerke - versucht werden, durch wiederholte Erzeugung der Zugriffssituation in definiertem zeitlichen Abstand, die Zugriffsvergabephase zu erreichen. Als wesentlicher Unterschied zu den Überlegungen für synchrone Zugriffsvergabesteuerwerke mit getrennten Takt T_V ist in diesem Fall das Zugriffsvergabefenster zwar sehr klein, jedoch beginnt es in jedem Fall erst mit der steigenden Flanke der aktiven Einheit, die zuerst ihren Zugriffswunsch anmeldet, und hat dann eine weitgehend konstante Dauer.

Wenn sich der zeitliche Abstand Δ für die Verschiebung der Taktflanken der aktiven Einheiten zueinander auf die Hälfte der Zugriffsvergabephase einstellen läßt, und die Zugriffssituationen mit diesem Abstand so oft wiederholt werden, bis sich diese Verschiebungen Δ zu einer Taktperiode des Taktes von der aktiven Einheit aufsummiert haben, die das Zugriffsvergabefenster erreichen soll, dann ist die Zugriffsvergabephase mindestens einmal erreicht worden und damit der gewünschte Zugriffskonflikttyp 2 auch aufgetreten. Andernfalls kann analog zu den Überlegungen für synchrone Zugriffsvergabeeinheiten eine Wahrscheinlichkeit für das Erreichen des Zugriffsvergabefensters angegeben werden, die sich als Quotient aus der Größe des Zugriffsvergabefensters zu dem zeitlichen Abstand Δ berechnet. Auch hier muß die Zugriffssituation entsprechen oft wiederholt werden, bis sich die Verschiebungen zu einem Takt der entsprechenden aktiven Einheit aufsummiert haben. Weiterhin gelten auch die Überlegungen, daß sich durch mehrfaches Wiederholen dieses Ablaufs die Wahrscheinlichkeit für mindestens einmaliges Auftreten des gewünschten Zugriffskonfliktes entsprechend vergrößert.

Wenn die Größe des Zugriffsvergabefensters nicht bekannt ist, kann man auch mit einem festen zeitlichen Abstand Δ mehrmals versuchen, den Zugriffskonflikttyp 2 zu erzeugen. Selbst in diesem Fall ist das vorgeschlagene Verfahren effizienter als die in Kapitel 7.4 zu Vergleichzwecken herangezogenen Zufallstestverfahren, da hier gezielt versucht wird, die gewünschten Zugriffskonfliktsituationen zu erzeugen, und nicht auf ihr zufälliges Auftreten gehofft wird. Jedoch kann auch hier nicht garantiert werden, daß die Zugriffsvergabephase erreicht wird, und es bleibt unbekannt, wieviele Schleifendurchläufe dazu notwendig sind. Wenn bei asynchronen Zugriffsvergabeeinheiten zusätzlich zu den unabhängigen Takten der aktiven Einheiten noch Zugriffsverlängerungen T_{Verl} auftreten, müssen diese auch hier durch Einführen der Wahrscheinlichkeit P_A berücksichtigt werden.

Als letztes ist noch zu untersuchen, ob der Zugriffskonflikttyp 2 erzeugt werden kann, wenn die Schleifenlängen der aktiven Einheiten nur in Einheiten von 2 Prozessortakten verändert werden können (vgl. Tabelle 5-2, die Prozessoren MC68000 und MC68010). Bei den bisherigen Überlegungen war angenommen, daß die kleinste Einheit einen Prozessortakt beträgt. Somit können Zeitverhältnisse auftreten, bei denen die beiden angegebenen Prozessoren das gewünschte Zeitfenster nicht mit den mit dem Befehlssatz einstellbaren Schleifenlängen erreichen können. Eine Veränderung der Schleifenlängen um eine ungerade Anzahl von Prozessortakten läßt sich in diesem Fall nur erreichen, wenn bei Zugriffen auf Speicherzellen eine ungerade Anzahl von Wartetakten notwendig ist; dies ist jedoch nicht immer gegeben. Als weitere Lösungsmöglichkeit lassen sich ggf. vorhandene Zugriffsverlängerungen ausnutzen; dabei müssen dann die Wahrscheinlichkeiten für die entsprechend verlängerten Zugriffe berücksichtigt werden.

Wenn diese beiden Möglichkeiten nicht vorliegen, besteht bei Systemen mit einem zentralen Takt keine Möglichkeit, den Zugriffskonflikttyp 2 gezielt zu erzeugen. Bei Systemen mit unabhängigen Takten läßt sich auch hier die Drift der Prozessortakte einsetzen. Dabei müssen die Schleifen der beiden beteiligten Rechner zusätzlich zu der einstellbaren Differenz noch um so viele Takte verlängert werden, daß sich die Takte der aktiven Einheiten um einen Takt zueinander verschoben haben. Dadurch bedingt verlängern sich die Zeiten zum Test des Zugriffskonflikttyps 2 entsprechend, jedoch ist ihr Test trotzdem möglich.

Bei der Erzeugung des Zugriffskonflikttyps 2 bleibt die Zugriffssynchronisation nur erhalten, wenn die aktive Einheit 2 ihren Zugriffswunsch in der Zugriffsphase anmeldet. Wenn sie die Zugriffsvergabephase erreicht, entscheidet die Priorität der aktiven Einheiten über die Zugriffsreihenfolge. In diesem Fall ist jedoch der Zugriffskonflikttyp 2 aufgetreten und somit keine Neusynchronisation erforderlich. Wenn aber der Zeitpunkt der Anmeldung des Zugriffswunsches vor den der aktiven Einheit 1 wandert, in Bild 6-3 im Bereich Δ vor der steigenden Flanke der aktiven Einheit 1, ist nicht der gewünschte Testfall aufgetreten, da in diesem Fall die aktive Einheit 1 ihren Zugriffswunsch in der Zugriffsvergabephase der aktiven Einheit 2 anmeldet. Da auch in diesem Fall die Priorität der aktiven Einheiten über ihre Zugriffsreihenfolge entscheidet, muß für jeden Zugriffszeitpunkt eine erneute Zugriffssynchronisation der aktiven Einheiten vorgenommen werden.

6.4. Zusammenfassung

Durch die Verwendung der Drift ist es also bis auf die beschriebene Ausnahme bei Systemen mit zentralem Takt möglich, den Zugriffskonflikttyp 2 zu erzeugen, auch wenn die Zeitfenster, die dazu erreicht werden müssen, kleiner als die kleinsten mit dem Befehlssatz einstellbaren Zeiteinheiten sind. Die Auftrittswahrscheinlichkeit hängt dabei jedoch noch von weiteren Faktoren ab, und zwar von dem verwendeten Steuerwerkstyp und von der Taktversorgung des Systems.

Bei einer synchronen Zugriffsvergabeeinheit können die gewünschten Zugriffskonflikte bei Vorliegen von unabhängigen Takten und/oder von Zugriffsverlängerungen nicht mehr in jedem Fall, jedoch mit sehr hoher Wahrscheinlichkeit erzeugt werden. Im Fall von asynchronen Zugriffsvergabeeinheiten wird die Zugriffsvergabephase immer erreicht, wenn ihre Dauer bekannt ist und die Verschiebung der Takte der aktiven Einheiten zwischen zwei aufeinanderfolgenden für diesen Takt erzeugten Zugriffssituationen nicht größer als die Hälfte dieses Zugriffsvergabefensters ist. Wenn diese Zeitbedingung aufgrund des Driftwertes nicht erfüllbar ist, läßt sich trotzdem eine Wahrscheinlichkeit für das Auftreten des gewünschten Zugriffskonflikttyps angeben, die sich durch entsprechende Wiederholung vergrößern läßt. Bei unbekannter Größe des Zugriffsvergabefensters kann nur noch mit zufälliger Erzeugung des Zugriffskonflikttyps gerechnet werden.

Von diesen Überlegungen getrennt zu betrachten sind die Fälle, bei denen die Schleifenlängen nur in Einheiten von zwei Prozessortakten verändert werden können. Bei ihnen kann ggf. nicht jede Schleifenlängendifferenz durch den Befehlssatz eingestellt werden. Bei Systemen mit unabhängigen Takten läßt sich auch hier die Drift der Prozessortakte ausnutzen, bei Systemen mit zentralem Takt besteht jedoch keine Möglichkeit, in diesen Fällen den Zugriffskonflikttyp 2 zu erzeugen.

Wenn die gewünschten Zugriffskonflikte erzeugbar sind, wird ihre korrekte Auflösung dadurch überprüft, daß - wie auch bei den beiden anderen Zugriffskonflikttypen - die bei diesen Zugriffen transferierten Testmuster mit Sollmustern verglichen werden.

Da zur Erzeugung des Zugriffskonflikttyps 2 die Relativdrift der Prozessortakte herangezogen wird, wurde ein Meßverfahren angegeben, mit dem die Relativdrift bestimmt werden kann. Aus dem Meßwert läßt sich ermitteln, nach wieviel Prozessortakten eine Verschiebung der Takte zueinander um einen Takt erfolgt ist. Innerhalb dieses Zeitraums liegen die Zeitverhältnisse, die zur Erzeugung des Zugriffskonflikttyps 2 notwendig sind, mit hoher Wahrscheinlichkeit vor.

Die Wahrscheinlichkeit für mindestens einmaliges Auftreten des Zugriffskonflikttyps 2 kann dadurch, daß die zu überprüfende Zugriffssituation entsprechend oft wiederholt wird, vorgegebene Werte erreichen. Mit Hilfe der vor dem Test ausgeführten Relativdriftmessung läßt sich die notwendige Anzahl der Prozessortakte berechnen, die zwischen den einzelnen Zugriffssituationen liegen muß, damit die vorgesehenen zeitlichen Verhältnisse auftreten.

7. Anwendung des Verfahrens

In diesem Kapitel wird die Implementierung des vorgestellten Testverfahrens in einem Mehrrechnersystem beschrieben. Damit soll gezeigt werden, daß die bei der Modellierung gemachten Annahmen und die Verfahrensvoraussetzungen mit der Wirklichkeit übereinstimmen und nicht eine Realisierung verhindern. Anschließend wird anhand von Fehlerexperimenten gezeigt, daß die gewünschten Zugriffskonfliktsituationen auftreten, und damit auf diesem Weg eine Verfahrensvalidierung vorgenommen. Außerdem soll dieses Kapitel einen Eindruck darüber vermitteln, mit welchem Aufwand das Verfahren auf andere Systeme übertragen werden kann.

Im ersten Unterkapitel wird auf die für die Modellimplementierung verwendete Hardware eingegangen. Dabei werden die für das Verständnis wesentlichen Systemeigenschaften behandelt und danach das Konzept und die Realisierung der Kommunikationshardware erläutert. Im zweiten Unterkapitel wird zuerst beschrieben, wie das Vorgehen bei dem Test des Kommunikationssystems ohne Zugriffskonflikte aufgrund der Hardwaregegebenheiten gegenüber der Beschreibung in Kapitel 5.2.1 angepaßt werden muß. Anschließend wird detailliert auf den Test der Zugriffskonfliktauflösung eingegangen. Dazu werden exemplarisch Ausschnitte aus den Testprogrammen erläutert, die für den Test der Kommunikationshardware implementiert wurden. Im dritten Unterkapitel werden die mit den Testprogrammen entdeckten Fehler diskutiert, die teilweise auf Layoutfehlern bei der Platinenherstellung beruhten und teilweise experimentell in die Kommunikationshardware eingebracht wurden. Das letzte Unterkapitel vergleicht das vorgestellte Testverfahren mit einem Verfahren, welches auf zufälliger Erzeugung der Zugriffskonflikte beruht.

7.1. Das experimentelle Mehrrechnersystem

Das Mehrrechnersystem, das für die experimentelle Implementierung des vorgeschlagenen Testverfahrens zur Verfügung steht, besteht aus Standardrechensystemen, die über eine im Rahmen eines DFG-Projekts entwickelte Kommunikationshardware miteinander verbunden sind. In diesen Rechensystemen wird die Prozessorkarte QU68030 der Firma PCS eingesetzt. Als wesentliche Eigenschaften verfügt sie über einen Prozessor MC68010 der Firma Motorola, eine Speicherverwaltungseinheit mit Schutzmechanismen, einen lokalen Speicher- und Festwertspeicherbereich und eine Zeitüberwachung für alle Speicher- und Ein-/Ausgabezugriffe. Systembus ist der Q-Bus der Firma DEC. Außerdem hat die Prozessorkarte einen zweiten

Busanschluß zum sogenannten S(Speicher)-Bus. Über diesen kann auf entsprechend ausgestattete Speichermodule zugegriffen werden. Der S-Bus ist nur für diese Speicherzugriffe ausgelegt und stellt eine schnelle Kopplung zwischen Prozessor und Speicher zur Verfügung. Eine detaillierte Beschreibung der Prozessorkarte ist /PCS83/ zu entnehmen. Vervollständigt werden die Rechner durch einen 1 MB großen dynamischen Speicher, 4 serielle Schnittstellen und Hintergrundspeicher.

Die Kommunikationshardware besteht aus Koppelmodulen. Je zwei identische Koppelmodule stellen eine bidirektionale Verbindung zwischen 2 Rechnern zur Verfügung, so daß bei insgesamt 3 zur Verfügung stehenden Rechnern und 6 Koppelmodulen alle Rechner miteinander verbunden werden können. Bild 7-1 zeigt die Struktur des Mehrrechnersystems.

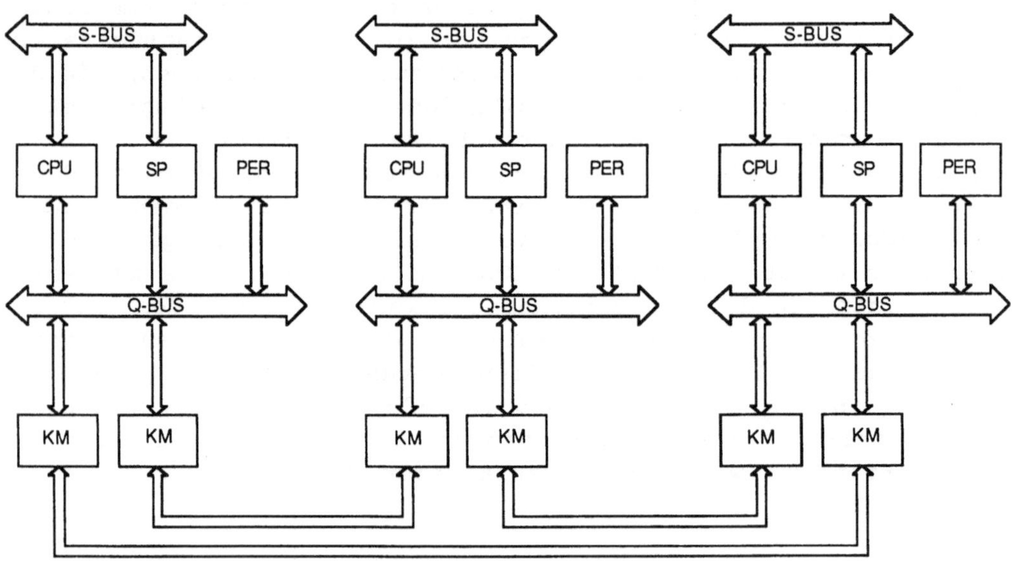

CPU : Prozessorkarte
PER : Peripherie
SP : Speicher
KM: Koppelmodul

Bild 7-1: Systemstruktur des fehlertoleranten Mehrrechnersystems

Die Koppelmodule stellen zur Kommunikation zwei Mechanismen bereit: Zur Übergabe kleiner Datenmengen hat jeder Rechner zwei 16-bit-Datenübergaberegister; eines davon meldet das Beschreiben mit einer Unterbrechung an den anderen Rechner, der im folgenden Partnerrechner genannt wird. Größere Datenmengen können durch lesenden und schreibenden Zugriff auf den Speicher des Partnerrechners übergeben werden. Dazu steht ein 64 k-Byte großer Speicherbereich, Kommunikationsspeicher genannt, zur Verfügung, auf den über die Koppelmodule in den jeweiligen Partnerrechner im DMA-Modus zugegriffen werden kann. Zur Verdeutlichung sind in Bild 7-2 die durch die Koppelmodule zur Verfügung gestellten Zugriffsmöglichkeiten dargestellt.

Aus Gründen der Fehlerbegrenzung sind für die Mechanismen, mit denen der Partnerrechner beeinflußt werden kann, also die Unterbrechung und den lesenden bzw. schreibenden Zugriff auf den Kommunikationsspeicher, durch den Partner getrennt setzbare Zugriffsrechte vorgegeben (in Bild 7-2 als Schutzmauern dargestellt). Dadurch ist es möglich, einen fehlerhaften Rechner von der weiteren Kommunikation auszuschließen. Diese Zugriffsrechte werden mit Hilfe des Statusregisters realisiert.

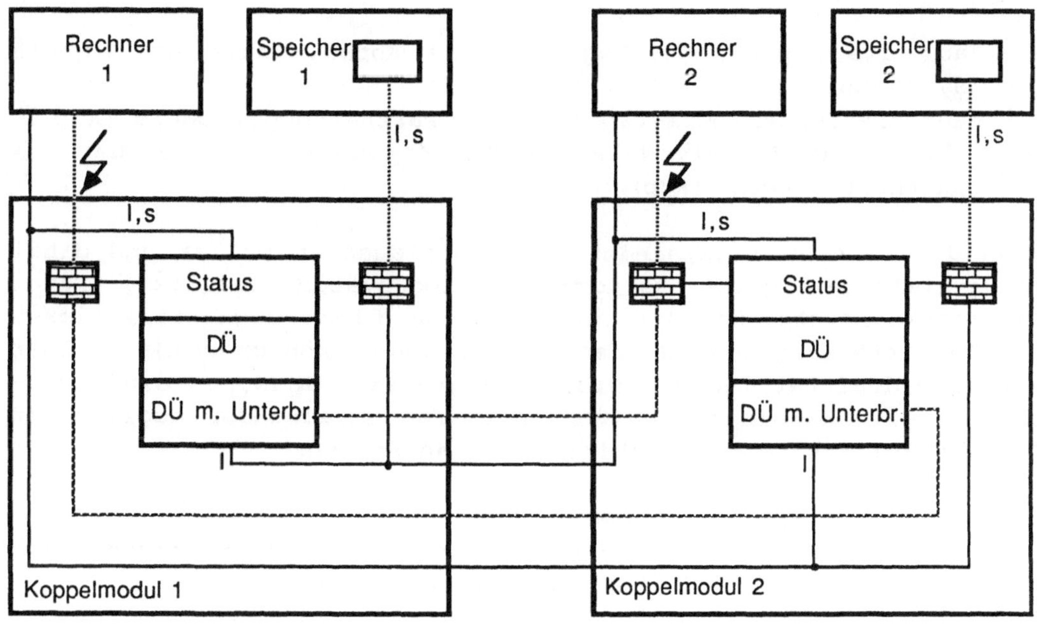

Bild 7-2: Struktur der Koppelmodule

Analog zu den Zugriffsrechten sind auch die Datenübergaberegister jeweils einem Rechner zugeordnet; dieser darf die Register auslesen und beschreiben, der Partner darf hingegen nur lesend zugreifen.

Die zugrundeliegende Idee besteht darin, daß die einzelnen Betriebsmittel einem Rechner zugeordnet sind, der sie verändern darf bzw. der dem Partnerrechner im Betrieb den Zugriff auf seine Betriebsmittel erlauben und auch wieder entziehen kann.

Die Koppelmodule sind bei den Rechnern jeweils am Systembus angeschlossen und miteinander über den Koppelbus verbunden, der auf der Norm CCITT V.11 basiert. Aus Gründen der Störsicherheit sieht diese Norm eine Übertragung der Signale mit je einem verdrillten Signalleitungspaar vor. Die Entfernung zwischen zwei Rechnern darf dabei bis zu maximal einem Kilometer betragen; sie liegt bei der untersuchten Modellimplementierung jedoch bei etwa 4 m. Größere Entfernungen wurden nicht untersucht. Der Koppelbus ist ein paralleler Bus mit 31 Signalleitungen (16 Daten- und Adreßleitungen, 7 Q-Bus-Steuerleitungen sowie 8 Koppelbussteuerleitungen) und einer niederohmigen Masseverbindung.

Jeder Rechner kann zum Datenaustausch also auf folgende Betriebsmittel zugreifen:

- auf die Koppelmodul-Register des Koppelmoduls am eigenen Systembus (KMe),
- auf die Koppelmodul-Register des Partnerkoppelmoduls (KMp),
- über beide Koppelmodule auf den Kommunikationsspeicher des Partnerrechners (KSp).

Wenn die Rechner miteinander Daten austauschen wollen und dabei beide gleichzeitig auf das Kommunikationssystem zugreifen, treten Zugriffskonflikte auf, die durch Verzögern bzw. Sequentialisieren der Zugriffe aufgelöst werden müssen. Dabei können beide Rechner auf alle drei Betriebsmitteltypen zugreifen, d. h., es sind prinzipiell alle Kombinationen von Zugriffen miteinander möglich. In Tabelle 7-1 sind diese Kombinationen angegeben.

R1	R2	Bemerkungen
KMe	KMe	keine Zugriffskonflikte
KMe	KMp	Zugriffskonflikte möglich
KMp	KMe	Zugriffskonflikte möglich
KMp	KMp	Zugriffskonflikte möglich, Prioritätsvariable P entscheidet über die Zugriffsreihenfolge
KMe	KSp	Zugriffskonflikte möglich
KMp	KSp	Zugriffskonflikte möglich
KSp	KMe	Zugriffskonflikte möglich
KSp	KMp	Zugriffskonflikte möglich
KSp	KSp	führt zur Verklemmung => Semaphorvariable notwendig, Verklemmung tritt dann nicht auf

Tabelle 7-1: Kombinationen der Kommunikationszugriffe

Zugriffskonflikte treten immer dann auf, wenn zwei Rechner auf dasselbe Betriebsmittel, z. B. ein Koppelmodulregister, zugreifen wollen, aber auch dann, wenn zu den Zugriffen ein von beiden benötigtes gemeinsames Betriebsmittel, z. B. der Koppelbus und das Partnerkoppelmodul, zur Verfügung stehen muß. Dies ist beispielsweise bei gleichzeitigen Zugriffswünschen auf Register des jeweiligen Partnerrechners der Fall. Bei den vier Kombinationen mit dem Zugriff auf den Kommunikationsspeicher des jeweiligen Partnerrechners zählt zu den benötigten Betriebsmitteln auch noch der Q-Bus des Partnerrechners, da auf dessen Speicher zugegriffen wird. Das Auftreten der letzen Kombination in der Tabelle, bei der beide Rechner gleichzeitig auf den Kommunikationsspeicher des Partnerrechners zugreifen wollen, muß unterbunden werden, da dieser Fall zu einer Verklemmung der Rechner führen würde; beide Rechner könnten in ihrem Koppelmodul den Zugriff auf den Speicher des Partnerrechners anmelden und keinem der Rechner könnte der Q-Bus des Partners zugeteilt werden (dieser ist zum Zugriff auf den Kommunikationsspeicher des Partnerrechners notwendig), da dieser jeweils durch den Zugriff des eigenen Rechners blockiert ist. Zur Vermeidung dieser Situation ist ein Hardware-Semaphor vorgesehen, mit dem der Zugriffskanal auf den Speicher des Partnerrechners für die Dauer der Übertragung der gewünschten Daten fest einem der beiden Rechner zugeordnet wird.

Die Auflösung der Zugriffskonflikte erfolgt bis auf eine Kombination aufgrund von internen Prioritäten der Zugriffsvergabesteuerwerke. Dabei haben Zugriffe auf eigene Koppelmodulregister die höchste Priorität, dann folgen Zugriffe auf Register des Partnerkoppelmoduls und die niedrigste Priorität haben die Zugriffe auf den Kommunikationsspeicher des Partnerrechners. Nur bei gleichzeitigen Zugriffswünschen auf Koppelmodul-Register des Partnerrechners entscheidet die Hardwareprioritätskonstante P über die Zugriffsreihenfolge; P muß in beiden Koppelmodulen unterschiedlich eingestellt sein. Die Information über diese Prioritäten ist für den Test der Auflösung der Zugriffskonflikte nicht relevant und wird hier nur angegeben, weil die Prioritätskonstante P im Kapitel über die Fehlerexperimente benötigt wird.

Die Beschreibung der Koppelmodule beschränkt sich an dieser Stelle auf das wesentliche Konzept und behandelt Einzelheiten nur insoweit, wie sie für das Verständnis des folgenden Textes notwendig sind. Eine genaue Beschreibung mit weiteren Realisierungsdetails ist in /SIE83/ zu finden.

7.2. Test des Kommunikationssystems

Der Test des Kommunikationssystems setzt sich, wie in Kapitel 5.2 erläutert, aus zwei Phasen zusammen: in der ersten erfolgt der Test ohne und in der zweiten der Test mit Zugriffskonflikten.

In der ersten Testphase werden alle Fehler überprüft, die nicht die Auflösung der Zugriffskonflikte betreffen, d. h., es wird die Speicherfunktion der Register sowie die Zugriffsfunktion der Rechner auf die Register und den Kommunikationsspeicher getestet. Die Speicherfunktion der Kommunikationsspeicher - jeder der beiden Rechner verfügt über einen - muß hier nicht berücksichtigt werden, da sie bereits bei dem vorher erfolgten Speichertest überprüft wurde, so daß sie für den Test des Kommunikationssystems als korrekt funktionierend vorausgesetzt werden kann.

In der zweiten Testphase wird die Auflösung der Zugriffskonflikte bei den verschiedenen Zugriffskombinationen überprüft. Dazu wird zuerst die Implementierung des Zugriffssynchronisationsverfahrens und anschließend die Erzeugung der einzelnen Zugriffskonflikttypen für eine der Zugriffskombinationen aus Tabelle 7-1 exemplarisch erläutert.

7.2.1. Test ohne Zugriffskonflikte

In der ersten Testphase erfolgt zunächst der Test der Speicherfunktion der Register. Er kann nicht in der in Kapitel 5.2.1 beschriebenen Weise ausgeführt werden, bei der zuerst ein Rechner die Speicherfunktion aller Register überprüft, und der Partnerrechner anschließend den Zugriffstest ausführt, da für die Register unterschiedliche Zugriffsrechte vorliegen. Folglich müssen beide Tests von den beteiligten Rechnern gemeinsam unter Zuhilfenahme eines Protokolls ausgeführt werden. Dies geschieht einerseits, um dem nur leseberechtigten Partnerrechner zu signalisieren, daß das nächste Testdatum im Register vorliegt, und andererseits, um in dieser Testphase das Auftreten von Zugriffskonflikten zu verhindern. Es ergibt sich somit unter der Annahme, daß ein dem Rechner 1 zugeordnetes Register überprüft wird, der folgende Ablauf:

1. Rechner 1 beschreibt das Register mit einem Testmuster.
2. Rechner 1 überprüft, ob dieses Testmuster korrekt eingetragen ist.
3. Rechner 1 übergibt die Aktivität an Rechner 2.
4. Rechner 2 überprüft, ob das Testmuster korrekt eingetragen ist.

5. Rechner 2 übergibt die Aktivität zurück an Rechner 1.

Analog müssen für den Test von Registern, die dem Rechner 2 zugeordnet sind, die Rollen von Rechner 1 und 2 vertauscht werden.

Zur Vermeidung von Zugriffskonflikten darf in dieser Testphase prinzipiell nur derjenige Rechner, der gerade die Aktivität hat, auf die Koppelmodulbetriebsmittel zugreifen. Zur Übergabe der Aktivität werden die Datenübergaberegister mit Unterbrechung herangezogen, weil bei ihrer Verwendung keine Zugriffskonflikte auftreten.

Da jedem Rechner ein Datenübergaberegister ohne Unterbrechung im eigenen Koppelmodul und eines mit Unterbrechung im Partnerkoppelmodul zugeordnet ist, und beide eine Wortbreite von 16 Bit haben, müssen für den Test die in Kapitel 5.2.1 hergeleiteten fünf Testmuster herangezogen werden. Sie sind zur Erinnerung nochmals in Tabelle 7-2 angegeben. Mit jedem der Testmuster müssen jeweils beide Datenübergaberegister zum Test der Speicher- und der Zugriffsfunktion überprüft werden.

1111 1111 0000 0000
1111 0000 1111 0000
1100 1100 1100 1100
1010 1010 1010 1010
0101 0101 0101 0101

Tabelle 7-2: Testmuster

Als wesentlicher Unterschied zu dem in Kapitel 5 beschriebenen Ablauf, bei dem die Rechner am Ende ihres Teiltests dies dem im Testablauf nächsten Rechner signalisierten, muß hier der Eintrag der einzelnen Testmuster signalisiert werden; folglich ergibt sich in dieser Testphase ein höherer Kommunikationsaufwand.

Als Kommunikationsspeicher steht in beiden Rechnern ein 64 k-Byte großer Speicherbereich zur Verfügung, auf den jeweils der Partnerrechner über die Koppelmodule zugreifen kann. Die Wortbreite beträgt 16 Bit. Da auch byte-weise auf den Kommunikationsspeicher zugegriffen werden kann, sind zur Adressierung 16 Adreßleitungen notwendig. Folglich müssen auch hier die fünf Testmuster aus Tabelle 7-2 für den Test herangezogen werden, und zwar zur Überprüfung, ob die Adressen und die Daten korrekt übertragen werden. Für den Test der Adreßleitungen müssen als Testzellen Speicherzellen ausgewählt werden, die als Adresse innerhalb des Kommunikationsspeicherbereichs den Wert dieser Testmuster haben. Dabei muß zuerst überprüft werden, ob auf die korrekte Adresse zugegriffen wird. Das ist beispielsweise dann möglich, wenn der Kommunikationsspeicherbereich vor diesem Test von dem Rechner, dem er zugeordnet ist, so initialisiert wird, daß in jeder Testzelle das Komplement ihrer Adresse und in den restlichen Speicherzellen ein beliebiger anderer Wert eingetragen wird. Nachdem überprüft ist, ob die korrekten Speicherzellen adressiert werden, wird in jede dieser Testzellen ihre Adresse eingetragen und anschließend zur Überprüfung wieder ausgelesen. Bei dem Speicherzugriffstest sind folglich 15 Zugriffe des Partnerrechners und mindestens 5 zur Initialisierung der Testzellen durch den Rechner, dem der Kommunikationsspeicher zugeordnet ist, notwendig, wenn der Kommunikationsspeicher noch von dem vorher erfolgten Speichertest mit definierten Werten initialisiert ist. (Bei dem Speichertest war auch die Adressierung der Speicherzellen durch den testenden Rechner überprüft worden.)

Zum Test der Zugriffsrechte sei hier nur erwähnt, daß zu Testzwecken nicht nur erlaubte sondern auch verbotene Zugriffe ausgeführt werden müssen, um die Wirksamkeit der vorgesehenen Maßnahmen zu überprüfen. Für weitere Informationen sei auf /JAE84/ verwiesen; dort ist ein Testprogramm für die Koppelmodule beschrieben, welches im Rahmen einer Diplomarbeit erstellt wurde.

7.2.2. Test mit Zugriffskonflikten

In der zweiten Testphase erfolgt der Test der Auflösung der Zugriffskonflikte. Die verschiedenen Zugriffskonflikttypen treten auf, wenn die beiden Rechner zu entsprechenden Zeitpunkten ihre Zugriffswünsche bei dem gemeinsamen Betriebsmittel anmelden. Aufgelöst werden sie von der Zugriffsvergabeeinheit des gemeinsamen Betriebsmittels. Dabei müssen alle Zugriffskombinationen aus Tabelle 7-1 überprüft werden, bei denen Zugriffskonflikte auftreten, da sie unterschiedliche Steuerabläufe erfordern. Eine Einschränkung ergibt sich jedoch bezüglich der für die Zugriffskombinationen zu untersuchenden Zugriffskonflikttypen, da nur zwei Rechner über eine Koppelmodulverbindung miteinander verbunden sind. Das Auftreten des Zugriffskonflikttyps 1 kann ausgeschlossen werden; bei diesem liegen zu Beginn der Zugriffsvergabephase zwei Zugriffswünsche vor. Bei zwei aktiven Einheiten ist das nicht möglich, dort wird immer eine aktive Einheit ihren Zugriffswunsch anmelden, wenn der erste Zugriffswunsch schon vorliegt. In diesem Fall sind zusätzlich Laufzeitprobleme zu berücksichtigen, d. h., der Zugriffskonflikttyp 2 liegt vor. Anders ist das bei drei oder mehr Rechnern; dort können mehrere Rechner ihre Zugriffswünsche während dem laufenden Zugriff eines anderen Rechners anmelden. Ihre Zugriffswünsche liegen damit schon in der auf den Zugriff folgenden Zugriffsvergabephase vor (Zugriffskonflikttyp 1).

Es müssen bei zwei Rechnern folglich nur der Zugriffskonflikttyp 2 (Hinzukommen eines Zugriffswunsches in der Zugriffsvergabephase) und der Zugriffskonflikttyp 3 (Hinzukommen eines Zugriffswunsches in der Zugriffsphase) untersucht werden. Dabei sind für den Zugriffskonflikttyp 2 und 3 je N(N-1) = 2 Testfälle bei N = 2 beteiligten Rechnern zu untersuchen. Jedem Testfall entspricht dabei eine andere Zugriffsreihenfolge. Das bedeutet für den Zugriffskonflikttyp 2, daß der Zugriffswunsch des Rechners 2 in der Zugriffsvergabephase des Rechners 1 angemeldet werden muß und umgekehrt. Für den Zugriffskonflikttyp 3 gelten dieselben beiden Zugriffsreihenfolgen, nur muß hier der Zugriffswunsch in der Zugriffsphase angemeldet werden.

Im folgenden wird zuerst der Ablauf des Tests beschrieben, da die Erzeugung der verschiedenen Zugriffskonflikttypen sich aus mehreren Schritten zusammensetzt. Danach wird auf die Ermittlung der für das Verfahren relevanten Zeiten eingegangen. Abschließend wird an einem Beispiel beschrieben, wie man die notwendigen Programmschleifen zur Zugriffssynchronisation und zur Erzeugung der Zugriffskonfliktsituationen bestimmt.

Zur Synchronisation der beiden Rechner werden Programmschleifen verwendet, in denen beide Rechner auf das gleiche Koppelmodulregister, ein Datenübergaberegister ohne Unterbrechung, zugreifen. Ein Rechner greift also auf ein eigenes Koppelmodulregister zu und der andere auf ein Register des Partnerkoppelmoduls. (Dies ist notwendig, da die "Start"-Meldung in der Anfangsschleife über das gemeinsame Betriebsmittel an den Partnerrechner übergeben wird.)

In der betrachteten Modellimplementierung wurde folgender Ablauf für die Synchronisation und den anschließenden Test der Zugriffskonflikte realisiert: Rechner 2 signalisiert "Testaufforderung" mit einer Datenübergabeunterbrechung an Rechner 1 und führt anschließend die Anfangsschleife mit der Anfangsschleifendauer T_{SA} aus (Phase 1), in der er das Datenübergaberegister ohne Unterbrechung des Partnerkoppelmoduls ausliest. In diesem Register erwartet er die Startmeldung des Rechners 1.

Rechner 1 geht nach Erkennen der Testaufforderung durch die Datenübergabeunterbrechung in die Anfangsschleife. Bei seinem zweiten Schleifendurchlauf signalisiert er seine Testbereitschaft durch Eintragen der "Start"-Meldung in sein Datenübergaberegister ohne Unterbrechung an Rechner 2. Da bei 2 Rechnern die Schleifenlänge T_{S1} identisch mit der Anfangsschleifenlänge T_{SA} ist, führt er weiterhin diese Schleife aus, und zwar noch genau n_2 Durchläufe (vgl. Formel 5-26).

Rechner 2 ändert nach Erkennen der "Start"-Meldung seine Anfangsschleifenlänge in die Endschleifenlänge T_{SE2} (Phase 2). Die Differenz zwischen der Anfangs- und der Endschleifenlänge ist die Schleifenlängendifferenz T_{Diff}. Um diese Differenz wandert der Zugriff des Rechners 2 in der dritten Phase des Verfahrens auf den Zugriff des Rechners 1 zu, bis die beiden Rechner nach spätestens n_2 Durchläufen zugriffssynchronisiert sind (Phase 4). Im nächsten Schritt verlassen beide Rechner ihre Synchronisationsschleifen und greifen auf die der zu testenden Zugriffskombination entsprechenden Register bzw. den Kommunikationsspeicher im Partnerrechner zu. Bei dem Übergang zum Test der Auflösung der Zugriffskonflikte muß besondere Aufmerksamkeit darauf gelegt werden, daß die erreichte Zugriffssynchronisation erhalten bleibt, da nur dann bei den anschließend ausgeführten Zugriffen die gewünschten Zugriffskonflikte auftreten. Zuerst wird der Zugriffskonflikttyp 3 für die zu testende Situation überprüft. Das dazu zur Verfügung stehende Zeitfenster ist, wie sich später herausstellen wird, in jedem Fall so groß, daß eine einmalige Erzeugung für die Überprüfung ausreicht. Dadurch, daß beim Test des Zugriffskonflikttyps 3 die Zugriffssynchronisation erhalten bleibt, kann anschließend sofort der Test des Zugriffskonflikttyps 2 erfolgen. Dazu muß der Zeitpunkt der Anmeldung des Zugriffswunsches aus der Zugriffsphase (bei dem Zugriffskonflikttyp 3) in die Zugriffsvergabephase verschoben werden. Abhängig von der Größe des Zugriffsvergabefensters muß die gewünschte Zugriffkonfliktsituation ggf. mehrmals erzeugt werden. Die Anzahl der Wiederholungen wird dann in der in Kapitel 6.3 beschriebenen Weise bestimmt.

Zum Abschluß signalisiert Rechner 1 an Rechner 2 das erfolgreiche Ende der beiden Tests mit einer Datenübergabeunterbrechung, die gleichzeitig als Aufforderung zur Überprüfung derselben Zugriffskombination, jetzt aber mit umgekehrter Zugriffsreihenfolge, dient. Der weitere Ablauf entspricht dem oben beschriebenen jedoch mit vertauschten Rollen für die beiden Rechner. Analog werden auch die weiteren Zugriffskombinationen überprüft.

Zur Bestimmung der Programmschleifen, mit denen die Rechner auf Zugriffsebene synchronisiert werden, müssen einige systemspezifische Zeiten bekannt sein. Dieses sind:

- die Zugriffszeiten bzw. die Anzahl der zusätzlichen Wartetakte bei Zugriffen auf die verschiedenen Kommunikationsbetriebsmittel, also bei Zugriffen auf die eigenen Koppelmodulregister und die des Partnerrechners sowie auf den Kommunikationsspeicher des Partnerrechners. Dabei müssen die Zugriffszeiten aus der Sicht des Prozessors und aus der Sicht des gemeinsamen Betriebsmittels - sofern sie unterschiedlich sind - bekannt sein.

- bei Vorliegen von Zugriffsverlängerungen die Auftrittswahrscheinlichkeit P_A für die verschiedenen Zugriffszeiten

- die Dauer der Zugriffsvergabe- und der Zugriffsphase aus der Sicht des gemeinsamen Betriebsmittels

Diese Zeiten beziehen sich jeweils auf den unverzögerten Fall, d. h. wenn keine durch Zugriffskonflikte bedingten Zugriffsverlängerungen vorliegen. Weitere notwendige Angaben sind:

- die Zugriffszeiten bzw. die Anzahl der Wartetakte bei Zugriffen auf den Speicher, in dem die Programmschleifen abgelegt sind,

- die Befehlsausführungszeiten für die Befehle, die zur Synchronisation und zur Erzeugung der Zugriffskonflikte verwendet werden.

Gegebenenfalls müssen unterschiedliche Zeiten bei Lese- und Schreibzugriffen berücksichtigt werden. Die Wartetakte der verschiedenen Zugriffe sind in Tabelle 7-3 angegeben. Als Einheit ist der Prozessortakt verwendet.

	Lesen	Schreiben
Speicher	2	2
eigenes Koppelmodul	9	10
Partnerkoppelmodul	12/13	13/14
Kommunikationsspeicher im Partnerrechner	17/19	19/21

Tabelle 7-3: Wartetakte bei den verschiedenen Zugriffen

Zwei Werte in der Tabelle bei einem Zugriffstyp geben die minimale und die maximale Anzahl der Wartetakte an. Diese Schwankungen resultieren daraus, daß die Zugriffsvergabe zwischen den beiden Koppelmodulen durch zwei unabhängige synchrone Steuerwerke mit eigenem Takt erfolgt. Bei den Zugriffen auf den Kommunikationsspeicher des Partnerrechners sind noch zusätzliche Zugriffsverlängerungen durch die Wiederauffrischung der Informationen des Speichers möglich. Die Zugriffe auf das Koppelmodul des Partnerrechners können um einen und die Zugriffe auf den Kommunikationsspeicher um ein oder zwei zusätzliche Wartetakte verlängert werden.

In Tabelle 7-4 sind die Befehlsausführungszeiten für die beim Test der Auflösung der Zugriffskonflikte verwendeten Befehle in Prozessortakten angegeben.

Befehl	Befehlsausführungszeit	
	lt. Datenblatt	im System
MOVE $(a_i),d_j$	8(2/0)	10+ Wartetakte des Zugriffs
CMP d_i,d_j	4(1/0)	6
DBcc d_i,LOOP	10(2/0)*	14
	16(3/0)**	22
Bcc	10(2/0)	14
NOP	4(1/0)	6
ASL #n,d_i	6+2n(1/0)	8+2n

cc Bedingung, EQ: gleich NE: ungleich
* Sprung oder weiter, falls Bedingung wahr
** weiter, falls Zähler abgelaufen

Tabelle 7-4: Befehlsausführungszeiten

In der ersten Spalte steht der Befehl in Assembler-Syntax; die Indizes i und j stehen für die Verwendung eines der Daten- bzw. der Adreßregister. In der zweiten Spalte ist die Anzahl der Prozessortakte für die Befehlsausführung angegeben, die man für den Prozessor MC68010 in Motorola-Datenblättern findet /MOT82-1/. In den Klammern ist als erstes die Anzahl der Lesezugriffe und als zweites die Anzahl der Schreibzugriffe angegeben; damit ist es möglich, die genaue Anzahl der Takte für die Befehlsbearbeitung zu ermitteln. (In vielen Systemen ist eine unterschiedliche Anzahl von Wartetakten bei Lese- und Schreibzugriffen notwendig.) In der dritten Spalte sind die aktuellen Werte des betrachteten Systems angegeben, die sich dadurch ergeben, daß bei den Speicherzugriffen zwei zusätzliche Wartetakte notwendig sind. Der MOVE-Befehl beinhaltet den genannten Zugriff auf das jeweilige Kommunikationsbetriebsmittel; deshalb ist dort die Anzahl der Wartetakte des entsprechenden Zugriffs laut Tabelle 7-3 zu berücksichtigen. Zum besseren Verständnis des folgenden sei noch darauf hingewiesen, daß bei dem BNE-Befehl der Sprung ausgeführt wird, wenn die Bedingung erfüllt ist, und bei dem DBNE-Befehl, wenn die Bedingung nicht erfüllt ist.

Aus der Sicht der Koppelmodule dauern die Koppelmodulzugriffe, d. h. die Zugriffe auf Koppelmodulregister oder den Speicher des Partnerrechners, 2 Prozessortakte länger als aus der Sicht des Prozessors. Das hat folgende Ursache: Die Prozessorkarte wurde bei dem Entwurf für den Betrieb mit dem S-Bus-Speicher ausgelegt, so daß nur noch zur Ein-/Ausgabe über den Q-Bus zugegriffen wird. Bei diesen Ein-/Ausgabezugriffen muß das Protokoll des MC68010 auf das Q-Bus-Protokoll abgebildet werden. Die Zugriffszeiten des Prozessors über den Q-Bus wurden bei dem Entwurf des Prozessormoduls optimiert, d. h. um besagte 2 Prozessortakte verkürzt. Sie wirken sich immer als Geschwindigkeitssteigerung aus, wenn nicht zwei Q-Buszyklen unmittelbar aufeinander folgen, da der Prozessor dann schon parallel zu der Beendigung des Q-Buszyklus mit der weiteren Befehlsbearbeitung fortfahren kann.

Die Zugriffszeiten aus der Sicht der Koppelmodule setzen sich somit aus 4 Prozessortakten für einen Speicherzugriff, den in Tabelle 7-3 angegebenen zusätzlichen Wartetakten und zwei weiteren Prozessortakten, um die die Zugriffe über den Q-Bus aus der Sicht des Prozessors optimiert sind, zusammen. Die verschiedenen Werte sind aus Tabelle 7-5 zu entnehmen.

	lesen	schreiben
eigenes Koppelmodul	15	16
Partnerkoppelmodul	18/19	19/20
Kommunikationsspeicher im Partnerrechner	23/25	25/27

Tabelle 7-5: Zugriffszeiten aus der Sicht der Koppelmodule

Bei den beiden Zugriffskonflikttypen bestehen unterschiedliche Anforderungen bezüglich des zu erreichenden Zeitfensters. Im Fall des Zugriffskonflikttyps 2 (Anmelden eines Zugriffswunsches in der Zugriffsvergabephase) wird das Zeitfenster durch die Dauer der Zugriffsvergabephase festgelegt, im Fall des Zugriffskonflikttyps 3 (Anmelden des Zugriffswunsches in der Zugriffsphase) durch die Dauer der Zugriffsphase. Um die beiden Zugriffskonflikttypen gezielt überprüfen zu können, muß folglich die Größe der beiden Zeitfenster bekannt sein.

Zu ihrer Bestimmung bieten sich zwei Wege an. Wenn Realisierungsinformationen zur Zugriffsvergabe verfügbar sind, lassen sich die Zeiten für die Zugriffsvergabephase und die anschließende Zugriffsphase aus den Unterlagen oder durch Messungen im System bestimmen. Wenn keine Realisierungsinformationen zur Verfügung stehen, müssen sinnvolle Annahmen über beide Zeiten gemacht werden. Um sicherzustellen, daß die gewünschten Zeitbedingungen bei dem Test auftreten, müssen die Zeiten nach unten abgeschätzt werden, so daß die angenommenen Werte in jedem Fall in den gewünschten Phasen liegen.

Bei synchronen Zugriffsvergabesteuerwerken beträgt die minimale Zugriffsvergabephase in jedem Fall mindestens einen Steuerwerkstakt. Wenn man annimmt, daß sie nur einen Takt lang ist, werden die gewünschten Zeitbedingungen für den Zugriffskonflikttyp 2 immer erreicht.

Die Zugriffsphase ist bei Zugriffen im Normalfall wesentlich länger als die Zugriffsvergabephase, d. h., die Annahme, daß die Zugriffsphase mindestens die Hälfte der Zugriffszeit beansprucht, ist somit praktisch immer erfüllt. Diese Zeit steht somit als Fenster für die Erzeugung des Zugriffskonflikttyps 3 zur Verfügung. Da diese Zeiten eine Abschätzung nach unten darstellen, werden sie kürzer sein als die Zeiten, die anhand der Realisierungsinformation bestimmt werden könnten. Die Abschätzung hat letztlich eine Vergrößerung der Anzahl der Schleifendurchläufe zur Zugriffssynchronisation bzw. zur Erzeugung der Zugriffskonflikte zur Folge. Deshalb ist es sinnvoll, soweit wie möglich, Realisierungsinformationen auszunutzen. Da diese in dem betrachteten Fall zur Verfügung stehen, werden die Zeitfenster daraus ermittelt.

In Tabelle 7-6 ist die durch Messungen ermittelte Dauer der Zugriffsvergabephase in Takten des Zugriffsvergabesteuerwerks (ZVT) für die verschiedenen Kommunikationszugriffe angegeben. Daraus kann man aufgrund der Überlegungen in Kapitel 6.3 bestimmen, wie groß das Zugriffsvergabefenster im minimalen Fall in Einheiten von Prozessortakten (PT) ist. Anhand dieses Wertes wird entschieden, ob eine einmalige Erzeugung des Zugriffskonflikttyps 2 ausreicht, da das Zugriffsvergabefenster immer erreicht wird, oder ob die Zugriffssituation unter Ausnutzung der Drift mehrfach erzeugt werden muß. Die Werte für die maximale Dauer der Zugriffsvergabephase erhält man, indem man die maximale Dauer der Zugriffsvergabephase in Prozessortakte umrechnet und auf den nächst größeren Wert aufrundet. Sie werden benötigt, um mit ihnen und der jeweiligen minimalen Zugriffszeit aus Tabelle 7-5 die minimale Dauer der Zugriffsphase zu bestimmen. Alle Werte in der Tabelle beziehen sich auf Prozessortakte von 8 MHz und Steuerwerkstakte von 15 MHz.

	Zugriffsvergabephase			minimale Zugriffsphase	
	in ZVT	minimal in PT	maximal in PT	lesen in PT	schreiben in PT
eigenes Koppelmodul	1	<1	1	14	15
Partner-Koppelmodul	4/5	1	3	15	16
Kommunikationsspeicher im Partnerrechner	11/12	5	7	16	18

Tabelle 7-6: Zeiten der Zugriffsvergabe- und der Zugriffsphase

Die unterschiedlichen Zeiten der Zugriffsvergabephase für einen Zugriffstyp haben ihre Ursache darin, daß zwei unabhängige synchrone Steuerwerke die Zugriffsvergabe zwischen den beiden Koppelmodulen vornehmen. Die Unterschiede zwischen den Zugriffstypen resultieren daraus, daß an der Zugriffsvergabe abhängig von den für den Zugriff benötigten Betriebsmitteln unterschiedliche Einheiten beteiligt sind. Es liegt hier jedoch ein Spezialfall vor, denn bei den meisten Systemen mit gemeinsamem Betriebsmittel werden nur ein Betriebsmitteltyp und eine Zugriffsvergabeeinheit und folglich einheitliche Zugriffsvergabephasen vorliegen.

Zusätzlich zu diesen Werten werden noch die Wahrscheinlichkeiten P_A für das Auftreten der verschiedenen Zugriffsdauern für die verschiedenen Zugriffstypen benötigt. Diese können durch Messung der Zugriffszeiten mit einem Speicheroszilloskop oder einem Logikanalysator bestimmt werden. Tabelle 7-7 gibt die Werte für die Zugriffszeiten aus Tabelle 7-5 an.

Damit sind nun alle Zeiten und Faktoren bestimmt, die für die

Bestimmung der Befehlsschleifen zur Zugriffssynchronisation und zur Erzeugung der Zugriffskonflikte benötigt werden.

	lesen		schreiben	
	Zugriffszeit	P_A	Zugriffszeit	P_A
eigenes Koppelmodul	15	100%	16	100%
Partner-Koppelmodul	18	66%	19	60%
	19	34%	20	40%
Kommunikationsspeicher im Partnerrechner	23	44%	25	80%
	24	52%	26	18%
	25	4%	27	2%

Tabelle 7-7: Wahrscheinlichkeiten P_T für die Zugriffszeiten

Bei der Berechnung der Zeiten für die verschiedenen Befehlsschleifen anhand der in Kapitel 5 angegebenen Formeln müssen die Schleifenausführungszeiten aus der Sicht des Prozessors und die Zugriffszeiten aus der Sicht des gemeinsamen Betriebsmittels berücksichtigt werden. Die Ursache liegt darin, daß der Prozessor während der Zeit, die der Zugriff aus der Sicht des gemeinsamen Betriebsmittels länger dauert, schon mit der Befehlsbearbeitung fortfährt, während das gemeinsame Betriebsmittel vor der Ausführung des folgenden Zugriffs erst noch diesen Zugriff beenden muß. (Die Zugriffszeiten des Prozessors über den Q-Bus wurden, wie oben erläutert, optimiert.)

Da bei den Zugriffen auf das gemeinsame Betriebsmittel Zugriffsverlängerungen T_{Verl} auftreten, müssen die Formeln aus Kapitel 5.1.3 verwendet werden.

Bei der Synchronisation greifen beide Rechner lesend auf dasselbe Register zu, also Rechner 1 auf das eigene Datenübergaberegister ohne Unterbrechung und Rechner 2 auf das entsprechende des Partnerrechners. Damit ergeben sich lt. Tabelle 7-5 und 7-6 folgende Zeiten (der Index 1 steht für den Rechner 1 und 2 für Rechner 2):

T_{ZGB1UV} = 15 PT	T_{ZGB2UV} = 18 PT	(unverzögerte Zugriffszeit)
T_{Verl1} = 0 PT	T_{Verl2} = 1 PT	(Zugriffsverlängerung)
T_{ZV1min} = <1 PT	T_{ZV2min} = 2 PT	(min. Zugriffsvergabephase)
T_{Z1min} = 14 PT	T_{Z2min} = 15 PT	(min. Zugriffsphase)

Mit diesen Werten und der "Unbelegt"-Zeit T_{frei} = 1 PT ergibt sich die Anfangsschleifenlänge (Gl. 5-22) zu:

$$T_{SA} = \sum_{j=1}^{M} (T_{ZGBjUV} + T_{Verlj}) + T_{frei}$$

$$= (15 + 0 + 18 + 1 + 1)\ PT = 35\ PT$$

Im untersuchten Fall ist die Rechneranzahl M = 2, so daß $T_{S1} = T_{SA}$ gilt (Gl. 5-24a). Die maximal mögliche Schleifenlängendifferenz muß nach Ungleichung 5-13 kleiner sein als die Dauer der kürzeren der beiden Zugriffsphasen:

$$T_{Diff} = 13\ PT < T_{Zmin} = T_{Z1min} = 14\ PT$$

Weiterhin gilt für die Schleifenlängendifferenz Formel 5-17:

$$T_{Diff2} = T_{Diff} - \sum_{j=1}^{i-1} T_{Verlj} = (13 - 0)\ PT$$

und somit ist die Endschleifenlänge (Gl. 5-25)

$$T_{SE2} = T_{S1} - T_{Diff2}$$
$$= (35 - 13)\ PT = 22\ PT$$

lang. Die wirksame Schleifenlängendifferenz (Gl. 5-18) beträgt

$$T_{DiffW2} = T_{Diff2} - T_{Verl2} = (13-1)\ PT = 12\ PT$$

und die Anzahl der Schleifendurchläufe bis zur Zugriffssynchronisation ergibt sich dann zu (Gl. 5-26):

$$n_2 = (T_{SA} - T_{ZGB1UV} - T_{ZGBUVmin})\ \mathrm{div}\ T_{DiffW2}$$

$$= (35 - 18 - 15)\ \mathrm{div}\ 12 = 2\ \mathrm{div}\ 12 = 0$$

d. h. die gewünschte Synchronisation ist direkt nach dem Übergang in die Endschleife erreicht, da sich dabei schon zum ersten Mal die Schleifenlängendifferenz ausgewirkt hat.

Damit sind die minimalen Zeiten für die einzelnen Schleifen bestimmt.

Als nächstes muß die minimale Schleife ermittelt werden, die sich mit dem Befehlssatz des Prozessors bilden läßt. Diese besteht aus folgenden Befehlen:

```
LOOP  MOVE   (a0),d0
      DBRA   d1,LOOP
```

Mit dem MOVE-Befehl wird die über das Adreßregister a0 adressierte Speicherzelle ausgelesen und der Inhalt in das Datenregister d0 eingetragen. Der DBRA-Befehl dekrementiert bei jedem Schleifendurchlauf den Inhalt des Datenregisters d1 um 1 und verzweigt nach LOOP, bis der Schleifenzähler in d1 auf -1 steht. Dann wird die Schleife beendet und das Programm mit der Bearbeitung des nächsten Befehls fortgesetzt.

Um Verfälschungen der Adresse oder des Datenwertes - wie im Fehlermodell vorgesehen - erkennen zu können, muß bei jedem Schleifendurchlauf das gelesene Datum mit dem Sollwert verglichen werden. Also muß die Programmschleife um einen zusätzlichen Vergleichsbefehl erweitert und der DBRA-Befehl in einen bedingten Sprungbefehl DBNE geändert werden. Die minimale Schleife lautet dann:

```
                          Rechner 1    Rechner 2
LOOP  MOVE   (a0),d0     (10+9=19)    (10+13=23)
      CMP    d0,d7        ( 6)           ( 6)
      DBNE   d1,LOOP      (14)           (14)
                          ---------    ----------
                            39             43
```

Der Rechner 2, der auf das Partnerkoppelmodulregister zugreift, benötigt zur Ausführung dieser minimalen Schleife 43 Takte, der Rechner 1, der auf das eigene Koppelmodulregister zugreift, dagegen nur 39. Bei der Ermittlung dieser Zeit muß für den Koppelmodulzugriff die maximale Anzahl der Wartetakte nach Tabelle 7-3 berücksichtigt werden, da die Zeiten bei der Berechnung der Schleifenlängen immer von den Zugriffen einschließlich der maximalen Verlängerung ausgehen (vgl. z. B. Formel 5-22). Die kürzere der beiden berechneten Schleifen des Rechners 2, die Schleife mit der Länge T_{SE2}, ist mindestens 22 PT lang. Als Konsequenz muß diese Schleife um 21 PT verlängert werden. Um die Zeitverhältnisse zwischen den Schleifen zu erhalten, müssen folglich auch alle anderen Schleifen um diesen Zeitraum verlängert werden.

Da sich eine Verlängerung der Schleife T_{SA} für den Rechner 1, ausgehend von der minimalen realisierbaren Schleifenlänge von 39 PT, nur in Einheiten von 2 PT vornehmen läßt, und die Differenz zwischen T_{S1} und T_{SE2} maximal 13 PT betragen darf, ergibt sich als endgültige Länge von T_{S1} 55 PT. Damit verringert sich jedoch die Schleifenlängendifferenz T_{Diff} auf 12 PT. Die so modifizierten Zeiten betragen:

$$T_{SA} = T_{S1} = (35+20)\ PT = 55\ PT$$
$$T_{SE2} = (22+21)\ PT = 43\ PT$$
$$T_{Diff} = T_{S1}-T_{S2} = (55-43)\ PT = 12\ PT$$
$$T_{DiffW2} = T_{Diff2}-T_{Verl2} = (12-1)\ PT = 11\ PT$$

Diese Verlängerungen machen eine Neuberechnung der Anzahl der Schleifendurchläufe bis zur Synchronisation notwendig:

$$n_2 = (\ T_{SA} - T_{ZGB1UV} - T_{ZGBUVmin}\ )\ \mathrm{div}\ T_{DiffW2}$$

$$= (\ 55 - 18 - 15\ )\ \mathrm{div}\ 11 = 22\ \mathrm{div}\ 11 = 2$$

Es sind bei dieser Realisierung also nach der Änderung der Schleifendauer von T_{SA} zu T_{SE2} noch zwei weitere Schleifendurchläufe notwendig, bis die beiden Rechner miteinander zugriffssynchronisiert sind.

Die entsprechenden Programmstücke lauten in der Assembler-Sprache des MC68000:

Rechner 1	Rechner 2
```MOVE (a0),d0```	```MOVE #TA,DUEIP```

```
Rechner 1                    Rechner 2

     MOVE (a0),d0                 MOVE #TA,DUEIP
     CMP  d0,d7              TSA  MOVE (a0),d0
     BNE  Fehler1                 ASL  #2,d6
     ASL  #4,d6                   CMP  d0,d7
     MOVE d5,(a0)                 DBNE d3,TSA
     ASL  #34,d6                  CMP  d5,d0
TS1  MOVE (a0),d0                 BNE  Fehler1
     ASL  #4,d6              TSE2 MOVE (a0),d0
     CMP  d0,d5                   CMP  d0,d5
     DBNE d1,TS1                  DBNE d1,TSE2
     BNE  Fehler2                 BNE  Fehler2
```

Der Programmausschnitt für Rechner 1 beginnt im Hauptprogramm an der Stelle, an der die Befehlsbearbeitung nach der Erkennung der Testaufforderung in der Datenübergabeunterbrechungsroutine fortgesetzt wird. Da bei dem Test verschiedene prozessorinterne Register verwendet werden, müssen diese vorher mit den entsprechenden Werten geladen werden: Das Adreßregister a0 enthält die Adresse des eigenen Datenübergaberegisters ohne Unterbrechung. Das Datenregister d7 enthält den anfänglichen Sollwert dieses Datenübergaberegisters, d5 den "Start"-Wert und d1 den Schleifenzähler der Schleife TS1. Rechner 1 führt zwei Zugriffe auf sein Datenübergaberegister aus, die den der Anfangsschleife entsprechenden Abstand haben. Bei seinem ersten Zugriff liest er das Datenübergaberegister aus. Da schon in der Synchronisationsphase fehlerhaft aufgelöste Zugriffskonflikte auftreten können, wird das gelesene Datum mit dem Sollwert verglichen und im Fehlerfall nach Fehler1 verzweigt. Mit den ASL-Befehlen wird der Abstand zwischen den Zugriffen auf das gemeinsame Betriebsmittel eingestellt. Mit dem zweiten MOVE-Befehl beschreibt Rechner 1 das Datenübergaberegister mit der "Start"-Meldung. Anschließend erfolgt der Übergang in die Schleife TS1. Diese wird genau zweimal (n_2) durchlaufen. Der Übergang in die Schleife TS1 ist dahingehend optimiert, daß bei Rechner 2 der Übergang von der Scheife TSA in die Schleife TSE2 direkt vorgenommen werden kann und dabei auch schon das erste Mal die berechnete Schleifendifferenz T_{Diff} wirksam wird. In der Schleife TS1 wird bei jedem Durchlauf der gelesene Wert mit dem vorher eingetragenen "Start"-Wert verglichen und im Fall der Ungleichheit zu Fehler2 verzweigt.

Bei Rechner 2 enthält das Adreßregister a0 die Adresse des Datenübergaberegisters ohne Unterbrechung des Partnerkoppelmoduls, das Datenregister d7 den anfänglichen Sollwert dieses Datenübergaberegisters, d3 den Anfangsschleifenzähler, d5 den "Start"-Wert und d1 den Endschleifenzähler. Für Rechner 2 beginnt der Programmausschnitt mit dem Beschreiben des Datenübergaberegisters mit Unterbrechung mit der Testaufforderung "TA" für den Partnerrechner. Anschließend führt Rechner 2 die Anfangsschleife aus, die sich von der Marke TSA bis zu dem entsprechenden DBNE-Befehl erstreckt. Diese Schleife wird verlassen, wenn Rechner 2 einen anderen als den anfänglichen Sollwert aus dem Datenübergaberegister des Partnerrechners ausliest, oder wenn der Schleifenzähler abgelaufen ist. Der Anfangsschleifenzähler hat die Funktion, zu verhindern, daß Rechner 2 in einer Endlosschleife bleibt, wenn Rechner 1 nicht auf die Testaufforderung reagiert. Am Schleifenausgang wird verglichen, ob der "Start"-Wert gelesen wurde; wenn ja, wird die Bearbeitung fortgesetzt, wenn nein, wird zu Fehler2 verzweigt. Zur Berechnung des Abstands zwischen den Zugriffen müssen bei dem Übergang von der Anfangs- zur Endschleife zusätzlich zu den normalen Schleifenbefehlen die verlängerte Befehlsbearbeitungszeit des DBEQ-Befehls sowie die Befehlsausführungszeiten des CMP- und des BNE-Befehls berücksichtigt werden. Diese Werte werden benötigt, um für Rechner 1 den Abstand zwischen den Zugriffen beim Übergang zur Schleife TS1 zu bestimmen. Rechner 2 führt die Endschleife TSE2 zweimal aus. Parallel dazu führt Rechner 1 zweimal die Schleife TS1 aus. Nach diesen beiden Schleifendurchläufen sind die beiden Rechner zugriffssynchronisiert, d. h. der Zugriffswunsch des Rechners 2 wird in der Zugriffsphase des Zugriffs von Rechner 1 angemeldet.

Nachdem die beiden Rechner nun mit dem Zugriffssynchronisationsverfahren auf Zugriffsebene synchronisiert sind, ist damit die Voraussetzung zum Test der gewünschten Zugriffskonflikte gegeben.

Im folgenden werden beispielhaft für die erste Zugriffskombination aus Tabelle 7-1, bei der Zugriffskonflikte auftreten, also für die Kombination, bei der Rechner 1 auf das eigene Koppelmodulregister zugreift und Rechner 2 auf das des Partnerrechners, die zu überprüfenden Zugriffskonflikte betrachtet. Es sind je zwei Zugriffskonflikte des Typs 2 und des Typs 3 zu untersuchen. Diese unterscheiden sich in der Zugriffsreihenfolge. Im ersten Fall meldet Rechner 2 zuerst in der Zugriffsphase (Zugriffskonflikttyp 3) und anschließend in der Zugriffsvergabephase des Zugriffs von Rechner 1 seinen Zugriffswunsch an, im zweiten sind die Rollen von Rechner 1 und Rechner 2 vertauscht. Laut Tabelle 7-5 und 7-6 ergeben sich folgende Zeiten: (Rechner 1 greift auf das eigenen Koppelmodul zu, Rechner 2 auf das des Partnerrechners.)

T_{ZGB1UV} = 15 PT T_{ZGB2UV} = 18 PT (unverzögerte Zugriffszeit)
T_{Verl1} = 0 PT T_{Verl2} = 1 PT (Zugriffsverlängerung)
T_{ZV1min} = <1 PT T_{ZV2min} = 2 PT (min. Zugriffsvergabephase)
T_{Z1min} = 14 PT T_{Z2min} = 15 PT (min. Zugriffsphase)

In Bild 7-3a und b sind die beiden Zugriffsreihenfolgen dargestellt. Dabei ist jeweils der letzte Zugriff in der Zugriffssynchronisationsschleife sowie der erste Zugriff bei dem anschließenden Test, bei dem der Zugriffskonflikttyp 3 überprüft wird, und der zweite für den Test des Zugriffskonflikttyps 2 abgebildet.

Bei der Zugriffsreihenfolge 1 meldet schon bei der Zugriffssynchronisation der Rechner 2 seinen Zugriff in der Zugriffsphase an. Da in diesem Fall auch bei der Zugriffssynchronisation Rechner 1 auf das eigene Koppelmodul zugreift und Rechner 2 auf das des Partnerrechners, muß beim Übergang von der Zugriffssynchronisation zum Test der beiden Zugriffskonflikttypen kein Wechsel der Koppelmodulbetriebsmittel, auf die zugegriffen wird, durchgeführt werden. (Dies ist bei allen anderen Zugriffskombinationen in dieser Zugriffsreihenfolge notwendig.)

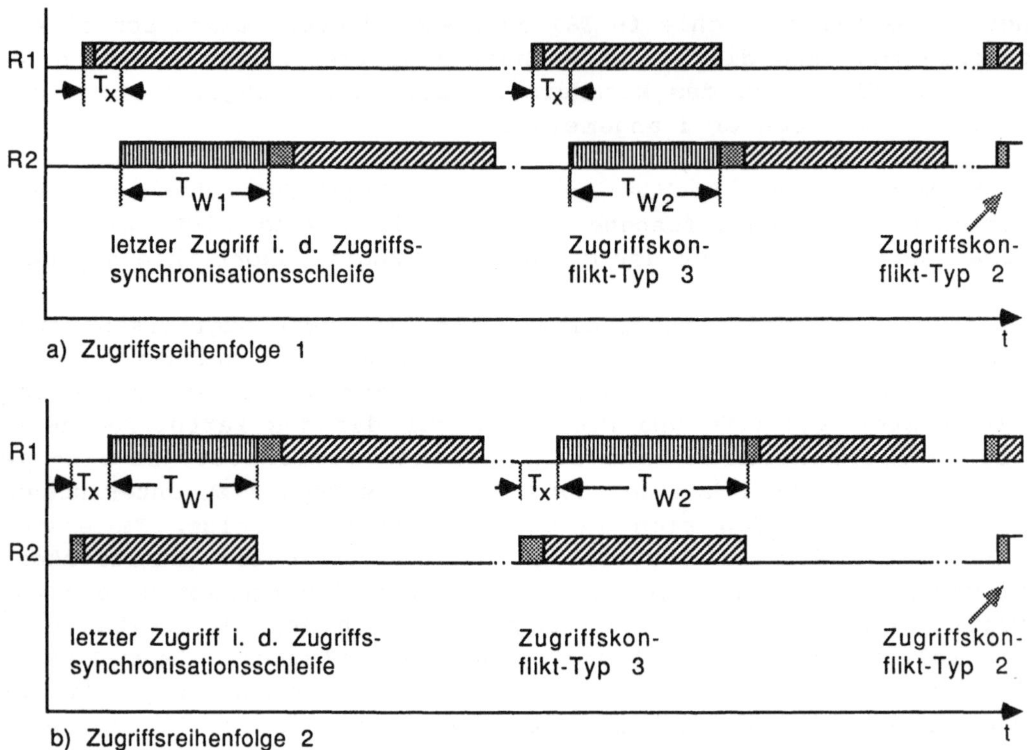

Bild 7-3: Zeitverhalten bei der Erzeugung der Zugriffskonflikte

Bei der Zugriffsreihenfolge 2 greifen Rechner 1 und Rechner 2 in der umgekehrten Reihenfolge zu. Dazu werden die Rollen von Rechner 1 und 2 vertauscht, d. h. bei der Zugriffssynchronisation führt der Rechner 1 nun das entsprechende Programmstück von Rechner 2 aus und umgekehrt. Damit verbunden greifen beide Rechner bei der Zugriffssynchronisation auf das Koppelmodulregister des Rechners 2 zu. Somit ist bei dem Übergang zum Test der Zugriffskonflikte ein Wechsel der Register vorzunehmen, auf die zugegriffen wird.

Beim Übergang von der Zugriffssynchronisation zu dem Test des Zugriffskonflikttyps 3 bleibt generell der Zeitpunkt, zu dem der betreffende Rechner seinen Zugriffswunsch während dem Zugriff des anderen Rechners anmeldet, erhalten (vgl. Zeit T_x in Bild 7-3a und b). Wenn sich bei dem Wechsel die Zugriffszeit des zuerst zugreifenden Rechners ändert, ändert sich damit auch die Dauer der Wartephase T_W (in Bild 7-3b ist $T_{W1} \neq T_{W2}$) und damit quasi auch die Schleifenlängendifferenz. Bei dem Übergang muß also überprüft werden, ob nach dem Wechsel die Zugriffsphase durch den hinzukommenden Rechner erreicht wird.

Die Erzeugung des Zugriffskonflikttyps 3 bereitet bei einer minimalen Zugriffsphase von 14 Prozessortakten im ersten Fall und von 15 Prozessortakten im zweiten Fall keine Schwierigkeiten. Einer genauen Untersuchung bedarf dagegen der Zugriffskonflikttyp 2. Hier sind folgende Punkte zu analysieren:

- Kann das Zugriffsvergabefenster immer erreicht werden oder ist eine mehrfache Erzeugung dieser Zugriffssituation notwendig?

- Welche Größe muß die Schleifenlängendifferenz haben, um dieses Zugriffsvergabefenster erreichen zu können?

- Läßt sich die gewünschte Schleifenlängendifferenz mit dem Befehlssatz des MC68010 einstellen? (Die Schleifenausführungszeiten können nur in Einheiten von 2 Prozessortakten geändert werden.)

- Welchen Wert hat ggf. die Wahrscheinlichkeit für das mindestens einmalige Auftreten des Zugriffskonflikttyps 2?

Die einzelnen Punkte werden im folgenden nacheinander für beide Zugriffsreihenfolgen untersucht und anschließend die daraus resultierenden Programmstücke im Assembler-Sprache angegeben.

Zur Überprüfung der ersten Punktes muß zuerst die Größe des Zeitfensters ermittelt werden, welches von dem zweiten Rechner erreicht werden kann. Dabei sind zwei Effekte zu berücksichtigen:

- Die Unabhängigkeit der beiden Prozessortakte hat zur Folge, daß ihre zeitliche Verschiebung zueinander maximal einen Prozessortakt betragen kann. Bei der Zugriffsreihenfolge 1 ist der Takt des Rechners 1 als Referenz zu verwenden, da der Rechner 2 mit ihm zugriffssynchronisiert wird. Die Mindestgröße für das Zeitfenster beträgt dann 1 Prozessortakt des Rechners 2 (vgl. Kapitel 5.3). Bei der Zugriffsreihenfolge 2 sind für diese Überlegungen die Rollen von Rechner 1 und 2 zu vertauschen.

- Weiterhin müssen die Zugriffsverlängerungen berücksichtigt werden. Bei zwei Rechnern stören Zugriffsverlängerungen des Rechners mit der längeren Schleife nicht, da sie keinen Einfluß auf den Zeitpunkt der Anmeldung des Zugriffswunsches von der Einheit mit der kürzeren Schleife haben. Im Gegensatz dazu führen Zugriffsverlängerungen der Einheit mit der kürzeren Schleife dazu, daß sie im folgenden Schleifendurchlauf ihren Zugriffswunsch um diese Verlängerung (bei den betrachteten Kommunikationszugriffen 1 Prozessortakt) später anmelden. Somit muß die Mindestgröße für das Zeitfenster um diesen Zeitraum größer sein.

Unter Berücksichtigung dieser beiden Effekte beträgt das erreichbare Zeitfenster bei der Zugriffsreihenfolge 1 zwei Prozessortakte (je einen aufgrund der angegebenen Effekte) und bei der Zugriffreihenfolge 2 einen Prozessortakt. (Bei den Zugriffen auf das eigene Koppelmodulregister treten keine Zugriffsverlängerungen auf.)

Die Zugriffsvergabephase - das zu erreichende Zeitfenster beim Zugriffskonflikttyp 2 - beträgt im ersten Fall einen Zugriffsvergabetakt und ist damit kleiner als das erreichbare Zeitfenster, welches 2 Prozessortakte lang ist. Folglich kann man nicht davon ausgehen, daß der gewünschte Zugriffskonflikttyp 2 immer auftritt, sondern man kann nur noch eine Wahrscheinlichkeit für sein Auftreten angeben. Mit Formel 6-5 läßt sich dann die Wahrscheinlichkeit für mindestens einmaliges Auftreten des Zugriffskonflikttyps 2 bei mehrmaliger Erzeugung der Zugriffssituation im definierten Abstand Δ bestimmen.

Bei der zweiten Zugriffsreihenfolge ist das minimale Zugriffsvergabefenster 1 Prozessortakt lang und damit ebenso groß, wie das erreichbare Zeitfenster. Hier reicht somit eine einmalige Erzeugung der Zugriffsituation zum Test des Zugriffskonflikttyps 2 aus.

Nachdem geklärt ist, wie oft die Zugriffsituationen zum Test des Zugriffskonflikttyps 2 erzeugt werden müssen, wird nun untersucht, welche Schleifenlängendifferenz dazu notwendig ist, und ob diese mit dem Befehlssatz realisierbar ist.

Zur Erzeugung des Zugriffkonflikttyps 2 ist eine Schleifenlängendifferenz zwischen den Schleifen der beiden Rechnern notwendig, die die Größe der Zugriffszeit von demjenigen Rechner hat, dessen Zugriffsvergabefenster erreicht werden soll. Dieses wird dann erreicht, wenn der Zugriff von demjenigen Rechner, der dieses Zugriffsvergabefenster erreichen soll, bei der davor ausgeführten Überprüfung des Zugriffskonflikttyps 3 minimal war. Wenn er um T_{Verl} verlängert war, muß die Schleifenlängendifferenz noch um dieses T_{Verl} größer sein.

Bei der Zugriffsreihenfolge 1 ergeben sich keine Probleme: Dort beträgt die Schleifenausführungszeit des Rechners 2 42 PT, die

Zugriffszeit T_{ZGB2UV} 18 PT und die Schleifenlängendifferenz zum Erzeugen des Zugriffskonflikttyps 2 15 PT. Damit berechnet sich die Schleifenausführungszeit des Rechners 1 als Summe aus der Schleifenausführungszeit des Rechners 2 und der notwendigen Schleifenlängendifferenz zu (42 + 15) PT = 57 PT. Da die minimale Zugriffszeit des Rechners 1 T_{ZGB1UV} 15 PT beträgt, läßt sich die gewünschte Schleifenausführungszeit also einstellen. (Ggf. könnten auch Zugriffsverlängerungen, die mit einer bestimmten Wahrscheinlichkeit P_A auftreten (vgl. Tabelle 7-7), herangezogen werden, wenn sich Schwierigkeiten bei der Realisierung der Schleifenausführungszeiten ergeben, die darauf beruhen, daß die Schleifenausführungszeiten nur in Einheiten von 2 Prozessortakten verändert werden können. Bei der Berechnung für die Wahrscheinlichkeit, daß der Zugriffskonflikttyp 2 auftritt, ist dann nur die entsprechende Auftrittswahrscheinlichkeit P_A zu berücksichtigen.)

Die Wahrscheinlichkeit für das Auftreten des Zugriffskonflikttyps 2 berechnet sich dann folgendermaßen:

Die Prozessortaktperiodendauer T_{R1} bzw. T_{R2} beträgt 125 ns ($\hat{=}$ 8 MHz) und die Periodendauer des Zugriffvergabesteuerwerks T_V 67 ns ($\hat{=}$ 15 MHz). Für eine angenommene Verschiebung des Zeitpunktes des Zugriffsanmeldung des Rechners 2 von Δ = 17 ns bei der wiederholten Erzeugung der Zugriffssituation ergeben sich mit Formel 6-1 bis 6-3 K = 7, L = 3 und x = 10. Für die Wahrscheinlichkeit P_T ist der in Tabelle 7-7 angegebene Wert für das Auftreten der Zugriffszeit 18 PT bei Zugriffen auf das Partnerkoppelmodul zu berücksichtigen, also: P_A = 0,66 (da nur bei einer Zugriffszeit von 18 Prozessortakten das Zugriffsvergabefenster erreicht werden kann). Mit Formel 6-5 ergibt sich somit nach insgesamt (K+2) = 9-maliger Erzeugung der Zugriffssituation die Wahrscheinlichkeit $P_A(ZK2)$ = 0,9146, d. h., der Zugriffskonflikttyp 2 tritt mindestens einmal mit einer Wahrscheinlichkeit von über 91 % auf. Die hier angegebenen Werte entsprechen dabei dem in Bild 6-3 dargestellten Zeitverhalten.

Durch eine Verkleinerung von Δ auf 6 ns erhält man eine Wahrscheinlichkeit von 99,44 % für das Auftreten des Zugriffskonflikttyps 2. Dazu muß dann die zu überprüfende Situation 22 mal erzeugt werden. Durch eine weitere Verkleinerung von Δ läßt sich die Wahrscheinlichkeit noch steigern, jedoch wird in den meisten Fällen eine Wahrscheinlichkeit die größer als 99 % ist, ausreichend sein.

Problematischer ist die Zugriffsreihenfolge 2. Dort würde analog zur Zugriffsreihenfolge 1 die Schleifenausführungszeit des Rechners 1 39 PT betragen bei einer Zugriffszeit T_{ZGB1UV} = 15 PT. Die notwendige Schleifenlängendifferenz beträgt dort 18 PT, da die Zugriffsvergabephase des Rechners 2 zu erreichen ist. Die Schleifenausführungszeit für Rechner 2 ergibt sich damit zu 57 PT. Diese ist bei einer Zugriffsdauer T_{ZGB2UV} = 18 PT nicht realisierbar, da nur geradzahlige Befehlsausführungszeiten möglich sind. Eine Lösung dieses Problems erhält man durch Verlängerung der Schleife des Rechners 1 um eine ungerade Anzahl von Prozessortakten. Dies ist durch Einfügen eines weiteren Zugriffs auf das eigene Koppelmodulregister möglich, da dieses die Zugriffszeit T_{ZGB1UV} = 15 PT hat. Der damit verbundene MOVE-Befehl hat eine Ausführungszeit von 19 PT, so daß sich die Schleife des Rechners 1 auf 58 PT verlängert. Damit ergeben sich für die Schleife des Rechners 2 76 PT, und damit bei der Zugriffszeit T_{ZGB2UV} = 18 PT eine geradzahlige Befehlsaufführungszeit.

Da das Zugriffsvergabefenster, wie oben gezeigt, bei dieser Zugriffsreihenfolge immer erreicht wird, reicht folglich eine einmalige Erzeugung dieser Zugriffskonfliktsituation aus.

In Kapitel 6.3 wurde gezeigt, daß beim Test des Zugriffskonflikttyps 2 die Zugriffssynchronisation verloren gehen kann. Wenn also eine mehrfache Erzeugung der Zugriffssituation bis zum Auftreten des Zugriffskonflikttyps 2 notwendig ist, muß dazu jeweils eine erneute Zugriffssynchronisation der beteiligten Rechner vorgenommen werden.

Zur Erzeugung der Zugriffskonflikttyps 3 werden im Anschluß an die Synchronisationsschleifen in beiden Rechnern die MOVE-Befehle ausgeführt, die den Zugriff auf das entsprechende gemeinsame Betriebsmittel, also bei Rechner 1 auf das eigene Koppelmodulregister und bei Rechner 2 auf das des Partnerrechners, enthalten. Bei dem folgenden einmalig ausgeführten Schleifendurchlauf wird dann der Zugriffskonflikttyp 2 erzeugt, d. h. der Zeitpunkt der Zugriffsanforderung wird aus der Zugriffs- in die Zugriffsvergabephase verschoben. Wenn nur eine einmalige Erzeugung des Zugriffstyps 2 notwendig ist, da das Zugriffsvergabefenster erreicht wird, ist die Überprüfung des Testfalls beendet. Andernfalls wird der beschriebene Ablauf einschließlich der Zugriffssynchronisation entsprechend oft mit dem zeitlichen Abstand Δ ausgeführt. Das Programmstück zur Erzeugung der Zugriffskonflikttypen 3 und 2 lautet bei der Zugriffsreihenfolge 1:

```
            Rechner 1                       Rechner 2

        TZK2 MOVE (a1),d0               TZK2 MOVE (a1),d0
             ASL  #5,d6                      CMP  d0,d4
             CMP  d0,d4                      DBNE d2,TZK2
             DBNE d2,TZK2                    BNE  Fehler3
             BNE  Fehler3
```

Dabei ist der Schleifenzähler im Register d2 mit 0 initialisiert (ergibt einen zusätzlichen Schleifendurchlauf) und das Register d4 enthält den Vergleichswert für den aus dem entsprechenden Koppelmodulregister gelesenen Wert. Das Programmstück für die zweite Zugriffsreihenfolge lautet:

```
            Rechner 1                       Rechner 2

        TZK2 MOVE (a1),d0               TZK2 MOVE (a1),d0
             MOVE (a1),d6                    ASL  #13,d6
             CMP  d0,d4                      CMP  d0,d4
             DBNE d2,TZK2                    DBNE d2,TZK2
             BNE  Fehler3                    BNE  Fehler3
```

Als wesentlicher Unterschied zur Zugriffsreihenfolge 1 sieht man hier, daß der Rechner 1 einen zweiten Zugriff auf das Koppelmodulregister vornimmt. Dieser dient jedoch nur dazu, seine Schleifenlänge um eine ungerade Anzahl von Prozessortakten zu verlängern, damit - wie oben erläutert - bei Rechner 2 die für die Schleifenlängendifferenz notwendige Schleifenausführungszeit eingestellt werden kann. Bei Rechner 2 wird die notwendige Schleifendifferenz mit dem ASL-Befehl eingestellt.

Ähnliche Programmstücke werden auch zum Test der weiteren Zugriffskombinationen aus Tabelle 7-1 benötigt.

7.3. Fehlerexperimente

Zur Verifizierung der Testverfahren wurden experimentell verschiedene Fehler nachgebildet. Dabei wurden im wesentlichen nur solche Fehler überprüft, die nicht zu Zerstörungen in der Hardware führen, d. h., Leitungen oder Ein-/Ausgänge der integrierten Schaltungen wurden in den hochohmigen Zustand versetzt bzw. vom Bus abgetrennt. Es wurde beispielsweise vermieden, mehrere Ausgänge gleichzeitig verschiedene Signale auf gemeinsamen Leitungen ausgeben zu lassen, da sich dabei Zerstörungen nicht ausschließen lassen. Die experimentell untersuchten Fehler lassen sich in zwei

Klassen unterteilen: Die erste Klasse enthält Fehler, die ohne Zugriffskonflikte auftreten, und die zweite solche, die sich nur im Zusammenhang mit Zugriffskonflikten zeigen.

Die untersuchten Fehler der ersten Klasse lassen sich in drei Kategorien untergliedern:

- Fehler in den Koppelmodulregistern
- Fehler bei Bustreibern (zum Q-Bus, zum Koppelbus, koppelmodulintern)
- Fehler in Steuerwerken

Als Fehler in Koppelmodulregistern wurden st0-/st1-Fehler von einzelnen Datenleitungen, von Gruppen von Datenleitungen sowie von Bausteinauswahlleitungen betrachtet. Bei den Bustreibern wurden aus Aufwandsgründen nur Fehler bezüglich der Bausteinauswahlleitungen an koppelmodulinternen Bustreibern bzw. an Koppelbus-Bustreibern betrachtet, da die Fehler bezüglich einzelner Leitungen bzw. Leitungsgruppen schon bei den Koppelmodulregistern untersucht wurden. Fehler in den Steuerwerken wurden durch st0-/st1-Fehler bei den Zustandsvariablen nachgebildet.

Die experimentell untersuchten Fehler wurden alle erkannt. Eine genaue Fehlerlokalisierung war jedoch nicht in allen Fällen möglich. Die Ursache liegt darin, daß das zu testende Kommunikationssystem zur Steuerung des Testablaufs verwendet wird; das Datenübergaberegister mit Unterbrechung wird im Testprotokoll zur Übergabe der Aktivität an den Partnerrechner verwendet. Deshalb wird am Anfang des Testprogramms von beiden Rechnern überprüft, ob der jeweilige Partnerrechner die Datenübergabeunterbrechung zugelassen hat. Wenn dies nicht der Fall ist, wird die Meldung "Partnerrechner läßt Datenübergabeunterbrechung nicht zu" ausgegeben. Dieselbe Meldung erscheint auch, wenn ein Fehler im Kommunikationssystem verhindert, daß die Information darüber, daß die Unterbrechung zugelassen ist, aus dem Statusregister des Partnerrechners ausgelesen werden kann. Hierzu zählen auch Fehler der Steuerwerke, die entweder das Auslesen des Statusregisters verhindern, oder zu einer Buszykluszeitüberschreitung (Bus-Error) führen. Diese Fehler lassen sich aus der Sicht des Testprogramms zwar erkennen, aber nur grob zuordnen. Genau lokalisieren lassen sich Fehler in den einzelnen Datenübergaberegistern. Bei Auftreten desselben Fehlers in allen Registern kann der Fehler den entsprechenden Bussen zugeordnet werden.

Aufgrund der Teststrategie ist es für die beiden testenden Rechner möglich, unabhängig voneinander, trotz der teilweise unterschiedlichen Zugriffsrechte für die Koppelmodulregister, alle st0-/st1-Fehler sowie Kurzschlüsse zwischen beliebigen Daten- bzw. Adreßleitungen zu entdecken.

Die Fehler der zweiten Klasse betreffen die Zugriffskonfliktauflösung. Hier wurden mit Hilfe der Testprogramme für den Test der Zugriffskonflikte zwei (nicht absichtlich injizierte) Fehler im Layout der Koppelmodulplatinen entdeckt. Diese zeigten sich nur in bestimmten Zugriffskonfliktsituationen und erschienen im Betrieb somit trotz ihrer permanenten Natur als transiente Fehler: Sie traten nur bei gleichzeitigem Zugriff beider Rechner auf die entsprechenden Koppelmodulregister auf, was von den Rechnern selbst aber nicht festgestellt werden kann. Im einen Fall war eine modulinterne Daten-/Adreßleitung des Koppelmoduls mit einem Eingang zur Einstellung der Basisadresse der Koppelmodulregister am Q-Bus verbunden. Dabei wurde die Basisadresse nur dann verfälscht, wenn gleichzeitig ein Zugriff des Partnerrechners stattfand, bei dem das Datenbit den entsprechenden Wert hatte. Die Folge war, daß die Zugriffsadresse nicht mehr als gültig erkannt wurde, und dadurch zum Zugriffszeitüberschreitungsfehler am Q-Bus führte. Im anderen Fall bestand der Fehler darin, daß der Eingang am Zugriffsvergabesteuerwerk, der die Prioritätskonstante P darstellt, nicht mit dem dazugehörigen Pull-up-Widerstand zur Einstellung des logischen "1"-Pegels verbunden war, und daß der zweite Anschluß, mit dem über eine Brücke der logische "0"-Pegel an den Eingang gelegt werden kann, nicht mit Masse verbunden war. Dieser Fehler führte bei gleichzeitigem Zugriff beider Rechner auf ein Register des Partnerkoppelmoduls dazu, daß beide Rechner auf die Beendigung des Zugriffs des Partners warteten, was dann zu einer Zugriffszeitüberschreitung führte. (Mit der Prioritätskonstanten P wird bei gleichzeitigen Zugriffswünschen auf ein Register des Partnerkoppelmoduls die Zugriffsreihenfolge der beiden Rechner festgelegt. Deshalb muß sie in den beiden Koppelmodulen unterschiedlich eingestellt sein.)

Bei diesen beiden Fehlern handelt es sich um Entwurfsfehler, jedoch sind auch Fehler denkbar, die im Betrieb auftauchen und sich mit diesen oder ähnlichen Auswirkungen zeigen, z. B., wenn im Zugriffsvergabesteuerwerk intern Unterbrechungen oder Kurzschlüsse mit anderen Signalleitungen vorliegen. Da sich Fehler bei der Auflösung der Zugriffskonflikte zu Testzwecken nur mit sehr großem Aufwand herbeiführen lassen, z. B. durch Modifikation der Steuerwerke, und somit für jeden nachzubildenden Fehler eine Änderung der Hardware notwendig ist, wurden solche Fehler nicht weiter untersucht. Die Wirksamkeit des Verfahrens hat sich jedoch auch so durch die Erkennung der beiden oben beschriebenen Layout-Fehler gezeigt.

Durch die Aufteilung in zwei Testphasen, eine, in der Zugriffskonflikte vermieden werden, und eine, in der sie systematisch erzeugt werden, ist es möglich, Fehler, die die Adressier- und die Speicherfunktion betreffen, getrennt von Fehlern der Zugriffsvergabe und dort speziell der Zugriffskonfliktauflösung zu testen. Dadurch ist die Zuordnung der Fehler zu den entsprechenden funktionellen Einheiten möglich. Dies ist besonders wichtig, da Fehler bei der Zugriffskonfliktauflösung im Betrieb als transiente Fehler erscheinen und sich deshalb in den meisten Fällen nur mit sehr großen Schwierigkeiten lokalisieren lassen.

Ebenso wie andere Diagnosetestverfahren ist auch das vorgestellte Verfahren praktisch nicht in der Lage, transiente Fehler zu erkennen, es sei denn, sie treten während dem Test auf.

7.4. Vergleich des Testverfahrens mit Zufallstests

In diesem Unterkapitel wird das in dieser Arbeit entwickelte Verfahren zum Test der Auflösung der Zugriffskonflikte mit Zufallstests verglichen. Unter Zufallstests wird dabei nicht verstanden, daß die Testmuster durch einen (Pseudo)-Zufallstestmustergenerator erzeugt werden, sondern, daß die Zugriffskonflikte durch das sich zufällig einstellende Zugriffszeitverhalten der beteiligten Rechner erzeugt werden.

Diesem Zufallstestverfahren liegt folgende Idee zu Grunde: Beide Rechner führen eine Programmschleife aus, in der jeweils der gewünschte Zugriff stattfindet. Wenn jetzt beide Rechner eine große Anzahl von Schleifendurchläufen ausführen, treten irgendwann auch die gewünschten Zugriffskonfliktsituationen auf. Dieses Verfahren wurde im Rahmen einer Diplomarbeit /JAE84/ implementiert, in der ein Testprogramm für die Koppelmodule entwickelt wurde. Als Programmiersprache wurde dort Modula-2 verwendet.

Für den Vergleich der beiden Testverfahren werden die beiden Layoutfehler aus Kapitel 7.3 herangezogen. Die zusätzliche Verbindung zwischen der internen Daten- und Adreßleitung und dem Anschluß des Vergleichers steht stellvertretend für Fehler in der Zugriffsphase; der Fehler bei der Prioritätskonstanten P wirkt sich dagegen nur in der Zugriffsvergabephase aus.

Beide Fehler werden, wie im letzten Unterkapitel erläutert, mit dem vorgeschlagenen Testverfahren spätestens nach der vorher berechneten Anzahl von Schleifendurchläufen entdeckt, da dann der entsprechende Zugriffskonflikt aufgetreten ist.

Mit dem Zufallstestverfahren wird der erste Fehler, die zusätzliche Verbindung zu dem Adreßvergleicher, immer entdeckt. Der Grund dafür liegt in folgendem Verhalten: Zwar sind die Programmschleifen, die in den beiden Rechnern ausgeführt werden, auf der Modula-2-Programmebene und damit auch auf der Maschinenebene gleich, jedoch greift einer der beiden Rechner auf ein eigenes und der andere auf ein Partner-Koppelmodulregister zu. Da die beiden Zugriffszeiten um 3 bis 4 Takte differieren, ergibt sich auch eine Schleifendifferenz von 3 bis 4 Takten. Diese sorgt für das Aufeinanderzuwandern der Zugriffe und schließlich für das Auftreten des gewünschten Zugriffskonflikttyps 3, bei dem sich dann der Fehler als Zugriffszeitüberschreitung zeigt.

Es handelt sich bei dem beschriebenen Verhalten jedoch um einen Sonderfall, da in der Regel die Zugriffszeiten auf ein gemeinsames Betriebsmittel die gleiche Dauer haben werden. Im letztgenannten Fall ergeben sich Verschiebungen der Takte nur in geringem Umfang, und zwar bedingt durch die Relativdrift der Prozessortakte und durch unterschiedliche Wiederauffrischungsraten, wenn die Programmschleifen in dynamischen Speichern abgelegt sind. Die Werte dieser Verschiebungen liegen in der Größenordnung von einzelnen Prozessortakten nach mehreren 100000 Prozessortakten. Die Schleifendifferenz kann dabei maximal einzelne Prozessortakte bei günstiger zeitlicher Lage der Wiederauffrischungszeitpunkte betragen; der durch die Relativdrift verursachte Anteil an der Schleifendifferenz liegt bei Bruchteilen eines Prozessortaktes. Somit lassen sich auf diesem Weg bestenfalls Zugriffskonflikte des Typs 3 erzeugen. Zufällig kann bei diesem Vorgehen bei dem ersten Zugriff auch der Zugriffskonflikttyp 2 auftreten, bei allen weiteren Schleifendurchläufen jedoch aufgrund der Größe der Schleifenlängendifferenz nicht mehr. Die Wahrscheinlichkeit dafür ist sehr gering; sie läßt sich als Quotient aus der Größe der Zugriffsvergabephase zu der Gesamtschleifenlänge berechnen, wenn beide Werte bekannt sind. Selbst die Frage nach der Anzahl von Schleifendurchläufen bis zum Auftreten des Zugriffskonflikttyps 3 läßt sich nicht ohne weiteres beantworten, da weder Werte für die Größe der Verschiebung der Takte noch über die maximal notwendige Verschiebung - sie ergibt sich aus der Schleifenlänge - bei der Programmierung der Schleife in einer höheren Programmiersprache vorhanden sind. Das zweite Problem ließe sich jedoch bei einer Programmierung der Schleifen in Assembler-Sprache lösen.

Der Fehler bei der Prioritätskonstanten P, der nur in der Zugriffsvergabephase auftritt, läßt sich mit dem geschilderten Zufallstestverfahren praktisch nicht entdecken. Die Ursache liegt darin, daß beide Schleifen eine identische Länge haben (die Zugriffszeiten jeweils auf Register des Partnerkoppelmoduls sind identisch), und somit für die Verschiebung der Zugriffe nur die Relativdrift der Prozessortakte und der Unterschied zwischen den Wiederauffrischraten verantwortlich sind. Diese Verschiebungen sind zu klein, um mit ihnen die Zugriffsvergabephase erreichen zu können. Als Lösung dieses Problems bieten sich Programmschleifen mit unterschiedlicher Dauer an, wobei auch hier unklar ist, wie groß diese Unterschiede sein müssen, und wieviele Schleifendurchläufe dann notwendig sind, bis die gewünschte Zugriffskonfliktsituation aufgetreten ist bzw. ob nicht auch in diesem Fall nur die Zugriffsphase erreicht wird.

Experimente mit unterschiedlichen Schleifenanzahlen und zufälligen Verzögerungszeiten durch Bildschirmausgaben, die durch zyklische Abfrage der Ausgaberegister realisiert waren, zeigten, daß die gewünschten Zugriffskonflikte des Typs 2 zwar auftraten, daß ihr Auftreten jedoch eher zufällig war. Zum Nachweis wurden dabei die in Kapitel 7.3 beschriebenen Layoutfehler herangezogen. Wenn kein Indikator zur Verfügung steht, der das Auftreten des gewünschten Zugriffskonflikttyps anzeigt, weiß man nach der Ausführung dieser Zufallstestverfahren jedoch nicht, ob sie überhaupt aufgetreten sind.

Für einen gezielten Test der Auflösung der Zugriffskonflikte sind diese Zufallstestverfahren also ungeeignet. Der Zugriffskonflikttyp 3 wird zwar prinzipiell erzeugt, jedoch kann man nicht angeben, wieviele Schleifendurchläufe dazu notwendig sind. Der Zugriffskonflikttyp 2 läßt sich bestenfalls erzeugen, wenn zwischen den Zugriffen auf das gemeinsame Betriebsmittel unterschiedliche Zeiten liegen. Auch hier fehlt dazu die Information über den erforderlichen Abstand zwischen den Zugriffen und die notwendige Anzahl der Schleifendurchläufe, um sicherzustellen, daß die gewünschten Zugriffskonfliktsituationen wirklich auftreten.

Andere häufig eingesetzte Tests beruhen darauf, daß das gemeinsame Betriebsmittel wie im normalen Betrieb verwendet wird, und man hofft, daß die verschiedenen Zugriffskonflikte entstehen. Auch in diesem Fall ist ihr Auftreten nur zufällig und es ist keine Aussage über den Zeitraum möglich, der notwendig ist, bis die entsprechenden Zugriffskonflikte vorgelegen haben.

Bei dem in dieser Arbeit vorgestellten Verfahren läßt sich dagegen exakt die notwendige Anzahl der Schleifendurchläufe bis zur Zugriffssynchronisation der Rechner angeben - sie beträgt bei dem untersuchten Kommunikationssystem unter Berücksichtigung der Durchläufe der Anfangsschleife 4 Schleifendurchläufe. Anschließend ist genau 1 Schleifendurchlauf zur Erzeugung des Zugriffskonflikttyps 3 notwendig. Die gezielte Erzeugung des Zugriffskonflikttyps 2 ist mit dem Zugriffssynchronisationsverfahren - wie in Kapitel 6.3 gezeigt - unter Ausnutzen der Drift mit zwei Ausnahmen möglich. Wenn die Schleifenlängen der Prozessoren nur in Einheiten von zwei Prozessortakten veränderbar sind und ein zentraler Systemtakt vorliegt, lassen sich die Zugriffskonflikte möglicherweise nicht erzeugen (wenn die dazu notwendige Schleifenlängendifferenz nicht einstellbar ist). Der zweite Fall betrifft asynchrone Zugriffsvergabeeinheiten; wenn bei ihnen die Dauer der Zugriffsvergabephase nicht bekannt ist, kann nur von zufälligem Auftreten der Zugriffskonflikte ausgegangen werden. Selbst in diesem Fall ist das vorgeschlagene Verfahren effizienter als Zufallstestverfahren, da hier gezielt versucht wird, die Zugriffsvergabephase zu erreichen. In allen anderen Fällen kann aus einer vorgegebenen Wahrscheinlichkeit für das mindestens einmalige Auftreten des Zugriffskonflikttyps 2 und der Dauer der Zugriffsvergabephase die dazu notwendige Anzahl der Schleifendurchläufe bestimmt werden. Diese Wahrscheinlichkeit kann - wie in den Beispielen gezeigt - sehr große Werte annehmen. Im schlechtesten betrachteten Fall - das Zugriffsvergabefenster beträgt dort nur einen Takt des Zugriffsvergabesteuerwerks - kann mit über 99%-iger Wahrscheinlichkeit davon ausgegangen werden, daß der Zugriffskonflikttyp 2 nach 22-maliger Wiederholung der Zugriffssituation in definiertem zeitlichem Abstand aufgetreten ist. Die Testzeiten für die verschiedenen Zugriffskombinationen betragen bei dem vorgestellten Beispiel weniger als 50 μs, wenn das Zugriffsverabefenster so groß ist, daß es immer erreicht wird, und etwa 30 ms, wenn das Zugriffsvergabefenster mit Hilfe der Relativdrift der Prozessortakte erreicht werden muß. Dieser Wert hängt jedoch vom jeweiligen Quarzpaar bzw. seiner Relativdrift ab und kann somit nur exemplarisch betrachtet werden. Bei der zufälligen Zugriffskonflikterzeugung liegen die Testzeiten dagegen im Minutenbereich. Der Nachweis, daß die vorherberechneten Werte auch tatsächlich in der Realität zum Erfolg führen, wurde durch die in Kapitel 7.2 beschriebenen Fehlerexperimente erbracht.

7.5. Zusammenfassung

In diesem Kapitel wurde die Anwendung des vorgeschlagenen Verfahrens in einem realen System vorgestellt. Dazu wurde zuerst beschrieben, wie man einerseits aus den Zugriffszeiten auf das gemeinsame Betriebsmittel sowie den Zeiten für die Zugriffsvergabe- und die Zugriffsphase die minimalen Schleifenausführungszeiten berechnet, und wie man andererseits dann aus der minimalen mit dem Befehlssatz realisierbaren Schleife die verschiedenen Befehlsschleifen zur Synchronisation der Rechner und den anschließenden Test der Zugriffskonflikte bestimmt. Bei dem Vergleich der Zugriffsvergabe- und der Zugriffsphase mit dem Zeitfenster, welches mit dem Befehlssatz erreicht werden kann, zeigte sich, daß die Zugriffsphase in praktisch allen Fällen ohne große Schwierigkeiten zu erreichen sein wird. Bei der Zugriffsvergabephase muß dagegen sehr genau analysiert werden, welche Einflüsse das erreichbare Zeitfenster bestimmen, denn hiervon hängt gegebenenfalls die prinzipielle Erzeugbarkeit bzw. die Anzahl und der zeitliche Abstand der Zugriffe zur Herbeiführung dieses Zugriffskonflikttyps ab.

Die Wirksamkeit des Verfahrens wurde dadurch nachgewiesen, daß mit ihm Fehler in der Zugriffs- und auch in der Zugriffsvergabephase entdeckt wurden. Stellvertretend für beide Gruppen wurden die beiden beschriebenen Layout-Fehler betrachtet. Diese wurden auch für den Vergleich des Testverfahrens mit der zufälligen Testerzeugung herangezogen.

Bei der zufälligen Erzeugung der Zugriffskonflikte kann weder garantiert werden, daß das Zugriffsvergabefenster überhaupt erreicht wird, noch läßt sich die notwendige Anzahl der Schleifendurchläufe bzw. die Anzahl der Zugriffe auf das gemeinsame Betriebsmittel angeben, bis die gewünschten Zugriffskonflikte aufgetreten sind.

Bei dem vorgestellten Testverfahren läßt sich dagegen die Anzahl der Schleifendurchläufe im voraus berechnen, bis die Zugriffssynchronisation erreicht ist und bis dann auch die verschiedenen Zugriffskonflikttypen aufgetreten sind. Eine Ausnahme bilden die beiden beschriebenen Fälle, bei denen der Zugriffskonflikttyp 2 ggf. nicht oder nur zufällig erzeugt werden kann. In allen anderen Fällen läßt sich eine vorausberechenbare Wahrscheinlichkeit für das Auftreten des Zugriffskonflikttyps 2 angeben. Die Wahrscheinlichkeit für das Auftreten des Zugriffskonflikttyps 2 kann dabei, wie in dem beschriebenen Beispiel gezeigt, Werte von 99% und mehr bei vertretbarer Testzeit annehmen.

8. Zusammenfassung und Ausblick

In der Arbeit wird ein funktionelles Testverfahren vorgestellt, mit dem die Auflösung von Zugriffskonflikten systematisch überprüft werden kann. Diese Zugriffskonflikte treten auf, wenn mehrere aktive Einheiten gleichzeitig auf ein gemeinsames Betriebsmittel zugreifen. Zugriffskonflikte treten in sehr unterschiedlichen Bereichen auf. Die Betrachtungen beschränken sich auf Zugriffskonflikte in Hardwareeinheiten, die folgende Eigenschaften haben: Die zugreifenden Einheiten können ihr Zugriffsverhalten programmgesteuert beeinflussen und führen die Steuerung des Zugriffsablaufs selbst durch. Das gemeinsame Betriebsmittel sequentialisiert zeitlich parallele Zugriffe verschiedener zugreifender Einheiten und steht der betreffenden Einheit exklusiv und ununterbrochen während der Ausführung ihres Zugriffs zur Verfügung. Ein Zugriff setzt sich aus der Sicht des gemeinsamen Betriebsmittels aus einer Zugriffsvergabe- und einer Zugriffsphase zusammen. Als weitere Einschränkung werden nur solche Zugriffsvergabeeinheiten berücksichtigt, die eine sequentielle Ausführung der Zugriffsvergabe- und der Zugriffsphase vornehmen.

Als Grundlage für die weitere Arbeit werden drei Zugriffskonflikttypen unterschieden:

- Vorliegen mehrerer Zugriffswünsche am Anfang der Zugriffsvergabephase (Zugriffskonflikttyp 1)
- Anmelden eines Zugriffswunsches in der Zugriffsvergabephase (Zugriffskonflikttyp 2)
- Anmelden eines Zugriffswunsches in der Zugriffsphase (Zugriffskonflikttyp 3)

Der Test der Auflösung dieser Zugriffskonflikttypen wird durch ihre gezielte Erzeugung und einen anschließenden Vergleich der dabei transferierten Testmuster mit Sollmustern erreicht. Zur gezielten Erzeugung der Zugriffskonflikte werden die Zugriffe schrittweise aufeinander zugeschoben.

Als weiterer Fehlerindikator wird, sofern vorhanden, eine Zeitüberwachung der Speicher- und Ein-/Ausgabezugriffe der Prozessoren verwendet. Somit lassen sich - wie im Fehlermodell vorgesehen - Verfälschungen der Adressen und der Daten sowie Fehler, die eine korrekte Beendigung der Zugriffe verhindern, erkennen.

Mit dem Zugriffssynchronisationsverfahren werden die Rechner in eine definierte Zugriffsreihenfolge gebracht. Dazu werden von den Rechnern Programmschleifen mit definiert unterschiedlicher Ausführungszeit bearbeitet und diese Zeitdifferenzen zur Verschiebung der Zugriffe zueinander ausgenutzt. Als Voraussetzung des Zugriffssynchronisationsverfahrens müssen die Zeitdifferenzen kleiner als die Zugriffsphase des Zugriffs auf das gemeinsame Betriebsmittel sein. Dann stellt sich nach einer vorher bestimmbaren Anzahl von Schleifendurchläufen ein Zustand ein, in dem die Rechner in der vorher festgelegten Reihenfolge direkt nacheinander auf das gemeinsame Betriebsmittel zugreifen. Mit dieser Ausgangsbasis können anschließend die verschiedenen Zugriffskonflikttypen durch eine weitere Modifikation der Schleifenlängen erzeugt werden.

Problemlos lassen sich die Zugriffskonflikttypen 1 und 3 erzeugen, da das dazu zur Verfügung stehende Zeitfenster praktisch immer größer als die kleinste mit dem Befehlssatz einstellbare Schleifendifferenz ist.

Bei dem Zugriffskonflikttyp 2 muß die Zugriffsvergabephase erreicht werden. Diese kann kleiner als das erreichbare Zeitfenster sein. Um trotzdem diese Zugriffskonflikte erzeugen zu können, kann die Relativdrift der Prozessortakte, also die Verschiebung der Taktflanken dieser Takte zueinander, ausgenutzt werden. Damit lassen sich dann auch Zeitfenster erreichen, die deutlich kleiner als einzelne Prozessortakte sind.

Als zusätzliche Schwierigkeit müssen Zugriffsverlängerungen berücksichtigt werden. Diese wirken sich auf das Zugriffssynchronisationsverfahren dahingehend aus, daß eine Maximalanzahl von Rechnern angegeben werden kann, die mit dem Verfahren gleichzeitig zugriffssynchronisiert werden können. Die Erzeugung der Zugriffskonflikttypen 1 und 3 wird durch diese Zugriffsverlängerungen nicht beeinflußt; die entsprechenden Zeitbedingungen werden schon im Zugriffssynchronisationsverfahren berücksichtigt, da der Zugriffskonflikttyp 3 bei der Zugriffssynchronisation verwendet wird. Bei der Erzeugung des Zugriffskonflikttyps 2 müssen neben den Zugriffsverlängerungen noch weitere Randbedingungen berücksichtigt werden. Dabei zeigt sich, daß außer den beiden beschriebenen Ausnahmen, bei denen ggf. keine bzw. nur eine zufällige Erzeugung der gewünschten Zugriffskonflikte möglich ist, unter Ausnutzung der Drift der Rechnertakte auch der Zugriffskonflikttyp 2 mit einer berechenbaren Wahrscheinlichkeit erzeugt werden kann. Diese Wahrscheinlichkeit für mindestens einmaliges Erzeugen des Zugriffskonflikttyps 2 kann durch entsprechend häufiges Wiederholen der Zugriffssituationen - wie in Kapitel 6.3 beschrieben - Werte im Bereich von 99% annehmen.

Die Modellimplementierung in Kapitel 7 hat gezeigt, daß sich das Verfahren ohne große Schierigkeiten in einem realen System implementieren läßt. Die dort vorliegenden Randbedingungen liegen in derselben oder einer ähnlichen Form in den meisten Systemen vor, so daß bei der Übertragung des Verfahrens auf andere Systeme keine prinzipiellen Schwierigkeiten zu erwarten sind.

Das vorgestellte Verfahren zeichnet sich durch folgende Vorteile aus:

- Die verschiedenen Zugriffskonflikttypen werden systematisch erzeugt. Somit ist es möglich, Fehler der Zugriffsvergabe, die trotz ihrer permanenten Natur transient erscheinen, da auf funktioneller Ebene ihr Auftreten nicht bemerkbar ist, zu erkennen und der Zugriffsvergabeeinheit zuzuordnen.

- Das Verfahren erfordert keinerlei Zusatzhardware und nur in geringem Umfang Wissen über die Realisierung, welches jedoch durch eine Messung der entsprechenden Zeiten im System bestimmt werden kann. Somit ist es möglich, das Verfahren auch nachträglich in bestehende Systeme zu integrieren.

- Die Anzahl der Schleifendurchläufe kann vorausberechnet werden, bis die Zugriffssynchronisation zwischen den Rechnern vorliegt und bis dann auch die Zugriffskonflikttypen 1 und 3 aufgetreten sind. Für den Zugriffskonflikttyp 2 muß bei Vorliegen von Zugriffsvergabefenstern, die nicht in jedem Fall erreicht werden können, überprüft werden, ob bei den vorliegenden Randbedingungen seine gezielte Erzeugung möglich ist. In Kapitel 6.3 sind zwei Ausnahmen angegeben; im einen Fall ist die Erzeugung nur bei Vorliegen günstiger Zeitverhältnisse und im anderen nur zufällig möglich. In allen weiteren Fällen kann eine Wahrscheinlichkeit für das Auftreten der gewünschten Situation angegeben werden. Doch selbst in diesem Fall kann diese Wahrscheinlichkeit durch entsprechend häufiges Wiederholen der Zugriffssituation beliebig groß gewählt werden.

- Das Verfahren ist, wenn alle relevanten Zeiten bekannt sind und überprüft ist, ob die Voraussetzungen erfüllt sind, in relativ kurzer Zeit implementierbar. Es erfordert wenig Programmieraufwand und zeichnet sich im Verhältnis zu vergleichbaren Verfahren durch sehr kurze Laufzeiten aus.

Als Nachteil des Verfahrens sind die bekannten Schwächen von Diagnosetests zu nennen: Nur zur Testlaufzeit vorhandene Fehler sind erkennbar. Transiente Fehler können praktisch nicht erkannt werden, es sei denn, sie oder ihre Folgefehler treten gerade zur Laufzeit des Testprogramms auf.

Das Verfahren wurde in erster Linie für den Einsatz in der Systemdiagnose von Mehrrechnersystemen entwickelt. Als weiterer Anwendungsbereich ist jedoch auch der Prototypentest denkbar. Dort kann das Verfahren dazu herangezogen werden, die Zugriffskonfliktsituationen gezielt zu erzeugen und damit eine Überprüfung des Entwurfs zu ermöglichen. Das Verfahren ist dabei im Gegensatz zu anderen Testverfahren in der Lage, auch Entwurfsfehler zu entdecken. Weiterhin ist eine Verwendung des Verfahrens bei der Inbetriebnahme von Mehrrechnersystemen möglich. Dort sind dann hauptsächlich Herstellungsfehler und Frühausfälle als charakteristische Fehler zu erkennen.

Folgende Probleme, die sich im Zusammenhang mit dieser Arbeit stellen, sind noch ungelöst und bleiben einer weiterführenden Untersuchung vorbehalten:

- Welche Auswirkungen ergeben sich auf das Zugriffssynchronisationsverfahren und die gezielte Erzeugung der verschiedenen Zugriffskonflikttypen, wenn die Takte der aktiven Einheiten unterschiedliche Nennfrequenzen haben? In diesem Fall müssen zur Berechnung der verschiedenen Schleifenausführungszeiten als Einheit statt Prozessortaktperioden Nanosekunden verwendet werden. Welche Konsequenzen ergeben sich für den Zugriffskonflikttyp 2 (Anmelden eines Zugriffswunsches in der Zugriffsvergabephase)? Sind gegebenenfalls noch Untersuchungen zur Relativdrift notwendig?

- Reicht es aus, wenn bei Systemen, bei denen parallel zur Zugriffsphase eines Zugriffs schon die Zugriffsvergabe für den nächsten Zugriff vorgenommen wird, der Zeitpunkt dieser Zugriffsvergabe bekannt ist, oder sind noch weitere Modifikationen des Verfahrens notwendig?

- Welche Konsequenzen ergeben sich, wenn zur Zugriffssynchronisation neben der Zugriffsphase auch die Zugriffsvergabephase herangezogen werden muß, da andernfalls die Anzahl gemeinsam synchronisierbarer aktiver Einheiten für den Test der Auflösung der Zugriffskonflikte nicht ausreichend ist?

Literaturverzeichnis

/ABA83/ Abadir, M. S.; Reghbati, H. K.
Functional Testing of Semiconductor Random Access Memories
ACM Computing Surveys, Sept. 1983, Nr. 3, S. 175-198

/ABR81/ Abraham, J. A.
Functional Level Test Generation for Complex Digital Systems
IEEE Test Conference 1981, S. 461-462

/AND75/ Anderson, G. A.; Jensen, E. D.
Computer Interconnection Structures: Taxonomy, Characteristics, and Examples
ACM Computing Surveys, Vol. 7, Nr. 4, 1975, S. 197-213

/AND81/ Anderson, T.; Lee, P. A.
Fault Tolerance - Principles and Practice
Prentice-Hall London, 1981

/ANS82/ Ansart, J. P.
GENEPI / A - A Protocol Independent System for Testing Protocol Implementation
Protocol Specification, Testing and Verification, Sunshine, C. (ed.), North-Holland Amsterdam, 1982, S. 523-528

/ANS82-1/ Ansart, J. P.; Damidau, J.
CERBERE - A Tool to Keep an EYE on High Level Protocols
Protocol Specification, Testing and Verification, Sunshine, C. (ed.), North-Holland Amsterdam, 1982, S. 529-537

/BAR78/ Bartlett, J. F.
A "NonStop" Operating System
Hawaii International Conference of System Sciences, 1978, S. 103-117

/BEL86/ Belli, F.; Echtle, K.; Görke, W.
Methoden und Modelle der Fehlertoleranz
Informatik-Spektrum, Bd. 9, Nr. 2, 1986, S. 68-81

/BER82/ Bernhardt, D.; Schmitter, E.
The Fault-Tolerant System BFS - An Application of Reliability in a Multimicrocomputer System
Reliability in Electrical and Electronic Components and Systems, Lauger, E., Moltoft, J. (eds.), North-Holland Amsterdam, 1982

/BOD80/ Bode, A.; Händler, W.
Rechnerarchitektur - Grundlagen und Verfahren
Springer-Verlag Berlin, 1980

/BOD83/ Bode, A.; Händler, W.
Rechnerarchitektur II - Strukturen
Springer-Verlag Berlin, 1983

/BOT81/ Bottorff, P. S.
Functional Testing Folklore and Fact
IEEE Test Conference 1981, S. 463-464

/BRA84/ Brahme, D.; Abraham, J. A.
Functional Testing of Microprocessors
IEEE Transactions on Computers, Vol. C-33, Nr. 6, June 1984, S. 475-485

/BRE76/ Breuer, M. A.; Friedman, A. D.
Diagnosis and Reliable Design of Digital Systems
Pitman London, 1976

/BUE80/ Büren, G.; Schütz, W.
Mikroprozessor-Selbsttest durch Signatur-Vergleich
Elektronische Rechenanlagen, 22. Jahrg., 1980, Nr. 5, S. 237-242

/DAL84/ Dal Cin, M.; Lutz, J.; Risse, T.
Programmierung in Modula-2
Teubner Stuttgart, 1984

/DAL86/ Dal Cin, M.; Großpietsch, K.-E.; Trautwein, M.
Methoden der Fehlerdiagnose
Informatik-Spektrum, Bd. 9, Nr. 2, 1986, S. 82-94

/DAV82/ Davis, R.; et al.
Diagnosis Based on Description of Structure and Function
National Conference on Artificial Intelligence AAAI82, 1982, S. 137-142

/DIL86/ Dilger, E.; Maehle, E.
Systemarchitektur und Fehlertoleranz
Informatik-Spektrum, Bd. 9, Nr. 2, 1986, S. 110-118

/DIN41/ DIN 40 041
Zuverlässigkeit in der Elektrotechnik: Begriffe
Teil 1: Allgemeines, Vornorm, Nov. 82; Teil 2: Zuverlässigkeitskenngrößen, Entwurf, Feb. 83; Teil 3: Zustände und Ereignisse, Entwurf, März 84; Teil 4: Einflußfaktoren, Entwurf, Okt. 84; Teil 5: Zuverlässigkeitsbestimmung und Zuverlässigkeitsprüfung, Entwurf, Okt. 85

/EBE78/ Ebel, B.
Mikroprozessor Selbsttest
Elektronische Rechenanlagen 20. Jahrg., 1978, Nr. 4, S. 186-194

/ECH83/ Echtle, K.; Görke, W.; Marhöfer, M.
Zur Begriffsbildung bei der Beschreibung von Fehlertoleranz-Verfahren
Interner Bericht 6/83, Fakultät für Informatik, Universität Karlsruhe, 1983

/ENS77/ Enslow, P. H. Jr.
Multiprocessor Organization - A Survey
ACM Computing Surveys, Vol. 9, No. 1, 1977

/FAER84/ Färber, G. (Hrsg.)
Bussysteme
Oldenbourg München, 1984

/FLI85/ Flik, T.; Liebig, H.
16-Bit-Mikroprozessorsysteme
Springer-Verlag Berlin, 1985, 2. Auflage

/FRI80/ Friedman, A. D.; Simoncini, L.
System Level Fault Diagnosis
Computer, Vol. 13, No. 3, 1980, S. 47-53

/GAER85/ Gärtner, A.
Optimierte Selbsttestprogramme für Mikroprozessoren
Verlag TÜV Rheinland GmbH Köln, 1985

/GER86/ Gerner, M.; Görke, W.; Marhöfer, M.
Prüfgerechter Entwurf von IC
Informatik-Spektrum, Bd. 9, Nr. 4, 1986, S. 235-246

/GIL81/ Giloi, W. K.
Rechnerarchitektur
Springer-Verlag Berlin, 1981

/GIO79/ Giordano, A.; Nilsson, S. A.
Ein vollständiger Selbsttest eines Mikrorechner-Testkerns
Microcomputing; Hrsg: Remmele, Schecher; Ber. German Chapter ACM, Teubner Stuttgart, 1979, S. 217-230

/GIO79-1/ Giordano, A.; Nilsson, S. A.
Vollständiger Selbsttest eines Mikrorechner-Testkerns
Interner Bericht 9/79, Fakultät für Informatik, Universität Karlsruhe, 1979

/GOER79/ Görke, W.
Mikroprozessoren - Zuverlässigkeitsangaben und Testverfahren
Mikroprozessoren und ihre Anwendungen 2, Oldenbourg München, 1979, S. 216-230

/GOER84/ Görke, W.
Fehlertoleranz in Rechnersystemen
Vorlesungsskript SS 1984, Institut für Informatik IV, Universität Karlsruhe

/GOER86/ Görke, W.; Marhöfer, M.
Digitale Fehlerdiagnose
Vorlesungsskript SS 1986, Institut für Informatik IV, Universität Karlsruhe

/HAU80/ Haupt, D.; Suffner, D.
Tightly and Loosely Coupled Systems
Informatik-Spektrum, Bd. 3, H. 2, 1980, S. 123-124

/HED84/ Hedtke, R.
Mikroprozessorsysteme - Zuverlässigkeit, Testverfahren, Fehlertoleranz
Springer-Verlag Berlin, 1984

/HER79/ Herschel, R.; Pieper, F.
Pascal
Oldenbourg München, 1979

/HIL84/ Hilf, W.; Nausch, A.
M68000 Familie - Teil 1: Grundlagen und Architektur
te-wi Verlag München, 1984

/HIL84-1/ Hilf, W.; Nausch, A.
M68000 Familie Teil 2: Anwendung und 68000-Bausteine
te-wi Verlag München, 1984

/HOEL84/ Hölscher, H.; Rader, J.
Mikrocomputer in der Sicherheitstechnik
Verlag TÜV Rheinland Köln, 1984

/HUEL85/ Hülsemann, J.
Fehlerdiagnose in Mehrmikrorechnersystemen und ihren Kommunikationssystemen
Abschlußbericht zu DFG-Vorhaben Go 347, Institut für Informatik IV, Universität Karlsruhe, Dez. 1985

/HUN82/ Hunger, A.
Neues Verfahren zum Selbsttest von Mikroprozessoren
Dissertation RWTH Aachen, Verlag TÜV Rheinland Köln, 1982

/INT83/ Multibus II Bus Architecture Specification
Firmenschrift Fa. Intel, 1983

/INT85/ Multibus II Data Book
Firmenschrift Fa. Intel, 1985

/ISO98/ ISO/DIS 7498
Information processing systems - Open systems interconnection - Basis reference model
Int. Organization for Standardization, Genf, 1982

/JAE84/ Jaenicke, M.
Entwurf und Implementierung eines verteilten Testprotokolls zur Fehlerdiagnose eines Kommunikationssystems für zwei Rechner
Diplomarbeit, Institut für Informatik IV, Universität Karlsruhe, 1984

/JOH79/ Johnson, W. A.
Behavioral-level test development
16th Design Automation Conference 1979, S. 171-179

/KAN81/ Kane, G.; Hawkins, D.; Leventhal, L.
68000 Assembly Language Programming
Osborne/McGraw-Hill Berkeley, Cal., 1981

/KIS80/ Kistner, B.
ISO-Architekturmodell
Informatik-Spektrum, Bd. 3, H. 2, 1980, S. 121-122

/KOE79/ Könemann, B.; Mucha, J.; Zwiehoff, G.
Built-in Logic Block Observation Techniques
IEEE Test Conference Cherry Hill, 1979, S. 37-41

/KRA81/ Kramer, J.; Magee, J.; Sloman, M.
Intertask Communication Primitives for Distributed Computer Control Systems
2. International Conference on Distributed Computing Systems, 1981, S. 404-411

/KUH81/ Kuhl, J. G.; Reddy, S. M.
Fault-Diagnosis in Fully Distributed Systems
FTCS 11, 1981, S. 100-105

/LAI83/ Lai, K.-W.; Siewiorek, D. P.
Functional Testing of Digital Systems
20th Design Automation Conference, 1983, S. 207-213

/LIA81/ Liaw, C.-C.; Su, S. Y. H.; Malaiya, Y. K.
State Diagramm Approach for Functional Testing of Control Section
IEEE Test Conference, 1981, S. 433-446

/LIN80/ Lin, M.-G.; et al.
Testing the 8086
IEEE Test Conference, 1980, S. 426-432

/MAE82/ Maehle, E.
Fehlertolerantes Verhalten in Multiprozessoren - Untersuchungen zur Diagnose und Rekonfiguration
Arbeitsberichte des IMMD, Universität Erlangen, Bd. 15, März 1982, Nr. 2

/MAE85/ Maehle, E.
Systematischer Entwurf von Mikrocomputer-Selbsttestprogrammen
13. Fachtagung Technische Zuverlässigkeit, 21./22.5.85, Nürnberg, VDE-Verlag Berlin, 1985, S. 145-159

/MAR82/ Marhöfer, M.
Testbarkeit von Schutzsystemen
GI-Fachtagung.: Fehlertolerierende Rechnersysteme, München, März 82, Informatik-Fachberichte Bd. 54, Springer-Verlag Berlin, 1982, S. 235-249

/MAR84/ Marhöfer, M.
Modellierung digitaler Schaltungen für Testanwendungen
Interner Bericht 6/84, Fakultät für Informatik, Universität Karlsruhe, 1984

/MOR83/ Moritzen, K.; Wirl, K.
Verteilte Diagnose auf dem DIRMU Multiprozessor-System
GI-Workshop Fehlertolerante Mehrprozessor- und Mehrrechnersysteme, Arbeitsberichte des IMMD, Universität Erlangen, Bd. 16, 1983, Nr. 11, S. 176-186

/MOR83-1/ Moritzen, K.
Verteilte Selbstdiagnose in Rechnersystemen
Diplomarbeit, IMMD III, Universität Erlangen, 1983

/MOT82/ MC68000 16-bit Microprocessor User's Manual
Firmenschrift Fa. Motorola, 1982, dritte Auflage

/MOT82-1/ MC68010 16-bit Virtual Memory Microprocessor
Datenblatt Fa. Motorola, 1982

/MOT83/ MC68000 16-bit Microprocessor
Datenblatt Fa. Motorola, 1983

/NIG82/ Nightingale, J. S.
Protocol Testing Using a Reference Implementation
Protocol Specification, Testing and Verification, Sunshine, C. (Hrsg.), North-Holland Amsterdam, 1982, S. 513-522

/OSB81/ Osborne, A; Kane, G.
Osborne 16-bit Microprocessor Handbook
Osborne/McGraw-Hill Berkeley, 1981

/PCS83/ QU68030/50 Anwenderhandbuch
Firmenschrift Fa. PCS, 1983, Version 1/83

/PRE67/ Preparata, F. P.; Metze, G.; Chien, R. T.
On the Connection Assignment Problem of Diagnosable Systems
IEEE Transactions on Electronic Computers, Vol. EC16, No. 6, 1967, S. 848-854

/P896/ IEEE-P896, A proposed Standard Backplane Bus Specification for Advanced Microcomputer Systems
Proposal P896 Working Group of EWICS - TC10(2)
Draft 5.0, 11.8.82

/RAY82/ Rayner, D.
A System for Testing Protocol Implementations
Protocol Specification, Testing and Verification, Sunshine, C. (ed.), North-Holland Amsterdam, 1982, S. 539-554

/REI85/ Quarze und Quarzoszillatoren
Firmenschrift Fa. Rein Elektronik, 1985

/REN80/ Rennels, D. A.
Distributed Fault-Tolerant Computer Systems
Computer, März 1980, S. 55-65

/ROB78/ Robach, C.; Saucier, G.
Dynamic Testing of Control Units
IEEE Transactions on Computers, Vol. C-27, No. 7, 1978, S. 617-623

/ROB80/ Robach, C.; Saucier, G.
Microprocessor Functional Testing
IEEE Test Conference, 1980, S. 433-443

/SCHM86/ Schmitter, E.; Seifert, M.
Einsatz fehlertolerierender Rechensysteme
Informatik-Spektrum, Bd. 9, Nr. 2, 1986, S. 119-128

/SFE86/ Quarzoszillatoren
Firmenschrift Fa. SFE Technologies, 1986

/SIE83/ Siegfarth, R.
Entwurf und Realisierung eines Koppelmoduls für LSI-11- und 68000-Mikrorechnernetze
Diplomarbeit, Institut für Informatik IV, Universität Karlsruhe, 1983

/STR86/ Streicher, R.
Untersuchungen zur Drift von Mikroprozessortakten
Studienarbeit, Institut für Informatik IV, Universität Karlsruhe, 1986

/TEL/ Telequarz
Firmenschrift Fa. Telequarz

/THA80/ Thatte, S. M.; Abraham, J. A.
Test Generation for Microprocessors
IEEE Transactions on Computers, Vol.C-29, Nr. 6, June 1980, S. 429-441

/THU72/ Thurber, K. J.; et al.
A systematic approach to the design of digital bussing structures
AFIPS Fall Joint Computer Conf., 1972, S. 719-740

/TQE/ TQ Elektronik
Firmenschrift Fa. TQ Elektronik

/VME81/ VME Bus - Specification Manual
Fa. Mostek Corp., Motorola Inc., Signetics/Philips
Rev. A, October 1981

/WET84/ Wettstein, H.
Architektur von Betriebssystemen
Hanser München, 1984, 2. Auflage

Anhang: Verzeichnis der verwendeten Abkürzungen

Δ	zeitlicher Abstand bei wiederholt herbeigeführten Zugriffssituationen	122
aEi, aEj	aktive Einheit i bzw. j	31
div	ganzzahlige Division ohne Rest	
i	freie Variable für aktive Einheiten	
j	freie Variable für aktive Einheiten	
K	Konstante zur Berechnung von P(ZK2)	123
KMe	Koppelmodulregister im eigenen Koppelmodul	134
KMp	Koppelmodulregister im Koppelmodul des Partnerrechners	134
KSp	Kommunikationsspeicher im Partnerrechner	134
L	Konstante zur Berechnung von P(ZK2)	124
ld	Logarithmus dualis	
M	Maximalanzahl gemeinsam zugriffssynchronisierbarer aktiver Einheiten	74
max	Maximum von reellen Zahlen	
mod	Rest der ganzzahligen Division	
N	Gesamtzahl der über das gemeinsame Betriebsmittel verbundenen aktiven Einheiten	48
n	Anzahl der Schleifendurchläufe, die zur Zugriffssynchronisation für eine aktive Einheit notwendig ist	64
n_i	Anzahl der Schleifendurchläufe, die zur Zugriffssynchronisation der aEi notwendig ist	77
P	Hardwareprioritätskonstante	135
ppm	parts per million	
PT	Prozessortakt	62
P(ZK2)	Wahrscheinlichkeit für das mindestens einmalige Auftreten des Zugriffskonflikttyps 2	121
P_A	Auftrittswahrscheinlichkeiten der verschiedenen Zugriffszeiten	125
P_A(ZK2)	Wahrscheinlichkeit P(ZK2) unter Berücksichtigung von P_A	125
R_i	Rechner i	
st0/st1-Fehler	ständig 0- bzw. 1-Fehler	18
T_{aEi}	Periodendauer des Taktes der aEi	102
T_{Bi}	Befehlsausführungszeit der aEi	54
T_{Diff}	Schleifenlängendifferenz	47
T_{Diffi}	maximal möglicher Wert der Schleifenlängendifferenz der aEi	72
T_{DiffWi}	wirksame Schleifenlängendifferenz der aEi	69
T_{frei}	zugriffsfreie Zeit des gemeinsamen Betriebsmittels	58
T_{Gi}	(unverzögerte) Schleifenausführungszeit der aEi	46

T_{GiV}	verzögerte Schleifenausführungszeit der aEi	54
T_{S1}	Schleifenlänge der aE1	58
T_{SA}	Anfangsschleifenlänge	58
T_{SE}	Endschleifenlänge	61
T_{SEi}	Endschleifenlänge der aEi	76
T_{Si}	Zwischenschleifenlänge der aEi mit i=3 bis N	61
T_V	Periodendauer des Zugriffsvergabetaktes	102
T_{Verli}	maximale Zugriffsverlängerung der aEi	68
T_W	Wartezeit	55
T_{Wi}	Wartezeit der aEi	152
T_Z	Dauer der Zugriffsphase der Zugriffe auf das gemeinsame Betriebsmittel	47
T_{ZGB}	Zugriffszeit auf das gemeinsame Betriebsmittel	47
T_{ZGBmin}	kürzeste der Zugriffszeiten der beteiligten aktiven Einheiten auf das gemeinsame Betriebsmittel	64
T_{ZGBi}	Zugriffszeit der aEi auf das gemeinsame Betriebsmittel	54
T_{ZGBiUV}	unverzögerte Zugriffszeit der aEi auf das gemeinsame Betriebsmittel	68
T_{Zgesi}	Gesamtzugriffszeit der aEi auf das gemeinsame Betriebsmittel	55
T_{Zi}	Dauer der Zugriffsphase der Zugriffe der aEi auf das gemeinsame Betriebsmittel	55
T_{Zimin}	minimale Zugriffsphase der Zugriffe der aEi auf das gemeinsame Betriebsmittel	146
T_{ZMIN}	kürzeste der Zugriffsphasen der Zugriffe der beteiligten aktiven Einheiten auf das gemeinsame Betriebsmittel	63
T_{Zmin}	kürzeste der unverzögerten Zugriffsphasen der beteiligten aktiven Einheiten auf das gemeinsame Betriebsmittel	68
T_{ZV}	Dauer der Zugriffsvergabephase der Zugriffe auf das gemeinsame Betriebsmittel	47
T_{ZVi}	Dauer der Zugriffsvergabephase der Zugriffe der aEi auf das gemeinsame Betriebsmittel	55
T_{ZVimin}	minimale Zugriffvergabephase der aEi bei Zugriffen auf das gemeinsame Betriebsmittel	146
t	Zeit	
x	Konstante zur Berechnung von P(ZK2)	124
ZV	Zugriffsvergabeeinheit	102
ZVT	Takt des Zugriffsvergabesteuerwerks	144